中国外交史

益尾知佐子/青山瑠妙/三船恵美/趙宏偉 [著]

東京大学出版会

A DIPLOMATIC HISTORY OF
THE PEOPLE'S REPUBLIC OF CHINA
Chisako T. MASUO, Rumi AOYAMA,
Emi MIFUNE, and ZHAO Hongwei
University of Tokyo Press, 2017
ISBN978-4-13-032225-6

目　次

序　章　中国外交史を見る視点————————————————1

1. 本書の問題意識　1
2. 対外政策の規定要因と主要目標　2
3. 対外政策の決定・執行メカニズム　5
4. 時期区分と本書の構成　10

第1章　向ソ一辺倒と平和共存五原則（1949〜1956年）————————15

はじめに　15

1. 新中国の対外政策　17

（1）新中国の対外政策の策定（17）／（2）中ソ友好同盟相互援助条約の締結（19）／（3）国交樹立と経済関係の始動（21）

2. 朝鮮戦争への参戦　23

（1）朝鮮戦争の勃発（23）／（2）中国の参戦への道（24）

3.「民間外交」の始動と平和共存五原則　25

（1）「民間外交」の始動（25）／（2）ジュネーブ会議における外交攻勢（27）／（3）第一次台湾海峡危機（29）／（4）バンドン会議と平和共存五原則（32）／（5）国境画定の模索（34）

おわりに　36

第2章　中ソ対立から中間地帯論へ（1956〜1964年）————————39

はじめに　39

1. 路線論争の始まりと中ソ同盟の形骸化　40

（1）「スターリン批判」の衝撃（40）／（2）中ソ間で深まる不信と軋轢（43）／（3）中国独自の外交・軍事路線への転換（44）

2. ソ連・インドとの関係悪化，近隣諸国との関係改善　46

ii　　　　　　　　　　　　目　次

　　(1) ソ連およびインドとの関係悪化（46）／(2) アジア周辺諸国との国境画
　　定外交（50）／(3) 民族解放闘争をめぐるインドネシアとの提携（52）

　3．中間地帯論へ　53

　　(1) 西側資本主義諸国との関係発展（53）／(2) アフリカへの積極外交（55）
　　／(3)「二つの中間地帯論」の提起（57）

　おわりに　59

第3章　反米反ソの革命外交（1964〜1969年）——————————61

　はじめに　61

　1．「中間地帯」への外交努力とその挫折　63

　　(1)「中間地帯」への外交攻勢（63）／(2)「中間地帯」への外交の挫折（65）

　2．ベトナム戦争と反米国際統一戦線　68

　　(1) 対米工作から反米国際統一戦線へ（68）／(2) 中国の「抗米援越」（72）

　3．文化大革命と反米反ソ国際統一戦線　75

　　(1) 文化大革命の外交へのインパクト（75）／(2) ソ連との決裂（77）／
　　(3) 反米反ソ国際統一戦線へ（81）

　おわりに　84

第4章　反ソ国際統一戦線から「独立自主の対外政策」へ（1969〜1982年）—87

　はじめに　87

　1．対米接近のインパクト　88

　　(1) 中ソ国境紛争による対外環境の悪化（88）／(2) ソ連に対抗するための
　　対米連携（90）／(3) 国連への参加（93）／(4) 日中国交正常化（94）

　2．「一条線」戦略と対外関係の再編　96

　　(1)「一条線」戦略の提起と理論化（96）／(2) 改革開放への胎動（98）／
　　(3) 海洋権益への目覚め（100）

　3．改革開放に向けて　103

　　(1)「一条線」戦略に基づく対外開放と中越戦争（103）／(2) 対外政策の脱
　　イデオロギー化と「一条線」戦略の放棄（106）／(3) 米ソとの関係調整と
　　「独立自主の対外政策」の提起（109）

　おわりに　111

目　次 iii

第5章　全方位外交の展開（1982〜1989年）————113

はじめに　113

1. 「独立自主の対外政策」の下での全方位外交の模索　114

　(1)「独立自主の対外政策」の二つの原則（114）／(2)「戦争不可避論」と「従属理論」の放棄（115）

2. 日米欧との関係強化を軸とした全方位外交の展開　116

　(1) 米中ソのトライアングル戦略（116）／(2) 日中関係の目覚ましい進展（119）／(3) イデオロギーにとらわれない全方位外交へ（122）／(4) 発展途上国の重要性の低下と武器輸出の活性化（126）

3. 西側諸国の主導する国際秩序への参入　129

　(1) 国際組織への全面参加へ：「大国」と「発展途上国」のダブルスタンス（129）／(2) 国連平和維持活動（PKO）への参加（131）／(3) アジア太平洋地域協力への参画と「一国二制度」の構想（131）

おわりに　134

第6章　国際的孤立からの脱却と冷戦後世界への対応（1989〜1996年）—137

はじめに　137

1. 天安門事件と冷戦の終焉による国際的孤立への危機感　139

　(1) 天安門事件の影響（139）／(2) 冷戦終焉と湾岸戦争による危機感の高まり（141）／(3) 経済の低迷と改革開放停滞の危機（143）

2. 国際的孤立からの脱却　144

　(1) アジア重視の全方位外交（144）／(2) 南巡講話を契機とするグローバル経済への参入（146）／(3) ロシア・中央アジアへの接近（148）

3. 対外的な強硬姿勢の兆し　151

　(1) 愛国主義教育とナショナリズムの表出（151）／(2) 積極的な軍備増強（152）／(3) 第三次台湾海峡危機（153）

おわりに　156

第7章　地域大国からグローバル大国へ（1996〜2006年）————159

はじめに　159

iv　　　　　　　　　　　目　次

1. アメリカ中心の国際秩序への懸念　160

　（1）アメリカの同盟ネットワーク強化への警戒（160）／（2）米中関係の不安定性とその制御（163）／（3）「海洋」と「歴史」できしむ日中関係（166）

2. 国際協調の推進　170

　（1）「平和的台頭」と国際協調（170）／（2）二国間対話の進展（171）／（3）多国間外交の始動（176）

3. 国際協調からの逸脱　179

　（1）国内における外交アクターの多様化（179）／（2）国家主権・安全保障の優先（184）

おわりに　187

第8章　グローバル大国としての模索（2006～2012年）————189

はじめに　189

1. 協調と対立のはざまで　191

　（1）北京オリンピックに向けた協調姿勢の継続（191）／（2）海洋をめぐる緊張の高まり（195）

2. 「韜光養晦」の終焉　199

　（1）世界金融危機の衝撃（199）／（2）強硬姿勢への転換（202）

3. 地域覇権をめぐる競争　206

　（1）アメリカのアジア太平洋リバランス戦略の始動（206）／（2）「海洋国土」での衝突（209）

おわりに　212

終　章　中国外交のゆくえ————————————————215

1. 変容する国際情勢　215

2. リビジョニスト国家としての習近平中国　216

3. 中国の近現代史からみる中国の台頭　220

4. 中国の台頭と欧米主導の国際秩序のゆくえ　223

参考文献　227

付図・付表　239

年　表　244

あとがき　249

索引（人名・事項）　252

序 章　中国外交史を見る視点

1. 本書の問題意識

　習近平体制下の中国は,「中国の特色ある大国外交」の方針を打ち出し, 新たな方向に舵を切っている.

　中国は, 今後, 世界の中でどのような地位を占め, どのような存在になっていくのであろうか. それは, 日本にどのような影響を及ぼすのであろうか. 日本にとって, 台頭する中国そのものが大きな課題になっている. われわれ日本人は, 膨張する中国のダイナミズムを理解する必要性に迫られている.

　そこで本書では, 中国をより深く理解したいという社会的ニーズに応えるため, 現代中国の外交の歴史的変遷について, 重要な論点を系統的に整理し, 総合的に分析して, その方向性を示すことを試みた. 本書は, 大学生・大学院生および社会人を対象としている. 中国を理解するために中国外交史の入門書を手にしようとする一般読者はもとより, 学術的な概説書によって現代中国外交史を深く理解したいと考える読者をも対象としている.

　中国, 日本, 世界は今後どのような関係を構築していくのであろうか. 日本は中国をいかに理解し, いかに日中関係を構築していくべきであろうか. これらの問いに答えることは, 日本全体にとっての切実な課題となっている. しかし, 書店に多くの中国関連書籍が溢れるなか, 基礎的な知識が欠けていたり, 誤解と感情論に基づくセンセーショナルな議論が展開されていることも少なくない. そのような時代であるからこそ, 中国が世界とどのように向き合ってきたのか, その外交の全体像を描く概説書が必要とされている. 本書は, このような課題に応えるために, 世界の中における中国外交の歩みを分析したものである.

　本書は, 現代中国外交史を分析する上で, 以下の三つの点に留意した.

まず第一に,「中国外交史」とは言っても,本書の分析対象は国家間の政治的関係を主とする狭義の外交,言い換えれば「中国外交部の外交」には留まらないという点である.本書が取り上げるのは,経済,安全保障,国家統一,国際関係などの分野を含む中国の対外活動全体である.そのような視座を設定することで,中国が外部世界との関わり方をいかに変化させてきたのかを,史的な鳥瞰図の中で示すことができるであろう.

第二に,本書は,日本との二国間関係にはとらわれずに,中国が世界といかに向き合い,中国の対外関係や対外政策がいかに展開されてきたのかを分析しているという点である.中国の対外政策を理解するにあたって,日本人の読者には日中関係中心の叙述の方がわかりやすいという意見があるかもしれない.しかし,日本社会にとって,中国の地球規模での台頭そのものが大きな課題となっており,日本人はその全体的なダイナミズムを理解する必要に迫られている.そのため,本書では「世界に向き合う中国」を分析の対象に設定し,1949年の建国以降の中華人民共和国の対外政策および対外活動の特徴に基づいて,八つの時期に分けて時系列で分析する手法を取っている.

第三に,一般読者に向けた中国外交の概説書という点である.前述したように日本国内には中国に関する論説や記事が溢れている.しかし,日本国内の研究者の主たる関心が中国の国内政治に置かれてきたためか,中華人民共和国の対外関係の歩みを研究者が一般読者向けに解説した概説書は,意外なことにまだ存在しない.日本には中国外交を主な分析対象として取り上げた書籍が何点かあるものの,社会的な意義という観点からすると,いずれもいくつかの問題や課題を抱えている.学術的な独自性を追求するあまりに一般読者向けに書かれてはいなかったり,研究者の論文集という域を出ずに体系性に欠けていたりと,国内の社会的ニーズからはやや乖離してきた.本書の出版は,日本国内のこのような状況に一石を投じようとするものである.

2. 対外政策の規定要因と主要目標

日本の中国研究においては,「外交は内政の延長」という発想が根強く存在する.実際に改革開放前の中国の対外政策は内政とともに,振り子のようにお

2. 対外政策の規定要因と主要目標

およそ 10 年ごとに大きな転機を迎えていた．こうした政策転換を引き起こした最大の要因の一つは，中国国内で繰り広げられていた政治闘争であった．1950 年代末ごろから中ソ対立が激化していくプロセスの背後には，継続革命を目指す毛沢東と実務派であった劉少奇らの激しい権力争いがあった．毛沢東の後継者に選ばれた華国鋒，鄧小平らをはじめとする古参の革命家らと四人組の間での熾烈な争いは，改革開放路線の採択と定着の時期と重なる．改革開放後の中国の対日政策が，中国の国内権力闘争に翻弄されることもしばしばである．

改革開放後の中国において，知識人の意見や国民感情も対外政策の形成に一定程度影響を与えている．つまり，メディアの市場化，そしてインターネットの普及により，多様なアクターが自らの声を国家の政策に反映させることが相対的に容易となった．いまの中国において，世論は政府の厳しい規制を受けながらも，政府に対して一定の影響力を有するようになってきている．

制度化が十分に進んでおらず，権力継承のルールが明確化されていない中国では，権力闘争が激しい傾向があり，政策において属人的要素が強く働く．また多様なアクターが対外政策形成にかかわるようになったことも，対外政策決定における国内要因の重みを増幅させた．こうした意味で，国内政治の展開を注意深く読み解けば，中国の対外政策の変化とその変化の理由も自ずと明らかとなる場合が多い．こうした意味において，「外交は内政の延長」である．

他方，一国の対外政策の方向性は，国際秩序のあり方，すなわち国際システムにおける力の分布によっても大きく拘束されている．主流の国際政治理論に従えば，一国の対外政策の選択の幅は国際システムの構造によって決められる．実際のところ，中国の対外政策の大きな政策転換は国際秩序の変動と連動する傾向がある．冷戦構造が形成されつつあるなか中国共産党は向ソ一辺倒の政策を採択し，そして中ソ同盟の締結は東アジアにおける冷戦の拡大と浸透を促したのである．米中接近と国交樹立は東アジアにおける米ソの勢力バランスを一変させ，また冷戦の終結は中国の全方位外交を定着させ，アジア太平洋における地域統合の流れを促進した．アメリカ一国優位体制下の冷戦終結後の今日において，中国はアメリカとの徹底的な対立を回避しつつも，アメリカと対等に渡り合えるよう，アフリカやアジアを足掛かりとして自国の影響力をグローバ

ルに拡張させ，自国の影響力圏構築に努めている．

このように，一国の対外政策を分析するには，国際システムのあり方，国内政治・社会情勢の双方から捉える必要がある．そこで，本書では各章においてまず中国が置かれている国際情勢を簡潔に説明する．そのうえで，その時々の国内政治環境のなかで，中国の指導者がどのような対外政策を編み出し，展開された対外政策が中国と他の国々の関係をどのように変容させたのかを論じることとする．

本書は中華人民共和国建国後約70年の対外政策の変遷プロセスを説明するものである．中華人民共和国の対外政策は中ソ同盟から動き出し，中ソ対立を契機に反米反ソ路線に転じ，米中接近・国交正常化後に全方位外交，冷戦終結後はアメリカ一国優位体制下で台頭を目指す戦略へと劇的な変化を遂げてきている．しかしながら，浮き沈みを経験しつつも，中国の対外政策には以下の四つの共通した戦略目標が存在している．

第一に，国家の統一と領土の保全．ある意味で，中国はいまだに国民国家形成の途上にある．「台湾は中国の不可分の一部」と主張し，「一つの中国」の原則を固持している中国にとって，「台湾の独立」を阻止することは最重要な政策課題の一つとなっている．また多民族国家である中国にとって，チベット問題，新疆ウイグル自治区を中心に展開している東トルキスタン独立運動は中国の国家統一にかかわる問題であるとともに，大きな外交イシューでもある．領土の保全も中国が建国以来掲げてきている政策目標であるが，陸と海の国境画定が未完の今日において，領土問題，特に海の領有権問題は中国と周辺国の大きな対立イシューに発展している．

第二に，安全保障の確保．どの国にとっても，安全保障問題は最重要な政策課題であるが，中国は一貫して自国周辺における大国の軍事プレゼンスの排除と自国の軍事力強化に努めている．「大陸反攻」（大陸の奪還）を目指す国民党軍とアメリカによる封じ込めに対抗するために，新生中国は中ソ同盟に依拠することにした．中ソ関係が悪化した後，核戦争に対する危惧も抱いていた中国はアメリカとソ連との二正面戦争に備えた．冷戦終結後，日米同盟の強化と北大西洋条約機構（NATO）の東方拡大とを結びつけて，アメリカによる中国の封じ込めに再び懸念を抱くようになった中国は，接近阻止・領域拒否（A2/

AD）戦略のもとでアメリカの空軍と海軍を中国大陸沿岸から遠ざけようとしつつ，自国を取り巻く安全保障環境を改善するために関係国との協力関係を構築し，軍事力強化に努めている．

第三に，経済発展．改革開放後の中国の外交は経済発展を中心に展開されてきているといっても過言ではないが，戦乱で疲弊した経済を立て直すことは毛沢東時代においても喫緊の課題であった．

第四に，イデオロギーと政権の存続．イデオロギーの対立が中ソ関係の悪化を招いた決定的要因であったかどうかについては議論の分かれるところであるが，1950年代から80年代まで続いた中ソ対立はイデオロギー対立の要素を多分にはらんでいた．改革開放後の中国において，イデオロギーによる求心性が低下するなか，愛国主義教育によるナショナリズムの高揚が対外政策に強く作用するようになった．そもそも，共産党政権である限り，「政権の正統性」と「社会主義制度の擁護」は中国の「国家安全」にかかわる問題である．政権の存続と深くかかわるイデオロギーが中国の対外政策に与える影響は決して小さいとはいえない．

このように，中国の対外政策において，以上の四つの政策目標が一貫して追求されている．中国における大きな対外政策の転換は往々にして，政策目標の優先順位をめぐる最高指導者間の激しい論争を伴う．まさに，国際環境の変化，権力闘争や国内世論が絡み合うこうした政策論争は，中国の対外政策のダイナミズムを生み出している．

3. 対外政策の決定・執行メカニズム

多くの国において，統治機構とは行政・立法・司法を司る政府（狭義にはそのうちの行政府）のことを指す．中国でも現憲法の下に国家機構として，全国人民代表大会（全人代），中華人民共和国主席（国家主席），国務院，国家中央軍事委員会（党の中央軍事委員会とは二枚看板の同一組織），人民法院，人民検察院などが置かれている．このうち日本の国会にあたる立法府が全人代で，内閣にあたる行政府が国務院である．ただし，中国の憲法前文には，中国共産党が中国の各族人民を指導（「領導」）することが明記されている．もちろん国

家機構も例外ではなく，中国では国家は党の指導の下に置かれる．党を最高意思決定機関とするこうした政治形態は「民主集中制」と呼ばれ，三権分立は実施されない．最近では重要性が増してきているものの，全人代は長年，党の決定を追認するだけの「ゴム印」と呼ばれてきた．また中国人民解放軍は国家ではなく党の指揮命令の下に置かれ，党が武力を独占している．党が国を支配するという意味で，中国は今日もなお典型的なマルクス・レーニン主義の社会主義国なのである．

　中国共産党は，法律に基づいた手続きによって運営される国家組織ではなく，内部の「コンセンサス」に基づいて活動する政党である．そのため意思決定の主体や方法は，全体的には制度化の方向にあるとはいえ，指導層の認識や最高指導者の個性によって変化する余地が大きい．制度上，党全体の意思決定機関となっているのは党中央政治局である．ただしそのメンバーは 20 名前後（現在 25 名）と数が多いため，通常，政治局常務委員会（委員数 5〜9 名，現在 7 名）が最高意思決定機関とみなされている．その頂点に立つのが，かつてであれば党主席，1982 年以降は総書記である（2017 年夏現在，党主席ポスト復活の可能性が浮上している）．近年は総書記が国家主席を兼任し，党の顔と国家の顔を一致させる努力が払われているものの，鄧小平が部下の胡耀邦を総書記に任じ，自分は中央軍事委員会の主席という職位だけで最高指導者の地位を実質的に維持したように，党や国家の制度と実質的な権力の所在が一致しなかった例もある．なお，政治局の下に置かれた中央書記処は歴史的には重要な意思決定機関，あるいは党務全体の行政監督機構として機能した時期もあるが，1980 年代末以降，その役割は政治局の事務機能に限定されている．

　中国の統治は，中国語でそれぞれ「系統」と呼ばれる党・国・軍の三組織によって担われている．党・国・軍の三系統の間には以下のような分業がある．まず党中央が全体の方向性や方針，大まかな政策を定め，党内で人事を行う．各国家機構は党の指示に従って担当分野の対策や計画を具体化し，それを執行する．人民解放軍は軍事にかかる政策の具体化や計画の策定，その実行に責任を担う．軍は党の直属機関であるため，国家機構とは直接の指揮命令関係にない．軍と行政府である国務院は党の指揮の下で並列関係に置かれており，双方の連携は歴史的に必ずしもスムーズではなかった．

3. 対外政策の決定・執行メカニズム

　国交樹立や国家指導者の往来，日常的な外交活動など，中国の国家としての対外関係を実務面で担うのが，総理率いる国務院（1954年9月以前は政務院），およびその下に置かれた外交部である．日本の外務省に相当する外交部は，49年の中華人民共和国の成立とともに設立され，58年まで周恩来総理が部長を兼任していた．日本などの外務省と比べると，中国外交部は対外関係について自主的に判断を下して処理する権限はあまり持たず，むしろすでに策定された方針を執行する機関としての性格が強い．もちろん国務院の中では，他の省庁（中国語では「部委」，すなわち部または委員会）との業務協調を行うことが多く，対外関係では国家発展改革委員会，財務部，商務部，中国人民銀行，国家安全部（いずれも現在の名称）などの重要性が比較的高い．その他，最近では海洋権益擁護を担う国家海洋局（およびその中で海上法執行に従事する中国海警局）なども対外政策への影響力を急速に拡大している．

　中国では国家の「外交」のほかに「外事」（広義の対外活動全体を指す）という言葉がよく使われるが，それは歴史的に中央政府以外の公的組織が担う対外関係の比重が高かったことを反映している．党系統は，他国の共産主義政党と独自の対外関係を育んできた（1980年代以降はイデオロギーを問わずすべての政党との関係樹立が認められた）．マルクスとエンゲルスの『共産党宣言』が「万国のプロレタリアートよ，団結せよ」で締めくくられたとおり，国境を越えた国際的連帯はマルクス主義の真髄であった．中国共産党は他国の前衛組織である共産主義政党との協力関係を重んじ，党内では90年代くらいまで党の対外関係が国家のそれに優越しているとみなされてきた．党の外交部として，その対外活動を実務面で担当してきたのが党中央対外連絡部（中連部）である．中連部は51年1月に設立され，当初はアジアの共産主義政党との連携を任務の重点としていたが，徐々に世界に活動範囲を広げた．ただし冷戦後，その存在意義は薄れ，現在は外交関係に問題が生じたときの保険として，政党外交を通じて対外チャンネルの多様性を維持している．党内ではまた，国内メディアの統制や対外宣伝，海外情報収集に責任を負う中央宣伝部も重要な役割を担っている．中国共産党はかつて，人民レベルの「民間外交」にイデオロギー上の特殊な意義をみいだしていたため，民間団体の看板を掲げる対外友好協会などの外郭組織も充実している．

党・国・軍の三系統の中では，人民解放軍が直接，対外交流を展開することは伝統的にほとんどなかった．ただし国防は本質的に対外関係を強く意識した任務である．人民解放軍が行う大規模な軍事演習は，必ず一定の対外的効果を想定して実施されている．軍は独自の情報網を世界に張り巡らせており，特定の大学，民間団体，シンクタンクを基盤として対外交流や情報分析を行っている．人民解放軍の透明性は高いとはいえないが，冷戦後の安全保障概念の変化に伴い軍隊間の信頼醸成措置が世界的に流行したため，国家組織である国防部を通して，軍が対外発信をしたり国際的な舞台に立ったりする場面は増大している．

　そのほか，省級の地方政府（自治区政府を含む）も外事弁公室を置き，対外交流の窓口としている．中国の省は，人口や面積などで国際的には十分，一国の規模に匹敵する．改革開放以降，北京は地方政府に経済面で大きな自主裁量を認め，各地の経済発展を促した．地方幹部が関係諸国と直接，経済交流を進め，外資導入や広域インフラ建設計画について交渉したり，自省の経済イベントに外国の国家指導者を招請したりすることは，近年ではまったく珍しくない．むしろ最近の中央指導者は，地方幹部を長く経験してから北京に抜擢される傾向が強く，地方の立場からの対外経験しか持たない者が増えている．さらに，中国には上部機関の命令を受けながら対外的な経済活動にいそしむ国有企業が多数存在する．

　このように，中国の「外事」は，さまざまな公的組織が担う多様な活動によって構成されている．中国と世界経済との融合が進むにつれ，対外政策に関連する中国国内のアクターは急増しており，それらの間の関係は複雑化する一方である．

　では「外事」の全体像は，結局のところ誰がどのように決めるのであろうか．14億人近い人口を抱える中国で，中央の方針を基層レベルで枝葉末節まで貫徹することはまず不可能である．そもそも中央が定める政策は，かなり大まかな方向性を示すだけのことが多い．そのため多くの具体的な問題について，現場の裁量は相当大きい．しかし中国が「民主集中制」をとっているだけに，党の全体方針と関係が深いと判断される重要な問題については，党内統制はかなり強く効く．これは国内経済が発展し，一定の自由が社会的に許容されるよう

3. 対外政策の決定・執行メカニズム

になった今日においても変わっていない.

対外政策については,最高指導者の関与はケースバイケースである.建国後,対外実務のとりまとめを行っていたのは総理兼外交部長の周恩来だったが,1958年に周が外交部長を外されるとともに,党・国・軍の三系統をまたいで外事工作全体を調整する中央外事小組が中央政治局と書記処の下に設立された(組長は外交部長の陳毅元帥).中央財経小組や中央科学小組などもこのとき新設されている.この措置をとった毛沢東党主席の目的は,国務院の上に新たな指導組織を作り,総理から各分野の実権を奪回することだったとされている.毛は国際問題への関心が強く,対外政策については62年ごろには独断的な政策決定が目立つようになった.上述の小組は,毛の下に国内権力が集約された文化大革命期には解消されたが,70年代末以降に領導小組として復活した.79年には中央対台工作領導小組が設立されるなど,党が国家を指導するという前提のもとに,党中央が特定の重要分野について系統を超えた調整を行う仕組みが制度化された.

中央外事工作領導小組は1981年に設立され,98年以降は総書記が組長を兼任するようになった(2000年以降は新設された中央国家安全領導小組と多くのメンバーが重複,事務機構も共有).これによって,国家主席でもある最高指導者が対外政策全体の取りまとめを行う仕組みが明確化されたといえる.しかし実際には,党・国・軍の三つの系統の最終責任を担い,外交日程のかたわら国内各地の視察にも飛びまわらなければならない中国の最高指導者は極めて多忙である.対外活動に意欲を示した江沢民総書記と比べ,後継の胡錦濤の存在感は薄く,専門性の高い部下たちに決定の大半を委ねていたようにみえる.

これに対して習近平は,尖閣諸島問題が先鋭化した2012年後半には新設した中央海洋権益工作領導小組の組長となり,さらに2013年11月には中国版国家安全保障会議(NSC)とも言われる中央国家安全委員会,そして中央全面深化改革領導小組の設立を発表,その長に就任している.毛沢東が1958年に各種小組を新設して自分の権限強化を図ったように,習近平は国内・対外問題に関する各種権力を自らの手中に集約し,強権的な手法で「中国の夢」,すなわち中国の大国化と復興を実現しようとしている.

4. 時期区分と本書の構成

これまでの国内外での研究は，中国外交史の時期区分について，国際関係の変動，国内外の重大事件の発生，指導者の交代，国内外政策の変化等，様々な基準で行われた．たとえば冷戦期とポスト冷戦期……，朝鮮戦争期と文化大革命期……，毛沢東時代と鄧小平時代と江沢民時代……，中ソ同盟期と中ソ論争期と改革開放期……など様々な時期区分説がある．

中国外交はよく「何のための外交か」を自問し，時々の国益認識が外交の規定要因に作用して外交の目的を定めていく．本書はこのような国益認識，規定要因，外交目的の変化の因果関係を見定めて，その変化が始まった時点をもって中国外交史を時期区分する．そして，このような中国外交史は，一般的な意味での国際関係史におけるものと異なり，中国が認識する国益，進める外交の歴史を明らかにすることを主旨とする．

中国外交は中華人民共和国成立の 1949 年から今日まで，基本的に革命と発展を重んじる外交で始まり，紆余曲折を経て自国の発展と安全保障に重心をおく外交へと変容してきた．そのプロセスの中，時期によって主権や領土やイデオロギーの問題も深刻化したりした．本書は中国の外交史を八つの時期に分け，八つの章を設けて分析を試みる．

①1949〜1956 年：建国外交期（第 1 章）

社会主義中国の建国は，おのずと革命の勝利とその継続のための外交，および建国という意味での外交を目的に掲げる．新中国はソ連との同盟を選び，社会主義陣営・国際共産主義運動の一員として，アメリカをはじめとする資本主義陣営と渡り合い，朝鮮戦争とインドシナ戦争に関与した．「社会主義建設」と表現される経済発展は，経済が疲弊していた新中国にとって死活問題であり，そのためにソ連の援助に頼り，また先進国を含めて世界各国との平和共存外交をも進めた．なお建国時の中国にとっては，主権の確立，国家統一の実現，国境の確定も課題であった．中国共産党は，3 年余りの内戦で中国国民党が率いる中華民国政府を破って中華人民共和国を建国したが，中華民国政府は台湾の統治を維持し続けている．中国にとっては国家統一は未実現のままであり，今

日に至っても外交の目的の一つとされ続けている．

②1956〜1964 年：社会主義建設外交期（第 2 章）

米中の直接対決となった朝鮮戦争は 1953 年に停戦し，中国にとっては，革命の輸出は阻まれたが，アメリカからの安全保障面での脅威も弱まった．中国は政治路線上，社会主義建設，すなわち経済発展を重要視した．一方，50 年代後半になると，毛沢東は国際共産主義運動の指導権をめぐってソ連の権威に挑戦するようになり，中ソ関係に亀裂が生じるようになった．また，インドとの領土紛争もこの時期に激化し，国境紛争に発展した．中国はかつて 46 年に毛沢東が提起していた「中間地帯論」を外交方針に掲げて「中間地帯」への外交を進めた．

③1964〜1969 年：革命外交期（第 3 章）

毛沢東の主導で中国は政治路線上，革命に重心を移し，国内では経済発展を切り捨て文化大革命に突入し，国外では反帝国主義，反植民地主義の民族解放運動，国際共産主義運動を推し進める革命一色の外交へと驀進した．中国はベトナム戦争の激化に伴って「反米国際統一戦線」を唱え，さらにソ連と国際共産主義運動の主導権を争って決裂して「反米反ソ国際統一戦線」を叫ぶようになっていった．一方，陸続きのソ連を主敵にしたことで安保上の必要から，アメリカとの関係改善をも模索しはじめていた．

④1969〜1982 年：反ソ統一戦線外交期（第 4 章）

1969 年の中ソ国境紛争後，毛沢東は自国の安全保障を確保するために対米接近し，イデオロギーに基づく自らの対外理論を修正して，ソ連を主要敵とする「一条線」（一本の線）戦略に乗り出した．中国の対外関係は再編され，アメリカだけでなく中東，欧州や日本との関係が強化された．このとき始まった日本や西欧との本格的経済交流は，のちの改革開放に理論的基礎を提供する．だが，「一条線」戦略でソ連やベトナムとの関係は悪化の一途をたどり，毛の死後，最高指導者となった鄧小平は，改革開放のスタートとほぼ同時に中越戦争を発動する．この経験は中国に，これまで掲げてきた他国の共産主義政党との「兄弟党関係」についての再考を促し，国際共産主義運動を完全に放棄させることになった．82 年，中国はすべての国家との平和的共存を目指す「独立自主の対外政策」を正式に提起していく．

⑤1982～1989 年：全方位外交期（第 5 章）

　1980 年代の対外政策は，毛沢東時代の外交政策を根幹から覆した．中国は自力更生から対外開放へ転換した．中国指導部は，経済発展のために西側諸国を相手とする友好外交に努め，西側が主導する国際秩序に適応して参加しようとした．なお，ソ連や東欧諸国との関係も徐々に修復された．だが，中国と西側諸国の間には民主主義と共産党独裁という政治体制の構造的相違が存在し続け，それは 89 年に中国政府が民主化運動を武力で鎮圧した「天安門事件」によって露呈し，そこで「擬似同盟」とまで言われていた中国と西側諸国の蜜月関係は終焉を迎えた．

⑥1989～1996 年：「韜光養晦」外交期（第 6 章）

　天安門事件後，東欧諸国の社会主義政権，ソ連は崩壊し，戦後から続いてきた社会主義陣営と資本主義陣営が対峙する冷戦は終結した．国際的に孤立した共産党中国は，1989 年より鄧小平が指示した「韜光養晦」（目立たず力を蓄え<ruby>韜光養晦<rt>とうこうようかい</rt></ruby>よ）という外交指針に従い，ひたすら低姿勢を貫いて自身の経済発展を追求するための外交に没頭した．

⑦1996～2006 年：協調外交期（第 7 章）

　1996 年の第三次台湾海峡危機以降，中国はアメリカ，さらには同国の中国周辺での軍事活動を支える日本に対して安全保障上の警戒を強める一方，日米両国の協力を得ながら経済発展を図り，国力を蓄えた．中国は 90 年代末から2000 年代前半にかけて次々と多国間外交のイニシアティブを打ち出し，積極的な国際協調策をとって世界各国との重層的な関係構築に励み，世界貿易機関（WTO）加盟による世界経済への本格的参入に備えた．ただし，急速な国際化と大国化によって，中国では外交をめぐる国内社会の構造が様変わりしていく．より骨太な対外政策を求める国内の声の高まりを受け，中国は 2006 年夏にそれまでの外交目的を修正し，国家主権と安全保障の貫徹を目指す方向に舵を切っていった．

⑧2006～2012 年：大国的地位の模索外交期（第 8 章）

　急速かつ順調な経済発展によって，中国は 2010 年には世界第 2 位の経済大国となり，中国の企業や軍の活動や利権も世界中に広がった．2006 年の外交目的の修正後，中国はまず係争海域で自国の主張に基づく海上法執行活動を展

開するようになり，2008年の世界金融危機を経て，欧米諸国が築いた国際秩序のあり方にも明確な異議申し立てを始めた．しかし，大国としての国際的地位を声高に求めるその姿は，周辺諸国とアメリカの対中警戒心を急速に高め，そうした国々の間の連携を促すことにもなる．2011年にはアメリカが正式に「アジア太平洋リバランス」戦略を打ち出し，翌年には中国とフィリピン，日本との間で係争海域の島の領有権をめぐる緊張がピークを迎え，習近平政権は厳しい国際環境の中でスタートを切った．

　それでは，中国は今後いかなる外交を展開し，国際社会にどのような影響を与えるであろうか．終章では，習近平政権下の中国外交を概観し，そのゆくえを展望する．

（三船恵美・青山瑠妙・益尾知佐子・趙宏偉）

第 1 章
向ソ一辺倒と平和共存五原則
（1949〜1956 年）

はじめに

　1949 年 10 月 1 日，中華人民共和国が誕生した．「我々 4 億 7500 万の中国人民はいま立ち上がった」という毛沢東中央人民政府主席の中国人民政治協商会議での言葉に，多くの中国人が感極まったと言って過言ではないだろう．

　中華人民共和国正史においては，1840〜1842 年のアヘン戦争から近代がスタートする．イギリス軍に敗れ開港を余儀なくされてから，中国は多くの不平等条約を結び，半植民地状態に陥った．中国にとっては，19 世紀後半から 20 世紀前半にかけての 1 世紀は「国恥」の百年にほかならない．「中国人民はいま立ち上がった」という一言には，中国の主権と統一がようやく保たれ，屈辱の百年に終止符が打たれたというメッセージが込められており，中華民族の悲願がようやく達成できたと信じた多くの人たちが新中国に希望を見出したに違いない．

　とはいえ，新生中国が直面していた国内外の情勢は決して楽観できるものではなかった．1946 年 3 月にイギリスのウィンストン・チャーチル首相が「鉄

のカーテン」演説を行い，47年3月には世界規模の反ソ反共政策を提唱するトルーマン・ドクトリンが発表された．第二次世界大戦後，資本主義・自由主義陣営と共産主義・社会主義陣営の間で繰り広げられる覇権闘争，いわゆる冷戦が欧州で徐々に顕在化し，その後グローバルな広がりを見せ，エスカレートした．

　中国国内に目を転じれば，そもそも新中国が誕生した時点においては，中国共産党の掌握する人民解放軍はまだ全国制覇に至っていなかった．建国直後の1949年11月から約5ヵ月間，人民解放軍と国民党軍はチベット以外の西南地域で激しい戦いを繰り広げ（「西南戦役」），その後解放軍がチベットのラサ入りしたのは51年10月のことであった．50年代に入ってからも，国境地域で国民党軍残存部隊はゲリラ戦を続ける一方で，台湾に拠点を移した国民党政権による海上封鎖が続いた．こうした状況において，全国で勝利をおさめ，国内で政権の基盤を固める一方，中国をとりまく周辺環境の安定を確保することは新政権にとって何にも増して優先せねばならない命題であったといえよう．

　近代以降，中国の一貫した究極の外交目標は，詰まるところ，「国家統一の実現」，「国家主権の擁護」そして「安全保障の確保」にあった．国内外の厳しい情勢にさらされながらも，新生中国はこうした外交目標を具体的な対外政策に反映させ，実現する必要があった．冷戦がアジアへと波及するなか，中国は社会主義陣営を選択し，マルクス・レーニン主義をイデオロギーの指針とした．しかし，「国際共産主義運動」の推進と，中国の「主権回復」の同時実現は決して容易いものではなかった．かくして，改革開放までの対外政策は，国際共産主義運動の推進と中国の主権回復・擁護との葛藤のなかで展開されることとなった．

　1949～1956年は，新生中国が経済を立て直し，外交の方向性を決定づける重要な時期であった．この時期の中国の対外政策は朝鮮戦争を境に大きな変化を遂げ，向ソ一辺倒から平和共存五原則へシフトした．

1. 新中国の対外政策

(1) 新中国の対外政策の策定

　中国共産党は間もなく誕生する新中国の対外政策を，冷戦という厳しい国際環境の中で策定しなければならなかった．イデオロギーの立場からみれば，マルクス・レーニン主義を掲げる中国共産党は必然的にソ連側の革命陣営に参加し，アメリカを代表とする「帝国主義陣営」と対峙する．他方，中国共産党を国家の独立と自国の国益を最重視する民族主義者として理解するならば，米中両国の間にもしかすると対立を避ける可能性があったにもかかわらず，こうしたチャンスは見過ごされてしまったといった「ロスト・チャンス論」も成り立つ．実際，朝鮮戦争までの新政権の対外政策は①向ソ一辺倒，②国家主権の回復，③西側諸国を含めた諸国との経済交流の三つの柱から成り立っていた．

　新中国の対外政策は 1949 年の 1 月から 3 月にかけて形成され，決定されたものである．全国制覇を見込んでの具体的な対外政策は，49 年 1 月に毛沢東と周恩来中央軍事委員会副主席が起草した「外交工作に関する指示」において最初に言及された．新中国外交の鋳型となったこの「指示」には次の二つの趣旨が含まれていた．第一に，「別に一家を構える（另起炉竈）」と称される外交政策である．すなわち過去のいかなる屈辱的な外交関係にも束縛されることなく，各国と国交樹立交渉を経て新しい外交関係を締結する．その中で，ソ連をはじめとする東側の社会主義諸国に対する態度は，資本主義国家に対する態度とは根本的に異にする．第二に，中国における帝国主義の特権を取り消し，中華民族の独立と解放を実現するという政策である．この政策は後に「家をきれいに掃除してから客を呼ぶ（打掃干浄屋子再請客）」とも呼ばれ，解釈された．以上の 2 点からわかるように，49 年初めの時点において中国共産党の立場はすでに東側の社会主義陣営に傾斜していた．そして，近代以来の外交目標であった民族独立，主権回復を中国共産党が特に重視していたことは明らかである．

　「指示」が出されてから数日後（1949 年 1 月末）に，ソ連の政治局員アナスタス・ミコヤンが訪中した．ミコヤン訪中により，中国共産党のソ連陣営への傾斜が一気に現実味を帯びてきた．中国滞在中に，ミコヤンは毛沢東，劉少奇

（中央委員会書記），周恩来ら中国共産党指導者と，今後の軍事戦略および新中国の暫定的基本法となる「中国人民政治協商会議共同綱領」，新中国の経済政策や外交政策，中ソ関係など，建国にかかわるほぼすべての重要事項について意見交換を行ったという．

　さらに約2ヵ月後の1949年3月に，中国共産党第7期中央委員会第2回全体会議（7期2中全会）が開かれ，新生中国の対外政策の基本方針が正式に決定された．ここで，まずソ連陣営に属するというスタンスが明確化され，ソ連の援助を受け入れる形で経済建設を進めるという基本方針も明らかとなった．他方において，東西二大陣営との等距離外交こそ考えていなかったものの，「帝国主義国家」との国交は否定されておらず，しかもこれら諸国との貿易については積極的な姿勢が示された．

　ソ連陣営への傾斜が確定していくさなかに，米中の接触も行われていた．4月はじめに，ジョン・レイトン・スチュアート中国大使はディーン・アチソン国務長官の許可を得て中国共産党との接触を図ったのである．これを受け，それまで天津の外事処で働いていた黄華は周恩来の指示により，スチュアートとの会談に臨んだ．5月から7月にかけて，黄華とスチュアートの3回にわたる会談が行われた．スチュアートはもし新中国が米ソ両陣営のどちらかに与せず，中間的態度を取るならば，アメリカ政府が新政権に対して50億ドルの借款を供与する用意があると述べた．その上で，アメリカによる新政権の承認には前提条件があるとした．その前提条件とは，新政権が国際条約を遵守しかつ国民の支持を獲得するということであった．他方，会談の場において黄華はアメリカ政府に対し，国民党との関係の断絶，米軍の中国からの撤退，新中国の承認こそが中国との国交樹立の最重要要件であるという中国共産党の立場を示した．双方の認識が異なっていたまま，米中の接触は平行線をたどり，交渉は成果を得られずに終了した．

　結局，米中にはいわゆるロスト・チャンスは存在することなく，両者の接触が新生中国の対外政策の方向性に影響を与えることもなかった．そもそも接触の終盤あたりの7月1日に，「向ソ一辺倒」の姿勢を内外に示した毛沢東の「人民民主主義独裁を論ず」と題する論文が公表された．前年に，ソ連による指導の押しつけや不平等な経済関係を拒絶するユーゴスラビアがコミンフォ

ムから除名されており，こうしたなか，中国の「チトー化」というソ連側の疑念を払拭するために，劉少奇の極秘訪ソ（6月26日〜）の最中に，毛沢東は「向ソ一辺倒」という自らの立場をはっきりと内外に公表したのである．

ここに至って，①向ソ一辺倒，②国家主権の回復，③西側諸国を含めた諸国との経済交流の三つの柱からなる新中国の対外政策が確定された．

(2) 中ソ友好同盟相互援助条約の締結

冷戦下で，しかも国共内戦も終息を迎えていなかった状況において，新生中国は社会主義陣営に自国の安全を求めた．

1949年12月，毛沢東が訪ソした．建国して間もない時期にもかかわらず，毛沢東は2ヵ月にわたりソ連に滞在した．この滞在期間の長さ自体，中ソ交渉の難しさを物語っており，中ソが決して一枚岩ではなかったことを示している．毛沢東訪ソの最大の目的の一つは，1945年8月にソ連と蔣介石政権との間で締結された中ソ友好同盟条約の改定であった．中ソ友好同盟条約には，大連港の半分をソ連に貸与する，旅順口は中ソ共同管理下に置かれる，長春鉄道は中ソ両国が共同所有，共同管理するといった内容が盛り込まれていた．毛沢東の訪ソ期間中の一連の交渉のなかで，この条約の改定がもっとも難航したという．最終的に，50年2月に，「中ソ友好同盟相互援助条約」，「中国長春鉄道・旅順口・大連に関する協定」，「中華人民共和国への借款供与に関する協定」の三つの条約が両国間で締結された．

中ソ友好同盟相互援助条約の第1条には，「日本国又は直接に若しくは間接に侵略行為について日本国と連合する他の国の侵略の繰り返し及び平和の破壊を防止するため，両国のなしうるすべての必要な措置を共同して執ることを約束する」ことが明記されていた．日本そしてその背後にいるアメリカの存在は中国政府にとって安全保障上最大の懸念であったが，中ソ共同で対処することをソ連から約束されたことは，新政権にとっての安全保障上の強力な後ろ盾が得られたことを意味する．

長春鉄道・旅順口・大連をめぐる交渉は難航したが，締結された条約は次のような内容となった．長春鉄道に関しては，ソ連が1952年末までに長春鉄道に関するすべての権利を無償で中国政府に引き渡す．旅順口に関しては，ソ連

軍は旅順口から撤退するが，中国政府は 45 年以降のソ連による旅順口の海軍基地の建設投資費用をソ連に支払う．大連港の行政権は中国政府に属し，大連におけるソ連の管理権，リースしている財産を 50 年に中国政府が接収する．

さらに中華人民共和国への借款供与に関する協定の締結により，ソ連政府から中国に対して 3 億ドルに相当する借款の供与を行うこととなった．

発表された上記の三つの条約のほかに，一連の中ソ会談において，中国共産党による台湾解放の問題も議題に上がった．劉少奇は秘密訪ソの際に台湾作戦へのソ連の空軍と海軍の出動を要請していたが，訪ソ中の毛沢東がヨシフ・スターリン共産党書記長に対し再び要請を行った．スターリンはソ連の参戦がアメリカの介入を引き起こし，ひいては米ソ間の戦争にまで発展しかねないという理由で断ったという（青山 2007）．他方，ソ連政府は中国への 3 億ドルの援助のうち，半分を台湾攻撃にもっとも必要とされる海軍の装備の購入に充てることに同意し，また中国の海軍と空軍の新設への支援も約束した．

かくして，毛沢東の訪ソは成功裏に終了した．毛沢東の訪ソにより，新生政権は安全保障上の後ろ盾を獲得できただけではなく，ソ連から軍事，経済面での多大な援助も得られた．そのうえ，国家主権の回復の目標もおおむね達成できた．

さらに，「中国の国際的地位の向上」という外交目標も，「向ソ一辺倒」の政策に連動して実現に向けて動き出したのである．社会主義陣営に属する中ソの二つの大国の間では，国際共産主義運動における役割分担について合意された．この合意に基づき，中国はアジアの国際共産主義運動に主導的な役割を担うこととなった（師哲 1998；下斗米 2004, 51-52）．実際，この時期の中国は国際共産主義運動における指導的な役割を自覚して行動し，世界革命の推進にきわめて熱心であった．新中国成立まもない 1949 年 11 月に北京で開かれたアジア・大洋州労働組合会議で，劉少奇は武装闘争を戦った毛沢東の道こそ植民地・半植民地の人民が解放を勝ち取るための基本的な道と強調した．この劉少奇テーゼのもとで，中国はベトナム，フィリピン，マラヤ（現マレーシア），ビルマ（現ミャンマー）などの反植民地武装闘争を積極的に支援した（山極 1994, 103）．特にベトナムへの軍事顧問の派遣，武器の提供などの軍事援助については，毛沢東がスターリンとの一連の会談で決意を固め，ソ連から帰国した 50 年 3 月

に中国共産党中央政治局会議で正式に決定された（服部 2007, 109-112）．中国によるこうした援助がベトナムへの影響力につながったことは言うまでもない．このように，中国はこの時期において，国際共産主義運動のなかで自国の国際的地位の向上を実現しようとしたのである．

中ソ同盟の締結は「向ソ一辺倒」政策の帰結するところであったが，華々しい成果の背後には中ソ間のさまざまな対立も隠されていた．実際のところ，中国は単なるソ連の衛星国ではなく，中ソも決して一枚岩ではなかった．そしてこうした対立は，1950年代後半の中ソ対立へとつながっていくのである．

(3) 国交樹立と経済関係の始動

新生中国はソ連陣営への一辺倒を基本的な立場としながらも，他方において，「帝国主義諸国」との国交も否定せず，これら諸国との貿易関係を積極的に展開しようとした．

建国早々，ソ連をはじめ，ブルガリア，ルーマニア，ハンガリー，モンゴル，ベトナムなど東欧やアジアの社会主義諸国が相次いで新中国を承認し，中国と国交を結んだ．西側諸国のなかではスウェーデン，デンマーク，スイス，フィンランドなどが中国と外交関係を結んだ．インドは中国と国交を樹立した最初の非社会主義国家である（1950年4月1日）．インドに続き，インドネシア，ビルマ，パキスタンも50年代初頭に中国と国交を締結した（巻末の付表を参照）．

もっとも，中国政府は東側の社会主義諸国を除き，国交樹立に当たりまずその前提条件について交渉する必要があると主張していた．国交樹立の前提条件としては，国民党政府との外交関係の断絶，国連における北京政府の代表権への支持，相手国における国民党政府の財産の新中国への移管といった原則を挙げていた．

北京政府と国民党政府との間で正統性をかけた闘争が繰り広げられていたことから，多くの国は北京，台湾のどちらの政府と国交を結ぶかの選択を迫られた．極東に多大な権益を有していたイギリスは，北京，台湾のどちらが正統政府かという問題においてアメリカと異なる政策を採用した．新中国の成立を受け，イギリスは新中国を承認し（1950年1月），両国は国交交渉に入った．オランダも50年3月に中国を承認し，4月から国交に関する交渉がスタートし

た．中国は国連代表権問題でオランダが中国に賛成票を投じなかったことを問題視し，国交交渉は一時デッドロックに陥ったが，中国とオランダの貿易額は飛躍的な発展を遂げていた．しかし朝鮮戦争の勃発（第2節を参照）により，中国とイギリスやオランダとの関係は一気に悪化し，結局国交樹立に至らなかった．

　1951年9月にサンフランシスコ講和会議が開かれたが，中国承認問題で米英が対立していたため，日本と中国との関係は独立回復後の日本の決定に委ねられることとなった．日本のなかでは，経済自立や戦後復興に中国大陸との経済関係が必要だという見解が根強く存在していたが，52年4月に，日本は国民党政府と「日華平和条約」を結ぶこととなった．

　中国は政治的に社会主義陣営を選んだが，経済関係においては経済主権の回復を重視し，西側諸国との貿易を促進する政策をとっていた．戦後，イデオロギー的対立により，世界経済システムも二分された．国際通貨基金（IMF），国際復興開発銀行（IBRD，世界銀行グループの構成機関の一つ），関税・貿易一般協定（GATT，世界貿易機関（WTO）の前身）の三つの国際機関は，戦後の資本主義国際経済体制を形成する三位一体の機構といわれている．他方，社会主義経済システムを代表する国際的な機構は経済相互援助会議（COMECON）であった．社会主義陣営に位置する中国は，IMF，IBRD，GATTはアメリカに利用されていると認識し，強い批判を浴びせていた．他方，中国共産党はCOMECONを高く評価していたものの，実際にCOMECONに参加する意思はまったく示さなかった．言い換えれば，新中国は東西両陣営の経済システムのいずれにも組み込まれることを拒んだのである（いわゆる自力更生）．これは，中国革命の源流ともいえるナショナリズム，すなわち経済主権回復という側面によるものだと考えられる．

　経済主権を重視する中国は，帝国主義国家の在華特権の排除を政策として遂行した．在華特権には，駐軍権，内河航行権，税関の管理権のほかに，西側諸国の企業の中国での経営権も含まれていた．在華特権を排除し，国家の経済主権を回復するという原則のもとで，新政権は外資企業に対して，まずその経営規模の拡大を制限するところから着手した．その後，政府は次第に排除の方向へと舵を切った．さらに朝鮮戦争の勃発により，外資企業に対する統制が一層

厳しくなり，外資企業を収用ないし排除するプロセスも加速した．没収，買い上げ，接収など様々な方策を通じて，1956 年末までに資本主義国家の在華企業の総資産の 5 割強が国有化され，60 年代初頭には最後まで残っていた外資企業も大陸から消滅した．

他方，対外貿易に関しては，独立自主の社会主義経済を目指し，東側陣営を第一の貿易相手と考えながらも，中国はアメリカを含めた西側諸国との貿易には積極的であった．実際のところ，内陸部を除くほとんどすべての地域において，朝鮮戦争勃発までの間，西側諸国が中国の主要な貿易相手であった．ソ連と国境を接し，取引の拡大が容易であったはずの東北地方においてさえ，東側諸国との貿易量はかろうじて西側を上回る程度であった．

しかし朝鮮戦争の勃発により，西側諸国との国交樹立のみならず，貿易関係も途絶えることとなった．

2. 朝鮮戦争への参戦

(1) 朝鮮戦争の勃発

1950 年 6 月，朝鮮戦争が勃発した．朝鮮戦争はアジアへの冷戦の浸透を促進し，さらにはアジアにおける冷戦の構図を固定化させる上でも大きく影響した．朝鮮戦争を契機に，アジアの冷戦の最前線に位置する中国にとって，アメリカとの対決が最重要の外交課題と化した．

そもそも国内で繰り広げられていた国民党軍との最終決戦に専念するためにも，中国政府にとって，平和な国際環境は何よりも大切であった．「現在の最重要の問題は平和の確立にあり，中国には 3 年から 5 年の平和が必要である」という訪ソ中の毛沢東自身の言葉は，まさにこうした状況を表していた．

朝鮮戦争は北朝鮮の南進により幕を開ける．北朝鮮はソ連に南北統一への援助を繰り返し要請していたが，スターリンもその要請に次第に理解を示すようになった．1950 年 3 月 30 日からの金日成首相の秘密訪ソで，南北統一計画に関して，スターリンは「毛沢東が反対しなければ反対しない」との意向を示した．スターリンのお墨付きをもらった金日成は 5 月に中国を訪問し，毛沢東と会談を行った．金日成の要望を中国指導部で協議した結果，毛沢東は「台湾解

放よりも朝鮮問題を先行させる」というスターリンと金日成の密約に賛成する意向を示した．平和的な国際環境を必要としながらも北朝鮮の南進計画に中国が賛成した理由としては，中ソ関係への配慮や社会主義の道義に基づいた国際主義的義務などが想定されるが，台湾攻略に必要な海軍や空軍を育成するための一定の準備期間が必要であるという現実問題の存在も挙げられる．

　かくして，1950年6月25日に朝鮮戦争の戦端が開かれた．「アメリカはおそらく関与しない」というスターリンと毛沢東の予想に反し，ハリー・S.トルーマン大統領が直ちに朝鮮，台湾介入を宣言した（6月27日）．そもそも朝鮮戦争勃発の半年前の1月に，アチソン国務長官が示した不後退防衛線（アチソン・ライン）は，アリューシャン列島から，日本，そしてフィリピンに至る線であり，台湾と朝鮮半島は入っていなかった．しかし戦争勃発に伴い，トルーマンは第7艦隊による台湾海峡「中立化」声明を発表した．これにより，台湾海峡をはさんだ分断状況が作り出されたのである．そして，中国にとっての台湾作戦はもはや国共内戦ではなく，中国と台湾・アメリカとの戦いという性格を帯びるようになった．

　戦争勃発を受け，国連における中国の代表権問題でソ連がボイコットしていたなか，国連安全保障理事会は北朝鮮の行動を侵略行為と認定した決議案を出し，韓国を支援するための国連軍を派遣した．9月15日，統一指揮権がアメリカに委ねられていた国連軍が仁川港からの上陸作戦を敢行し，その後の戦況は朝鮮人民軍の劣勢に一気に転じた．

(2) 中国の参戦への道

　朝鮮戦争への参戦を躊躇する中国に対し，スターリンは朝鮮問題と台湾問題を結びつけて説得に動いた．スターリンによれば，中国の参戦で朝鮮の戦場において勝利を収めれば，「最終的にはアメリカはやむをえず台湾を放棄せざるを得ない．もしここで消極的な態度を取るならば，台湾を解放することすらできなくなり，台湾はアメリカの軍事基地となってしまう」．中国共産党は中央政治局会議で参戦問題について議論を重ね，さらに周恩来を秘密裏にソ連に派遣し，朝鮮の戦場におけるソ連空軍の援護，中国沿海大都市でのソ連空軍の駐在，各種武器の貸与など中国側の要望をスターリンに伝えた．ソ連側は朝鮮戦

争への参戦を断ったものの，中国での空軍の増配，武器援助についての中国の要請に応じた．最終的には，毛沢東は「義勇軍」の派遣を決断し，10月19日に中国義勇軍が鴨緑江を渡った．

朝鮮の戦場で中国の義勇軍とアメリカが主導する国連軍が直接交戦した結果，米中の対立は決定的となった．他方，朝鮮半島への軍事介入の決定に伴い，中国国内ではアメリカ軍・国民党軍による大規模な空襲に備えるため，全国規模の防空組織が設立され，本格的な防御態勢に入った．また，土地改革と国民党残存勢力に対する殲滅作戦も同時に進められた．

3.「民間外交」の始動と平和共存五原則

(1)「民間外交」の始動

中国義勇軍の参戦により，朝鮮の戦場は一進一退の膠着状態に陥った．1951年7月から朝鮮戦争の停戦をめぐる交渉がスタートし，戦火が中国にまで拡大する可能性はほぼなくなった．

北では朝鮮戦争，南ではインドシナ戦争，東では大陳島を前線基地とする国民党軍による海上封鎖があり，1950年代初頭の中国はいわゆる「三日月型」の安全保障上の脅威にさらされていた．そうしたなか，アジア太平洋地域においてアメリカが主導するハブ・アンド・スポークの安全保障体制が徐々に構築されはじめた．51年8月に米比相互防衛条約，同年9月にオーストラリア・ニュージーランド・米三国安全保障条約（ANZUS），日米安全保障条約が調印された．53年10月には米韓相互防衛条約が締結され，また54年9月には東南アジア条約機構（SEATO）が設立され，同年12月には米華相互防衛条約が結ばれた．

アメリカによる中国包囲網が着々と構築されつつあるなか，アジアの冷戦最前線に位置する中国は国内では政権基盤を固め，国際的にはアメリカによる包囲網を打ち破ることを最重要課題とし，これに全力で取り組むようになった．

中国国内では，1950年6月から進められてきた土地改革（地主の土地を没収し，それを農民に分配する改革）が53年初めごろになるとほぼ終了した．それ受けて53年6月に，毛沢東は過渡期総路線を提起した．過渡期総路線の

主な内容は，今後 10 年から 15 年を新民主主義（半植民地的な中国社会から社会主義社会に転換する過渡期）から社会主義への移行期とし，工業化の実現に向けて努力するとともに，農業，手工業，資本主義商業の「社会主義的改造」を行うというものであった．そして資本主義から国家資本主義へ，国家資本主義から社会主義へという二段階からなる社会主義的改造の方針のもとで，すべての私営企業は政府と民間（個人）との共同経営への転換を強いられることとなった．

過渡期総路線の提起とともに，中国の経済の方向性を規定する第一次五ヵ年計画（1953〜1957 年）も制定された．第一次五ヵ年計画は過渡期総路線に沿った内容であったが，工業化を実現するうえで，ソ連の援助のもとで 156 件の建設プロジェクトが特に重要とされた．

このように，この時期の中国は，ソ連の援助のもとで，経済建設期に突入した．しかし中国を取り巻く国際環境は依然として厳しかった．朝鮮戦争勃発後，対共産圏輸出規制が強化され，アメリカ主導の対共産圏輸出統制委員会（COCOM）の対共産圏輸出禁止リストは中国にも適用された．また，1952 年7 月にアメリカの主唱により対中国輸出統制委員会（CHINCOM）が設置され，その禁輸品目にかかわる規制リストは COCOM リストの 2 倍となった．

こうした状況の中，中国は西側諸国に対する外交攻勢を展開するようになった．その突破口として選ばれたのが，西側諸国との貿易であった．1952 年 4月にモスクワで国際経済会議が開催されたが，中国はアメリカと他の資本主義諸国とを区別し，アメリカ以外の西側諸国との貿易を通じてアメリカの対中包囲網を切り崩す戦略を採用し，同会議を積極的に利用しようとした．

モスクワ国際経済会議の会期中に，中国代表団は「政治制度の異なる国家と平和共存でき，経済関係を発展できる」と主張し，西側との貿易に積極的な姿勢をアピールし，能動的に動いた．イギリスとの貿易協定が結ばれれば，他の西側諸国も追随すると見込んだ中国は，まずイギリスとの交渉決着に全力を注いだ（蔡成喜 2007, 107-109）．中国の努力は功を奏しイギリスとの貿易協定が成立したのを受け，中国の代表団はさらにフランス，ベルギー，オランダ，西ドイツとも貿易協定を結んだ．日本からは，高良とみ，帆足計，宮腰喜助の三政治家がモスクワ入りしたが，3 人は帰途に北京に立ち寄り，中国国際貿易促進

委員会と第一次日中民間貿易協定を締結した（1952年6月）.

　モスクワ国際経済会議を皮切りに，中国は「民をもって官を促す（以民促官）」のスローガンのもとで「民間外交」をさらに積極的に推進した．1952年10月に中国はチリとも貿易協定を結び，これは中国がラテンアメリカ諸国との間で締結した初めての貿易協定となった．貿易協定の締結に伴い，周恩来総理（兼外交部長）はさらに相互に貿易機構を設置することを提案した（黄志良2000, 36）.

　この時期から対日外交も活発に展開され，中国は「積み上げ方式」を積極的に推進した．すなわち，日本との経済関係を積み上げることによって，日本の国会議員や民間人のなかの親中人士の増加，民間交流の増大を図り，最終的には正式な政府間関係に結び付けていくという道筋であった．さらに1952年12月1日，中国は3万の日本人居留民と少数の戦犯を送還するとの電撃的な発表を行った．その後53年3月に，最初の中国残留日本人を乗せた引き揚げ船が舞鶴に到着した．冷戦という制約の中で，「人道主義」，「経済交流」をキーワードに展開された両国の交流は，その後の日中交流のチャンネルや親中感情を確実に培ったのである.

(2) ジュネーブ会議における外交攻勢

　1953年3月にスターリンが死去し，そして7月には，数百万人の犠牲者を出した朝鮮戦争に関する休戦協定がようやく結ばれた．朝鮮戦争の終息を受け，アメリカによる包囲網を打ち破るために，中国政府は西側諸国に対する外交攻勢を一層強めた.

　日本降伏後，アジアでは脱植民地化の気運が高まった．これまでの国際秩序は大国によって主導されてきたが，第二次世界大戦後，独立したアジア・アフリカ諸国が大国とともに，国際政治における重要なプレーヤーとして登場するようになった．こうした情勢をうけ，西側帝国主義の片棒を担いでいるとして中立主義国家を強く批判してきた中国は，1954年ごろからそれまでの政策を改め，東西両陣営に属さない中立主義国家へ接近する姿勢をみせるようになった.

　こうした外交戦略の変化が最も端的に表れたのは，1954年4月から7月に

かけて開催されたジュネーブ会議であった．会議開催が決定されたことを受け，中国政府は直ちにアメリカによる封鎖と禁輸を打破するための第一歩としてジュネーブ会議を活用する方針を決めた．会議の場において，西側諸国，そしてアジア・アフリカ諸国に対して，中国側の積極的な働きかけが行われた．

　ジュネーブ会議は朝鮮半島問題とインドシナ問題に関する会議であったが，実際には，朝鮮半島問題において成果は得られず，インドシナ問題が集中的に討議された．「三日月型」の安全保障上の脅威にさらされていた中国は，無論，インドシナ戦争の終結を望んでいた．休戦条件について，会議前に中国はベトナム，ソ連と協議を重ねてきたが，休戦を望む中国と，ベトナムの統一と独立を追求するベトナムとの間で，その問題意識などにおいて大きな隔たりがあった（牛軍 2012, 327-328）．会期中に，ラオス，カンボジアに軍事基地を設置しないという暗黙の了解をアメリカから得られたことを受け，周恩来はホー・チ・ミン政権に，ラオス，カンボジアから即時に撤退するよう説得を行った（水本 2009, 28）．中国の尽力もあり，ホー・チ・ミン政権はラオス，カンボジアからの軍事撤退に応じ，北緯 17 度線を軍事境界線とする暫定分割案にも同意した．かくしてインドシナ戦争の終結を告げるジュネーブ協定が結ばれ，ジュネーブ会議は大きな成果を収めることができた．当然のことながら，インドシナからアメリカの軍事的プレゼンスを排除することに成功したことで，中国も相当程度安堵したはずである．

　ジュネーブ会議中に，中国から西側諸国に対しての外交攻勢も仕掛けられた．中国はイギリスとの間で代理公使（Chargé d'affaires）級の関係を樹立し，カナダとの間で外交関係の樹立の可能性について議論し，西ドイツ，オランダ，スイス，ベルギー，フランスなどの他の西側諸国と通商問題について交渉した．閉会後，西側諸国との雪解けの動きの中，中国はイギリスの時と同じ方法を取り，オランダとの間でも代理公使の相互派遣に合意した（1954 年 11 月）．

　アメリカとの間でも直接交渉が行われた．ジュネーブ会議中において，米中間で 4 回の大使級会談と 2 回の閣僚会談が行われた．4 回目の大使級会談において，中国代表の王炳南が共同声明あるいは覚書の形で双方の居留民の自由往来などを提案したが，アメリカ側に拒否された．成果は残せなかったものの，朝鮮戦争後初の米中接触が実現した．

新中国の外交の試金石となったジュネーブ会議であったが，周恩来の活躍で，国際社会における大国としての中国の存在感を世界に示した．またジュネーブ会議は，中国にとって実り多き会議ともなった．西側諸国に対する接近により，アメリカの対中包囲網に風穴を空けたことは確かである．そして何よりも，ラオスやカンボジアがアメリカの軍事基地にならないという保証が得られたことで，中国は自国の周辺環境の安定確保に成功した．他方，自国の安全保障を最優先にした中国の行動が，ホー・チ・ミン政権との関係に禍根を残したことも見逃すことはできない．

ジュネーブ会議を契機として，アメリカによるインドシナへの軍事介入の阻止が最重要目標として掲げられたことは，アジアの周辺諸国に対する政策の変化をももたらした．中国は自国の周辺地域で親中国や友好国を育て，こうした国々を「冷戦に与させない」政策に転じたのである．こうした流れの中で，今なお中国の重要な外交原則の一つとして掲げられている「平和共存五原則」が中印の間で合意された（本節（4）を参照）．

建国以来の懸案であったユーゴスラビアとの関係もようやく解決でき，1955年1月2日に両国は国交を樹立した．新中国が設立してすぐに，ユーゴスラビアは中国の承認を表明した（49年10月6日）ものの，「チトー化」というソ連の懸念を払拭するために，その後中国はユーゴスラビアとの接触を避け，ユーゴスラビアからの接近を無視し続けていたという．54年10月，ユーゴスラビアから再度アプローチされた際に，ソ連のお墨付きを得た中国は，ようやくユーゴスラビアとの関係構築に動いたのである（張勉励 2006, 97）．

（3）第一次台湾海峡危機

朝鮮戦争の停戦，インドシナ戦争の終息を受け，中国は1954年8月に，台湾解放宣言を行った．米華相互防衛条約の締結の準備が動き出していることに強く反発した中国は，「台湾は中国の神聖不可侵の領土であり，中国政府はアメリカが台湾を侵略することを決して許さない」と主張し，台湾解放を宣言した．9月3日に人民解放軍が金門島への砲撃を開始したことにより第一次台湾海峡危機が幕を開けたが，55年1月に国民党支配下の一江山島を攻略し，台湾海峡をめぐる情勢が一層緊迫した．

1954年から55年にかけて行われた中国の軍事行動，金門砲撃と大陳島攻撃は，別個の文脈で捉えるのが妥当であろう．具体的にいえば，金門砲撃はアメリカによる中国の軍事包囲網（SEATO，米華相互防衛条約など）に対する報復的砲撃であり，台湾の独立や中立化，国際共同管理に反対する姿勢を示すパフォーマンスであったのに対し，大陳島攻撃は人民解放軍が従前から検討し，沿海航路の開通を目指した作戦であった．

現在公開されている中国側の資料を見る限り，金門砲撃はその実施までに中国の最高指導者層のなかでまったく議論されておらず，突如決定されたものである．周恩来はソ連のニキータ・フルシチョフ共産党第一書記に対してこれからの軍事活動について事前説明を行った際に，その目的について次のように語った．「台湾解放という任務を提起したのは，米台の軍事条約を阻止するためだけでなく，国内の志気を高めるためでもある」（《周恩来軍事活動紀事》編写組 2000，下，343）．こうした周恩来の発言からもわかるように，金門攻撃は台湾解放を目的としたものではなかった．

1954年8月24日，ジョン・F. ダレス国務長官が記者会見で，台湾本島とその外郭の島の防衛にアメリカが協力することを決定したことを公表した．これに対し，翌25日に中央軍事委員会は福建前線部隊に金門への報復的攻撃の命令を出した．解放軍は9月3日と22日の2回にわたり金門を砲撃した．2回目の砲撃の翌日に，周恩来は政治報告のなかで，「国連あるいは中立国の管理への委託，台湾『中立化』，台湾独立などの主張は絶対許さない」との強いメッセージを内外に発信した．

大陳島作戦も台湾解放そのものを目的したわけではなかったが，中国政府にとっては十分に検討を重ねた必勝を要する戦役であった．朝鮮戦争の停戦を受け，中国は国民党の残存勢力の一掃，国民党による海上封鎖の打破に本格的に動き出した．1953年10月に開かれた中国共産党中央軍事委員会の会議で，沿海島嶼の占領による南北航路の開通（「門戸整理」）を先決課題とする意見が出され，上海からアモイまでの航路開通のカギとなる大陳島をまず解放することが決定されたのである．同日，華東軍区に大陳島攻撃の作戦計画の制定の命令が下された．

実際，大陳島を基地とした国民党軍の海路封鎖は中国に甚大な影響を与えて

いた．国民党軍の遊撃，商船への通航妨害活動をアメリカは積極的に支持しており，中央情報局（CIA）がひそかに国民党軍に装備と訓練を提供し，中国と貿易を行っている商船に関する情報を国民党軍に提供していた．海上封鎖の影響で，現在中国の最大の漁業基地となっている舟山漁場が当時利用できなかったばかりでなく，上海からアモイまでの沿岸では船舶の航行すら困難な状況であった．

　モスクワ国際経済会議以降，西側諸国との貿易を積極的に推進する姿勢を見せた中国にとって，国民党による海路封鎖はますます頭の痛い問題となっていた．西側および東欧との貿易を実質的に担当していた「中波輪船株式会社」の所有する船舶，ポーランド籍，ソ連籍の船舶が妨害の対象となったのはむろんのこと，対中貿易輸送に携わるイギリス籍やフランス籍の船舶も中国への接近が難しかった．

　こうした状況のなか，海上航路における運輸安全の確保が中国にとって喫緊の課題であったことは言うまでもない．朝鮮半島の情勢が一段落したことで，中国は直ちに「小さいところから大きいところへ，島を一つずつ攻撃し，北から南へ華東諸島を解放する」方針を定めたのである．

　ジュネーブ会議中に中国はすでに大陳島奪還の前哨戦を開始し，大陳島より北の門頭山など三つの島を占領した（5月15日〜20日）が，その後，作戦計画を幾度も練り直し，予行演習を行い，開戦に向けて着々と準備を進めていた．

　12月2日，米華相互防衛条約が結ばれ，浙東で米軍による大規模な軍事演習が行われた．アメリカとの直接交戦を極力回避しようとしていた中国は，12月に予定されていた一江山島攻撃を1ヵ月遅らせた．翌55年1月18日に，人民解放軍は一江山島作戦を開始し，同日中に同島を攻落した．結局のところ，一江山島の失陥で防御が難しくなった大陳島から，国民党軍と島民が米海軍と空軍の護衛の下で台湾へ撤退した．その後2月25日までに，国民党軍は披山，北鹿山，南鹿山島からも撤退した．これにより，中国は浙東沿海の島をほぼすべて手中に収めた．

　このように，金門砲撃も大陳島攻撃も台湾解放を目的としていたわけではなく，中国の対外的シーレーンの確保，ひいてはアメリカを中心とする西側諸国による対中国封鎖を打破することが大陳島作戦の意図するところであった．

(4) バンドン会議と平和共存五原則

　1955 年 4 月 18 日から 24 日にかけて，インドネシアのバンドンでアジア・アフリカ会議（バンドン会議）が開かれた．アジア 16 ヵ国，アラブ 9 ヵ国，アフリカ 4 ヵ国，計 29 ヵ国がバンドン会議に参加したが，そのうち中国と国交を結んでいたのはベトナム，インド，ビルマ，インドネシア，パキスタン，アフガニスタンの 6 ヵ国のみであった．

　バンドン会議において，中国はコロンボ・グループ 5 ヵ国（インド，ビルマ，セイロン（現スリランカ），パキスタン，インドネシア）をはじめとする東南アジア諸国，南アジア諸国への接近を図った．1954 年前後から中国はすでに中立主義国家への評価を改め，インド，ビルマとの関係改善に動いていたのである．54 年 4 月に中国とインドは「中国チベット地方・インド間の通商・交通に関する協定」を締結し，(1) 領土保全および主権の相互尊重，(2) 相互不可侵，(3) 内政不干渉，(4) 平等互恵，(5) 平和共存の 5 項目からなる平和共存五原則を明示した．同年 6 月 29 日にはビルマ政府との間でコミュニケが調印され，中国は革命の輸出をしないことを表明した．影響力を持つ在外華人社会が存在し，共産主義ゲリラが活動していた東南アジア諸国の中国に対する警戒心はきわめて強かったが，平和共存五原則とともに，「革命を輸出しない」という中国のメッセージは東南アジア諸国を大いに安堵させたという．

　ジュネーブ会議後，毛沢東はアメリカを孤立させることを目的とした「国際平和統一戦線」の形成を提唱した（1954 年 7 月）．10 月には，周恩来はさらに非社会主義陣営を「主戦派」（アメリカ），動揺する「現状維持派」（英仏等），「平和中立派」（インドなど）に分類し，アメリカを孤立させ，英仏などの国々との関係を強化し，インド等と団結する外交方針を示した．こうした外交方針を形成したうえで，中国はバンドン会議に臨んだのである．

　主催国のインドネシアの要請を受け，中国はすぐに会議に参加する意欲を示し，そして会議中の中国の外交目標として民族独立運動への支持，アジア・アフリカ諸国との外交関係の樹立や貿易関係の始動などを挙げた．会議を成功に導くために，中国はインド，インドネシア，ビルマなどの国々との事前協議を重視した．他方，エジプト，スーダン，ネパール，シリア，レバノン，イエメ

ン，サウジアラビア，ゴールドコースト（現ガーナ），カンボジア，ラオス，セイロンは働きかけの重点国家とされ，国交樹立や貿易機構の相互開設が目指されることとなった（夏莉萍 2005, 76）．

　中国は平和共存五原則を掲げ，周辺国との関係改善に動いたが，実際のところ，周辺国との間には様々な難題が山積しており，その障害を取り除くことが先決であった．当時 12 ヵ国と国境を接していた中国は，国境の画定が未着手のままであった．また東南アジアに居住している多くの華僑の二重国籍問題や中国共産党と他国共産党との関係なども，中国と周辺国との関係改善の障害となっていた．そして，周辺国における国民党の残存勢力の存在は新生政権にとって安全保障上の大きな懸念材料であった．

　建国以来，中国政府は華僑に二重国籍を認める一方で，彼らに愛国統一戦線の結成を呼びかけ，居住国の法に服すべき華僑に中国の基本法（「中国人民政治協商会議共同綱領」）を遵守するよう求めていた．しかしバンドン会議中に，中国はそれまでの政策を変え，インドネシアとの間で二重国籍を認めない旨の条約を締結した（1955 年 4 月 22 日）．「血統主義」を放棄し「居住地主義」に応じたため，中国に対する東南アジア諸国の警戒心はさらに和らいだ．

　バンドン会議に際し，中国政府が下したもう一つの外交戦略上の決断は，中東政策に関するものであった．1950 年 1 月に中国を承認したイスラエルとの間では，朝鮮戦争の勃発で国交樹立問題は一時棚上げ状態となったが，55 年のはじめごろ，中国とイスラエルとの間で再度関係改善の兆しが見られ，イスラエルから国交樹立の要望が出された（王昌義 2011, 37–40）．しかし，アラブ諸国との関係が政治的により重要であり，アラブ諸国との間には反帝国主義，反植民地主義，民族独立の擁護などの共通の主張があると考えた中国は，バンドン会議でアラブ諸国を支持する姿勢を鮮明に打ち出した．そして翌 56 年にエジプト，シリア，イエメンが相次いで中国と国交を結ぶこととなった（それぞれ 5 月 30 日，8 月 1 日，9 月 24 日）．同年 12 月に勃発した第二次中東戦争（スエズ戦争）に際して，中国はイギリス，フランス，並びにイスラエルを強く非難し，イスラエルとの貿易を中断した．

　また，中国はサウジアラビアとは国交を有していなかったが，バンドン会議での接触により両国の関係が進展したことも特筆すべきである．サウジアラビ

アは中国のイスラム教徒のメッカへのハッジ（大巡礼）を受け入れることに同意し，1956 年 7 月から中国は巡礼団を派遣したのである．

　1955 年 1 月の一江山島作戦を受け，台湾問題もバンドン会議で注目された重要な問題の一つであった．中国は台湾問題を議題に乗せないよう要求する一方，「台湾海峡の緊張を緩和する真なる国際的努力を歓迎する」と声明し調停仲介に対して歓迎の姿勢を示し，アメリカとの直接交渉を提案した．台湾問題について，会議中に，周恩来は各国の指導者と 12 回にわたり意見交換したが，イギリス，ビルマ，レバノンをはじめ，さまざまな国から調停案が出された．

　バンドン会議後の 5 月，中国はインド駐国連大使 V. K. クリシュナ・メノンに伝言を託し，捕虜となっていた 4 名のアメリカ人スパイを釈放するのと引き換えに，アメリカに相応の姿勢を示すことを要求した．メノンの話によると，アメリカが捕虜の親類の中国行きを許可すれば，中国はすべての捕虜を釈放し，居留民に関してアメリカと協定を結ぶ用意があった．捕虜の親類の訪中を切り口にアメリカとの交流を徐々にスタートさせようとする中国は，さらに交渉中，離島を攻撃しないと約束した（張淑雅 1996, 400, 413）．そして 5 月末，中国は 4 名のアメリカ人スパイを釈放した．

　台湾の強い反対にもかかわらず，ドワイト・D. アイゼンハワー政権は中国との交渉に応じる旨の声明を発表した．その後断続的に開催された大使級会談は大きな成果を収められなかったものの，米中対立のエスカレーションを回避する貴重なチャンネルとなった．

　インドのジャワハルラール・ネルー首相，インドネシアのスカルノ大統領とともに，周恩来の活躍でバンドン会議は大きな成功を収めた．平和共存五原則を拡大発展させたバンドン十原則はバンドン精神と評価され，バンドン会議はアジア・アフリカ諸国に反帝国主義，反植民地主義を主軸とする強い連帯を生み出したといって過言ではない．バンドン会議を契機に，アジア・アフリカなどの新興独立国の国際社会における発言権が高まっていくが，中国がその先導者としての役割をここで見出したことは間違いない．

(5) 国境画定の模索

　ジュネーブ会議とバンドン会議を通じて，また周辺国との間で抱えていた問

題を解消するプロセスを通じて，国際共産主義連帯という「革命」の原則は後退した．こうした中国の政策は功を奏し，バンドン会議後1964年までの間に，周辺6ヵ国との間で国境協定が締結され（第2章を参照），タイを含め，一部アジア諸国との関係改善が見られた．

この時期の周辺国との国境協定では，ビルマとの国境協定がモデルケースとなっていた．周辺国との関係が好転に向かう中，1955年11月21日に黄果園で中国とビルマの武力衝突事件が発生した．バンドン会議の際に，周恩来は「国境が画定される前の現状を維持し，中国は現状の国境から一歩たりとも超えることはない」と公約しただけに，黄果園での武力衝突事件は中国の対外政策を象徴する事件として世界から多大な関心を持って注目された．こうしたなか，中国はビルマとの国境問題を国境画定のモデルケースにすると定め，これに精力的に取り組むようになった．

しかし周辺諸国との国境画定に際して，中国は「国家主権の回復」と「反帝国主義・反植民地主義」という二つの原則のジレンマに直面した．中国共産党は建党当初から反帝国主義をスローガンとして国民の支持を集め，また帝国主義国家と締結した国境条約を不平等条約とみなし廃止すると一貫して主張していた．しかし他方において，「反帝国主義・反植民地主義」を原則とし新興独立国の民族解放運動を支援すると主張する以上，諸々の「不平等条約」を宗主国から受け継いだ新興独立国の立場を擁護する必要もあった．バンドン会議は植民地支配の下で分断されていた諸地域間の連携創出に貢献し，反帝国主義，反植民地主義を主軸とする強い連帯が当時，アジア・アフリカの独立国家間で生まれていた．こうした時流を受け，政策の矛盾に直面した中国政府が下した決断は，不平等条約を温存させ，民族独立を支援することであった．

ビルマとの国境を画定するうえで最大の障害は1941年に中国とイギリスとの間で締結した国境条約であった．54年に周恩来総理がビルマを訪問した際に，ビルマから41年国境条約を認めてほしいとの要望が出された．帝国主義国家と締結した国境条約を不平等条約とみなし廃止すると一貫して主張していたにもかかわらず，中国政府は41年条約を基本的に認める決断を下した．

ビルマとの国境画定に当たり中国は大きく譲歩した．こうした譲歩の背後にはいくつかの理由が複雑に絡んでいた．当時の外交目標は国内経済を発展させ

るための，政権の安定と周辺環境の改善にあった．周辺国との関係改善はむろん1954年までに着実に形作られたアメリカによる中国包囲網を打ち破るために必要であったが，国内の視点から見れば，共産党政権を固めるうえでも重要であった（60年1月からスタートした中国とビルマとの国境協議で，中国はビルマにおける国民党残存勢力の粛清を提案した．これはビルマの政権安定にとっても得策であったため，60年11月から61年2月の間に中国軍は2回にわたりビルマ軍と共同作戦を行い，ビルマの北東地域で活動していた国民党軍を打ち破り，国民党軍をタイに追い払うことに成功した）．

つまり，バンドン会議後の中国は自国の政権の安定と民族独立の支援を最重視していたのである．

おわりに

本章のタイトルに示される通り，1949年から56年の時期における中国の外交政策は，まさに「向ソ一辺倒」と「平和共存五原則」という二つの原則に集約されており，朝鮮戦争の終息以降，政策のプライオリティは向ソ一辺倒から平和共存五原則へシフトした．また49年から56年は毛沢東時代の外交政策の基本方針を決定づける時期であり，ここで形成された対外政策の特徴には，今日の外交スタイルに共通するものが多い．

「国家統一の実現」，「国家主権の回復」，「安全保障の確保」という近代以来の中国外交の目指した究極の目標は，新生中国にも引き継がれた．この時期においては，「国家統一の実現」が特に重要視されていた．1949年から56年は，中国共産党と国民党の戦いの終幕を迎えていた時期ということを考慮すれば，全国で勝利をおさめ，国境地域の国民党残存勢力を一掃し，国民党による海上封鎖を打ち破るといった目標が，中国にとって特別な意味を有していたことは容易に理解できよう．そして，朝鮮戦争の勃発を契機としてアメリカが台湾海峡の中立化という政策に転じたことにより，中国にとって，「台湾解放」は長期的な目標と化し，90年代まで北京，台北の二つの政治権力は国際社会において正統性をめぐる争いを繰り広げることとなった．

主権の回復を目指す中国は，西側の経済秩序にも東側の経済秩序にも属さず

に，自力更生の道を選択した．他方において，自国の市場としての価値を強く信じていた中国は，貿易を他国との関係改善を図るうえでの有効な手段として位置づけた．

　他方において，建国当初の中国は向ソ一辺倒政策を採択し，東側陣営に自国の安全を求めた．そしてソ連モデルを採択し，ソ連の援助のもとで国家建設に向けて歩み出した．朝鮮戦争を契機に米中対立が東アジアの冷戦の基調の一つとなったが，朝鮮戦争の停戦を受け中国はすぐにアメリカによる対中包囲網の切り崩しに動いた．冷戦という国際環境もあり，対米政策は中国の外交戦略の基調を規定し，その他の外交方針の方向性を左右する重要なファクターとなった．対米戦略上の必要性から，「民間外交」や「平和共存五原則」をスローガンとした西側諸国，中立主義国家への接近が始動し，またその延長線上に中国の対中東政策も定められたのである．

　中国は中ソ間の役割分担に関する合意に基づき，アジアの国際共産主義運動に対する指導的な役割を担うようになった．またバンドン会議を契機にアジア・アフリカが主体となる反帝国主義・反植民地主義運動の旗手たる役割にも目覚めた．中国は国際共産主義運動や反帝国主義・反植民地主義運動を通じて，自国の国際的な地位を高めようとしたのである．

　中国の対外政策は国際秩序のあり方に強く拘束されており，そして中国自身も国際秩序の変化に常に敏感に反応している．中ソ同盟という前提で進められていた中国の対外政策も，1956年以降中ソ関係が悪化していくプロセスのなか，大きく変容を遂げざるを得なくなるのである．

（青山瑠妙）

第2章
中ソ対立から中間地帯論へ
（1956～1964年）

はじめに

　1950年代半ば，「核による平和」と東西欧州における勢力圏の画定によって，東西冷戦は1970年代まで続く20世紀のなかで最も長い安定期に入った．ベルリン危機やキューバ危機のような緊張もみられたものの，ソ連の大陸間弾道ミサイル（ICBM）実験や人工衛星スプートニクの打ち上げに裏付けされた米ソ間の「相互抑止」によって，米ソ関係は「敵対的平和」と呼ばれる対立や競争と協調が交錯した平和状態を維持していった．

　しかし，社会主義陣営内では，ソ連共産党第一書記のニキータ・フルシチョフによる「スターリン批判」が，大きな衝撃と動揺をもたらした．「スターリン批判」は，中国をはじめとする東側陣営へ社会主義の方向性について問うことになった．国際共産主義運動の総路線をめぐる中ソ論争は，やがて，中ソ両国の安全保障政策のあり方をめぐる国家間対立にまで発展していくことになった．

　中国共産党は，1956年の第8回全国代表大会（第8回党大会）では，「スタ

ーリン批判」を受けて党規約から「毛沢東思想」を削除し，集団指導を軸とした国家体制の確立，生産力の発展の重視，漸進的な社会主義建設などを謳っていた．しかし，その直後に発生したハンガリー事件から共産主義体制の動揺に強い危機感を持った中国は，翌年から一転して「反右派闘争」を展開した．57年10月にソ連との間で原爆技術の供与を含む国防新技術協定を締結した一方で，翌月には「東風が西風を圧倒する」と強気な国際観を示した．58年7月にソ連が中ソ共同艦隊創設や無線基地建設などを提案すると，中国は主権侵害であると拒否した．

　1959年以降，中ソの亀裂はいっそう深まっていった．59年6月に国防新技術協定の破棄をソ連が一方的に通告し，中印国境で武力衝突が発生していた9月に，米ソが原子力平和利用の情報提供で合意し，60年7月にはソ連が中国に対し技術者引き揚げと技術提供の停止を通告した．

　その後，大躍進の失敗やソ連との経済関係の縮小などによって，中国では国内経済のみならず外交でも政策調整が不可欠となった．そこで中国は，日本とのLT貿易の開始やフランスとの国交樹立など，西側資本主義諸国との関係発展を模索していった．「第三世界」においては，1950年代後半以降，ソ連がとりわけ非同盟諸国において援助外交を積極的に展開して勢力圏を拡大し，アメリカもソ連に続く動きをみせていた．中国は米ソと競争するかのように，自らもアフリカなどの途上国に積極的な外交攻勢をしかけていった．中国はソ連とは外交・安全保障レベルでの軋轢を深め，63年から64年にかけてソ連を辛辣に批判する9本の論文（「九評」）を相次ぎ公表していった．中ソ論争が中ソ対立へとエスカレートしていくなかで，64年1月，中国は「二つの中間地帯論」を提起し，反帝国主義闘争を訴えた．

1. 路線論争の始まりと中ソ同盟の形骸化

(1)「スターリン批判」の衝撃

　建国以来の「向ソ一辺倒」の外交政策を中国共産党に転換させる契機になったのは，1956年の「スターリン批判」とハンガリー事件をめぐる危機意識であった．

1. 路線論争の始まりと中ソ同盟の形骸化　　41

　1963 年 9 月 6 日の『人民日報』編集部と『紅旗』誌編集部の共同論文「ソ連共産党指導部と我々の意見の相違の由来と発展」は，中ソ論争の起因を 56 年 2 月に開催されたソ連共産党第 20 回大会の「スターリン批判」に求めている．同大会でフルシチョフは，国内的にはスターリンが推し進めた個人崇拝を痛烈に批判し，社会主義的法秩序，党内民主主義，集団指導の樹立を強調した．また，フルシチョフは，資本主義から社会主義への移行は各国の多様性に応じてさまざまな形態を取り得るとして，社会主義への平和的な移行の可能性を説いた．平和的移行路線への転向は，プロレタリア独裁とプロレタリア革命を否定するものであった．それは，武力による移行を主張した毛沢東の考えとは根本的に異なっていた．

　ソ連共産党が中国共産党へ事前に連絡することなく突如始めた「スターリン批判」は，中国を始めとする東側世界に共産主義のイデオロギー全体についての大きな疑念を投げかけることになった．ソ連が「社会主義への多様な道」を認めたことは，社会主義圏のほとんどの国が人民民主主義の形態をとっていた当時，社会主義とは何なのか，社会主義国の建設とはいかにあるべきなのか，という国際共産主義運動のなかで社会主義諸国が進むべき方向性を問うものであった．

　またソ連共産党第 20 回大会は，対外的には，スターリンが唱えた「戦争不可避論」を否定して，アメリカとの「平和共存」をソ連の外交政策の基本方針として採択した．フルシチョフは，一方ではアメリカとの共存を唱えたものの，他方ではベルリン，中東，アフリカから西側勢力を追い出して，自らの勢力圏に組み込もうとする二重外交を展開していった．ソ連は西側と対立しながらも「平和共存」を打ち出したのである．

　「スターリン批判」に対して中国共産党が党としての態度を示したのは，それから 2 ヵ月後のことであった．1956 年 4 月の政治局拡大会議で，毛沢東は「十大関係論」と呼ばれる講話を発表した．「十大関係論」において毛沢東は，「スターリンの誤りは三分，功績は七分」とスターリンの全面否定に反論し，中国独自の新しい社会主義建設路線を提起した．また，毛沢東は同会議で，芸術や学術の分野における言論の自由化のスローガン「百花斉放・百家争鳴」を提唱した．翌月から，「百花斉放・百家争鳴」は党の正式な方針として積極的

に呼びかけられた.

「スターリン批判」は，中国における毛沢東の権威の維持に否定的な影響を及ぼす可能性があった．「スターリン批判」への賛否が分かれるなか，1956年9月，中国共産党は11年ぶりに第8回党大会を開催した．同大会は，ソ連との協調を示すとともに，党規約から「毛沢東思想を国家のイデオロギー的指針とする」という一節を削除し，「集団指導体制」を強調した．個人崇拝を批判した「スターリン批判」は，絶対的な地位を確立していた毛沢東の政治的基盤に影響を及ぼす危険性をはらんでいたのである．第8回党大会は毛沢東の背中を脱ソ連路線へ押していくことになったと言えよう.

　民族的基盤に基づいて共産主義を築くことを認めた「スターリン批判」は，東欧諸国のナショナリズムを刺激した．東欧における自由化の動きが顕著になり，東欧の共産主義諸国に大きな動揺がもたらされた．ポーランドでは，1956年6月に民主化を求める抗議運動が発生し，警察との衝突に至った（ポズナン暴動）．10月には，スターリン時代に自由化路線を唱えて投獄されていたヴワディスワフ・ゴムウカが労働党第一書記として復権し，国民の支持の下，ソ連の圧力に抗する指導部を確立して自由化路線をとった．ソ連軍が国境地帯に配備されるなか，ポーランドはソ連と交渉を重ね，ゴムウカを党第一書記として復帰させることをソ連に認めさせた．一方，ハンガリーでは，政治的自由化を求めて改革派が台頭し，10月に改革を支持するデモ行進がソ連軍と衝突した（ハンガリー事件）．ソ連が11月に二度目の軍事介入に踏み切ると，各地の動乱は流血のうちに鎮圧されていった.

　ハンガリーにおける暴動へのソ連の対応は，国際共産主義運動におけるソ連の指導力が軍事力に立脚していることを露呈した．東欧の動揺を目の当たりにし，各国の共産主義政党の平等と相互尊重の原則を堅持してきた中国共産党は，ソ連の指導力を疑うことになった．「スターリン批判」は，ソ連の国境を越えて，国際共産主義運動全体に「脱スターリン化」の波紋を広げ，共産主義陣営における内部矛盾を顕在化させてしまった．ソ連がハンガリーへの軍事介入に踏み切ったのは，ハンガリーがワルシャワ条約機構からの脱退と中立化を目指したことを容認できなかったからである（石井2000, 216）．ワルシャワ条約機構は，北大西洋条約機構（NATO）に対抗するだけでなく，東側陣営内の警

察機構としての性格も帯びていた（石井 2000, 180）. 東欧の動揺は, ソ連型モデルが中国の社会主義建設にとって最善なのかを, 中国共産党に検討させることになった. 中国共産党中央の指導部が, 国際共産主義運動や社会主義陣営におけるソ連の「大国主義」と「修正主義」を警戒したからである.

しかし, 基本的には, 中国はソ連によるハンガリー武力制圧を支持した. また, フルシチョフの要請を受けた周恩来は, 翌 1957 年 1 月にソ連, ポーランド, ハンガリーを歴訪し, 「ソ連を中心とする社会主義陣営」の立て直しに尽力した（日本国際問題研究所中国語部会 1971, 316-321）. そのことは, 国際共産主義運動における中国の相対的な地位を向上させることに繋がった. それは, 中国こそがソ連に代わって国際共産主義運動の新たなリーダーになるのだという自信と期待を中国にもたせることになった.

(2) 中ソ間で深まる不信と軋轢

中国共産党が自由に党批判を表明させようとした「百花斉放・百家争鳴」政策に対して, 知識人や民主諸党派勢力は, 最初は躊躇したものの, しだいに党の独裁や政策に反対する意見を表明するようになった. そのような状況を危惧した毛沢東は, ブルジョワ右派勢力が中国共産党の指導権を奪おうとしているとして, 突如, 彼らに対する弾圧を始めた. いわゆる「反右派闘争」である.

1957 年 6 月 8 日, 『人民日報』は, 毛沢東の評論「これはどうしたことか」を社説として掲載した. これをきっかけに, 「百花斉放・百家争鳴」は「反右派闘争」へと急旋回した. 中国国内の反右派闘争が社会主義の階級闘争の一環として位置づけられたことで, 安全保障政策, 経済建設, 国家統一の諸問題までもがイデオロギーの問題へと収斂されていった. 国内政治が左傾化するのに伴い, 外交においても急進的な傾向が顕著になっていった.

この年, ソ連は 8 月に ICBM の実験を成功させ, 10 月 4 日に世界初の人工衛星スプートニク 1 号の打ち上げに成功した. ソ連がアメリカに対して軍事・科学技術で優位に立ち, ソ連の国際的威信が高まるなか, 同年 10 月 15 日, 中国とソ連は原爆・ミサイル・新型戦闘機などの先端兵器のサンプルと関連技術資料をソ連が中国に提供することを約束した秘密協定「国防新技術協定」に調印した. 朝鮮戦争以来, アメリカの核の脅威に晒されてきた中国にとって,

「国防新技術」をめぐるソ連からの協力確保は重要な国策であった．

　しかし，中ソの世界観と核戦争観はあまりにも乖離していた．1957 年 11 月にモスクワで開催された十月革命 40 周年記念式典と社会主義諸国共産党・労働者党代表者会議（以下，モスクワ会議）で採択される「宣言」を起草するプロセスで，中国とソ連の世界観の隔たりが対外的にも明らかにされていった．

　中国とソ連は，平和共存を総路線とするか否かで意見が分かれていた．中国代表団がモスクワについてもなかなか合意に至れず，結局，ソ連の説く「社会主義への平和的な移行」を主軸としながら，急進的な暴力革命を重視する中国側の主張も併記することで，両国は妥協することにした．

　モスクワ会議では，毛沢東は「もしも人類の半数が死滅しても，3 億人の中国人が生き残る」という核戦争観を明らかにし（当時の中国の人口は 6 億人），対米強硬路線を主張した．ソ連指導部と毛沢東の考え方の違いは明らかであった．毛沢東の核戦争観は，ソ連指導部を警戒させることになった．

　「モスクワ宣言」採択翌日の 11 月 17 日には，毛沢東がソ連にいる中国人留学生の前で「東風が西風を圧倒する」という講話を行った．この講話で毛沢東は，東側の社会主義陣営と西側の資本主義陣営の間の闘争は東側陣営のほうが圧倒していると語り，アメリカに対して弱腰と毛沢東がみなしたフルシチョフの平和共存論を痛烈に皮肉ったのである．

　アメリカとの関係や核リスクをめぐる中ソ間の認識の相違から，両国は警戒心や不信感を相互に膨らませていくことになった．

(3) 中国独自の外交・軍事路線への転換

　1957 年のモスクワ会議へ参加するために毛沢東がソ連を訪問した際，フルシチョフは「ソ連は 15 年でアメリカを追い越す」と語った．このフルシチョフの言葉に対して，毛沢東は，「中国は 15 年で鉄鋼などの主要工業生産高でイギリスを追い越す」というスローガンを打ち出した．ナンバー 2 のイギリスを引き合いに出してはいるものの，このエピソードから，国際共産主義運動の主導権をめぐり中国がソ連に対抗心を燃やしていたことが読み取れるであろう．

　中国は政治的，軍事的，イデオロギー的に，そして経済的にも，ソ連からの自立を目指すようになった．そこで，中国は 1958 年 5 月の中国共産党第 8 回

党大会第2回会議で「社会主義建設の総路線」を採択し,「大躍進運動」の方針を正式に宣言した.それまでのソ連型モデルから離れ,工業と農業の同時発展,中央と地方の同時発展,西洋の技術と中国の技術の併用という,全面的な同時発展策であった大躍進の基本方針は,現実の生産条件や能力を無視して邁進し,それを全力かつ高速でおこなうという非現実的な政策であった.56年の第8回党大会第1回会議では着実な前進政策が合意され,総合的に均衡のとれた発展を目指すことになっていたが,中国は58年の第8回党大会第2回会議でこれと決別し,国内においては急進路線をとり,対外的には世界革命に向けて攻勢をかけていくことになった.また,第8回党大会第2回会議の直後から同年7月にかけて開催された中国共産党中央軍事委員会では,建国以来のソ連をモデルとした軍事路線から中国独自の軍事力建設へ舵を切り,軍事路線を大転換していった.

　中国を独自の軍事路線へ転換させた一つの背景は,ソ連の核戦略であった.ソ連は独ソ対立の歴史から西ドイツの核保有の可能性に警戒心を抱き,1957年末からNATOの多角的核戦力(MLF)構想と西ドイツの核保有を阻止するために,西側に対して核実験中止と核不拡散を訴える外交攻勢を展開していた.これは,中国にとってみれば,米英ソによる核の独占であった.ソ連は中国の核開発を支援する国防新技術協定に調印していたが,その形骸化が示唆されたのである.中国が核を保有できないとなれば,中国はソ連の「核の傘」の下で従属していかざるを得ない.そこで58年6月,毛沢東は,ソ連の「核の傘」に依拠せず中国独自で核開発を目指すことを宣言した.

　さらには,1958年の米軍のレバノン派兵や第二次台湾海峡危機をめぐり,中ソはさらなる相互不信を高めていくことになった.

　1958年7月,イラクでクーデターが発生し,ファイサル2世が暗殺され,親米政権が倒されると,親ナセル派が共和制を宣言した.自国への革命の波及に危機感を抱いたレバノン政府は,アメリカに出兵を要請した.バグダッド条約機構の要を失ったアメリカ政府は,ただちにレバノンへの米軍派兵を決定した.ソ連はシリアとエジプトへの援助を本格化させ,中東地域における米ソ冷戦の対峙構造を鮮明にさせたものの,その一方で,ソ連はアメリカとの軍事的対決や国連における米ソ対立を慎重に回避した.

6月頃から，金門と馬祖の両島付近で台湾軍との衝突を頻発させていた中国軍は，7月末には金門島沿岸部の制空権を握った．その直後，7月31日から8月3日にかけて，フルシチョフやロディオン・マリノフスキー国防相らソ連の政府首脳らが訪中し，毛沢東や彭徳懐国防部長らは，同盟国としてのソ連の意志を確認しようとした．ソ連が，中国との共同艦隊創設やソ連艦隊の中国への入港，中国における無線基地建設などを提案すると，毛沢東はそれを中国の主権に対する侵害であるとして猛烈に抗議した．

同盟をめぐり中ソ間の相互不信が渦巻くなか，1958年8月23日，中国は同盟国であるソ連との事前協議を行わずに，突如として，国民党が占拠する金門・馬祖島へ砲撃を開始した．いわゆる「第二次台湾海峡危機」である．周恩来は9月6日，米中大使級会談の再開に応じる旨の声明を発表した．その翌日の9月7日，フルシチョフはアメリカのアイゼンハワーに宛てた書簡で，中国に対する攻撃はソ連に対する攻撃とみなすと警告した．これに反応したアメリカは，それまで日米安全保障条約の改定に消極的であったものの，同日，日本との改定交渉に応じる姿勢に急転した．また，9月15日に米中大使級会談がワルシャワで再開されると，中ソが互いに同盟の形骸化を痛感するなかで，台湾海峡危機は収束していった．

後に1963年9月2日の『人民日報』は，「当時，台湾海峡の情勢は緊張していたものの，核戦争が起こる可能性はなく，ソ連から核兵器で中国を支援してもらう必要はなかった．ソ連の指導者はそのような状況を見極めてから，中国への支持を表明したのである」として，ソ連に対する不満と批判を示した．この中国によるソ連への批判から，第二次台湾海峡危機のねらいは「台湾解放」ではなく，米ソの反応を見計らうためであったとも言われている．

2. ソ連・インドとの関係悪化，近隣諸国との関係改善

(1) ソ連およびインドとの関係悪化

1959年の中国では，対外的にも国内的にも緊張が高まった．フルシチョフがソ連共産党第21回大会（59年2月）で資本主義諸国との平和共存を強調してから半年も経たない59年6月，ソ連は中国に国防新技術協定の破棄を一方

的に通告し，原爆生産技術の提供を拒否した．中ソ間の対立は，中国国内の急
進化と同時期に，対外的に表面化していった．

　大躍進政策による政治経済の混乱の責任を取った毛沢東は，1959年4月の
全国人民代表大会（全人代）で国家主席を退き，劉少奇が後任に選出されてい
た．しかし，同年7月から8月にかけての「廬山会議」で，毛沢東に大躍進政
策の転換を迫った国防部長の彭徳懐や外交副部長の張聞天らが粛清されると，
大躍進の是正どころか，中国はいっそうの急進路線へ突き進んだ．廬山会議を
転機として，中国共産党の集団指導は崩れ，林彪国防部長が毛沢東の神格化の
旗手となり，毛沢東の独裁が進められていった．

　これらと前後して，隣国インドとの関係は，チベット問題をめぐり急速に悪
化していった．1956年にチベット自治区準備委員会が発足し，社会主義的改
造が本格化すると，チベットでは度々反乱が起きていた．57年に反体制の武
装勢力が結集すると，58年には武力衝突が激化するようになっていった．そ
のような状況下で59年3月，人民解放軍がダライ・ラマ14世を連行するので
はないかと危機感を募らせたラサ市民は，解放軍と全面衝突に至った．いわゆ
る「チベット動乱」である．チベット動乱によってダライ・ラマがインドへ亡
命すると，約10万人のチベット人がダライ・ラマに続いた．59年4月29日
にダライ・ラマがインドのムスーリーに亡命政権を樹立し，翌月5月インド北
西部のダラムサラに移すと，インドのネルー政権はそれを受け入れて支持した
のである．

　チベット動乱後，中印間の対峙は，中印国境付近における緊張をいっきに高
めることになった．中国側が認めていない国境，いわゆる「マクマホン・ライ
ン」をインド側が越えたことで，1959年8月25日には，中印間で武力衝突が
発生した．その後も，中印国境地域において国境警備隊やパトロール隊による
「偶発的な軍事衝突」が頻発した．62年6月に，マクマホン・ラインを越えて，
パトロール隊の築いていたインド側に対して，中国軍が反撃を始め両国軍が大
部隊を投入したことで，同年10月20日には武力衝突は紛争に発展した（中印
国境紛争）．

　このような中印軍事衝突をめぐり，ソ連のタス通信は，1959年9月9日，
「冷戦を煽り立てて諸国民間の友好を破るために中印国境で起きた事件を利用

しようとする試みは，断固として非難されるべきである」と伝えた．これに対して，中国共産党は同月 13 日に「タス声明は中印国境事件に対する中ソの立場が一致していないことを全世界に示した．インドのブルジョワジーと英米帝国主義はこれを喜び，それゆえに狂喜している」との声明を出した．後に，中国は，中ソ対立が表面化していった背景の一つを，このタス声明に求めている（『人民日報』1963 年 9 月 6 日）．社会主義国のソ連が社会主義国の中国ではなく非社会主義国のインドに味方したことに中国は不満を抱いたのである．

しかも，中印国境で最初の中印武力衝突が発生していた最中，フルシチョフは米誌『フォーリン・アフェアーズ』（1959 年 10 月号）に「平和共存について」という評論を発表し，9 月 25 日にフルシチョフはアメリカ政府と原子力平和利用の情報提供で合意したのである．

それから 5 日後，中華人民共和国政府樹立 10 周年記念式典参列のためにフルシチョフが訪中したものの，中ソの意見対立が先鋭化していたため，共同声明は発表されなかった．フルシチョフは，アメリカへの武力行使は非現実的であり，中国は米ソ平和共存路線に賛同すべきである，と中国へ説いた．しかし，中国はこれを，ソ連が中国を平和共存政策に従属させようとしているとみなし，激しく批判したのである（『人民日報』1963 年 9 月 6 日）．

こうして中国は，ソ連の平和共存路線に対する批判の公開に踏み切った．1960 年 4 月 16 日，「レーニン主義万歳」と題する論文がレーニン生誕 90 周年を記念する『紅旗』に掲載された．同論文は現代を帝国主義とプロレタリア革命の時代と規定し，57 年のモスクワ宣言を激しく批判した．さらに，「帝国主義の核の脅威に屈するな」と述べ，ソ連の平和共存路線への政策転換を「修正主義」と激しく攻撃した．60 年 5 月 1 日にアメリカの偵察機 U-2 がソ連領内で撃墜される事件が起きて，5 日にソ連政府がこれを公表すると，翌日の『人民日報』はアメリカを批判し，6 月 15 日には『紅旗』が論文「帝国主義の本質が変化したとの幻想に反駁する」を掲載し，ソ連の対米平和共存外交を批判した．

中国からの批判に対して，ソ連側も反発を強めた．6 月 24 日から 26 日には，ソ連の呼びかけによって，ブカレストで各国共産党・労働者党代表者会議が開催された．その最終日，ソ連共産党は，重要な問題で異端の立場を取り始めて

いるとして中国共産党を批判した．7月16日には，ソ連が中国に派遣中のソ連人専門家を1ヵ月以内に引き揚げると通告し，中国への経済援助も停止した．続く11月10日〜12月1日の各国共産党・労働者党代表者会議の声明起草のプロセスにおいて，国際共産主義運動におけるソ連共産党大会の位置づけ，事前協議の原則，個人崇拝，平和共存などについて，中ソは激しい論争を展開した．中国は，ソ連が中心的存在であることを認めながらも，ソ連共産党と他党との対等性を求め，ソ連への従属性を否定した．また戦争と平和の問題について，中国は対米強硬路線を主張した一方で，ソ連は核戦争の廃墟の上に社会主義社会を建設することは非人間的であると述べ，平和共存路線を訴えた．中ソがお互いに厳しく批判しあったため，「モスクワ声明」の起草をめぐる会議は，決着に至ることなく，閉会することになった．モスクワ声明において，中ソ両論併記による妥協を図ったものの，中ソの論争は，翌1961年10月のソ連共産党第22回大会で，再び再燃した．フルシチョフが公然とアルバニアを批判すると，大会へ招待されていた周恩来ら中国代表団は，ソ連の大国主義による内政干渉ととらえ，各党・各国の平等を厳しく求めた．これに対して，フルシチョフは党大会の最終報告において，アルバニア指導部の個人崇拝を厳しく批判するとともに周恩来演説も批判した．かくして，中ソ対立が先鋭化していくなかで，アルバニアなど僅かな国をのぞき，多くの社会主義国や共産主義国から中国に対する批判が高まった（天児2004, 164）．

　1963年7月に部分的核実験禁止条約（PTBT）が調印されると，翌月にそれまで機密扱いだった国防新技術協定締結の事実と，ソ連の指導者がアイゼンハワーとの会談の際に「お土産」にするためこれを一方的に破棄した，という認識を中国は公表した．大躍進の失敗で中国経済は打撃を受けていたが，10月1日に「百年かけても自前の核兵器を製造する」との声明を出した．

　1964年10月，フルシチョフ失脚が発表された翌日（16日），中国はあたかもフルシチョフへ当てつけるかのように，新疆ウイグル自治区のタクラマカン砂漠で初の原爆実験を成功させた．中国初の原爆開発プロジェクトのコード・ネームは，国防新技術協定が破棄された59年6月を意味する「596」であった．協定破棄直後の63年9月6日から翌64年7月14日まで，中国は9本の長大論文，いわゆる「九評」を公表し，ソ連を非難し続けた．それらは，「核を独

占する国家」に中国の核開発が否定され妨害されてしまったという，中国の大
国意識に関わる問題でもあった．後に鄧小平が述べたところでは，中国共産党
がソ連との全面的なイデオロギー闘争に突入した真の理由は中ソ間の不平等の
問題であり，ソ連の所作に中国人が屈辱を感じていたことにあった（中共中央
文献編輯委員会 1993，294-295）．

　中ソ対立が表面化した 1960 年代前半，中国は，共産主義諸国との外交にお
いて，イデオロギーの側面を強調し，反ソ国際統一戦線を呼びかけていった．

　中国は 1960 年から 62 年にかけて，中国の姿勢に対する共鳴と支持を得よう
とし，公然とした対ソ攻撃をひかえた．62 年末から 63 年初めにかけては，チ
ェコスロバキア，東ドイツ，ブルガリア，ハンガリーなどの指導部に対する攻
撃が顕れ始め，反ソ宣伝が激化していった．

　中国は，「第四インターナショナル」のトロツキストやカナダにおけるウク
ライナ独立運動グループらと連携を強化し，「共通の敵と共闘するために毛沢
東主義と手を結ぼう」と呼びかけていった（ボリーソフ・コロスコフ 1977，278）．
さらに，中国は国際的な「ソ連外し」も呼びかけた．アジアの約 4 割がソ連の
領土であったにもかかわらず，1961 年 12 月のアジア・アフリカ人民連帯機構
の執行委員会で，中国は「ソ連はアジア・アフリカ・ラテンアメリカではな
い」と強調した．他の国際会議，例えば 63 年 8 月の広島における第 9 回原水
爆禁止世界大会や，同年 9 月のニコシアにおけるアジア・アフリカ連帯会議執
行委員会などに際して，中国はソ連が参加しないように呼びかけた．また，同
年 12 月にカラチで開催された第 4 回アジア・アフリカ経済協力会議において，
中国はウズベキスタンの参加を拒否した（ボリーソフ・コロスコフ 1977，280-
281）．また，中国は，64 年 4 月には，ジャカルタで開催された第 2 回アジ
ア・アフリカ会議準備会合へ，ソ連が中央アジアの代表を派遣しないように呼
びかけた．当時の中国の反ソ外交は，チェコスロバキアやモンゴル，東ドイツ，
ブルガリア，ポーランドなどの社会主義国や，フランスやチリなどの共産党か
ら，相次いで批判された．

(2) アジア周辺諸国との国境画定外交

　中ソ間の軋轢が深まり，中印関係の悪化がエスカレートするなかで，中国は

2. ソ連・インドとの関係悪化，近隣諸国との関係改善　　51

アジア周辺諸国との国境画定外交を進めていった.

　1950年代半ばから国境画定問題に取り組み始めた中国は，当初，時間をかけて解決するという立場をとっていた. しかし，ソ連やインドとの対立が深刻化していくと，中国はアジア太平洋地域に形成された反共包囲網に加え，ソ連とインドにも備えなければならなくなった. そこで，59年以降，にわかに中国は周辺諸国との国境画定を急いだ. 中国側の妥協が多くみられる下記の国境条約の締結を中国が急いだ背景には，中印武力衝突や62年4月の「イリ事件」などで，ソ連やインドに対する中国側の危機意識があったと考えられよう. イリ事件とは，新疆ウイグル自治区最西端のイリ地区で，カザフ族6万人がソ連の地方政府の支援の下，ソ連へ亡命した事件である.

　ビルマ（1950年6月8日国交樹立）との間では，中国は56年に援助の提供を開始し，60年1月28日に相互不可侵条約と国境協定を結び，10月1日に国境条約を結んだ. 国境問題解決にあたっては，ビルマ側が41年当時に中国とイギリスが調印した国境条約を認めて欲しいと要請してきたことが最大の懸案事項であった. しかし，ソ連やインドと関係を悪化させていた中国は，大きな譲歩を決断し，両国は相互不可侵条約と国境条約を結ぶことになった.

　インドとチベットに隣接するネパール（1955年8月1日国交樹立）とは，中国がネパールの要求をほぼ受け入れる形で，チベット動乱の翌60年3月21日に国境協定が結ばれ，61年10月5日に国境条約が締結された.

　また，中国はパキスタンと反インド協力関係を発展させていった. 中国とパキスタンは1951年5月21日に国交を樹立していたものの，両国が関係を緊密化させたのは62年以降のことであった. 57年から60年にかけて，パキスタンは中国の国連代表権問題や台湾・チベット問題をめぐり，アメリカをはじめとする西側陣営に従っていた. しかし，61年以降，パキスタンは国連代表権問題をめぐり中国側へ賛成票を投じるようになった. 中印国境紛争が起きた62年には，パキスタンが中国との国境交渉に正式に応じ，63年3月2日に両国は国境協定を結んだ. さらに，中印国境係争地の一つである「中部地区」については，63年にパキスタンから中国へ割譲された. 64年10月に中国が核実験を成功させた時には，世界が中国を批判するなかで，パキスタンだけは中国の核政策に対して支持を表明するほどであった.

52 　第 2 章　中ソ対立から中間地帯論へ（1956〜1964 年）

　インドとソ連に隣接するアフガニスタン（1955 年 1 月 20 日国交樹立）とも，中国は 63 年 11 月 22 日に国境協定を結んだ．

　北朝鮮（1949 年 10 月 6 日国交樹立）とは，64 年 3 月 20 日に国境議定書を交わした．中国は長白山（白頭山）山頂や鴨緑江河口の中州について北朝鮮へ大幅に譲歩した．

　中ソ対立と関連して中国が解決を急いだのが，モンゴル（1949 年 10 月 16 日国交樹立）との国境画定であった．中国はモンゴルと 62 年 12 月に現状維持の国境条約を締結していたが，中ソ対立の影響を受け，両国の関係は悪化した．PTBT 調印に先駆け 63 年 7 月 8 日からモスクワで開催された中ソ協議が行き詰まり，7 月 14 日に中ソ交渉が決裂すると，フルシチョフは同日，ワルシャワ条約機構会議を急遽招集した．24 日からのこの緊急会議で，ソ連代表はモンゴルのワルシャワ条約機構加盟を提案した．東欧でないモンゴルの加盟は実現しなかったが，最終的にはモンゴルとソ連との間で二国間軍事協定が交わされ，モンゴル内にソ連軍が展開するようになった．モンゴルが実質的にソ連の支配下に置かれてモンゴル・中国国境付近にソ連軍が展開されたため，中国は 64 年にモンゴルと改めて国境議定書を取り交わすこととなった．

（3）民族解放闘争をめぐるインドネシアとの提携

　インドネシアでは，1950 年代後半から 60 年代はじめにかけて，反植民地主義のナショナリズムが高揚した．オランダ帝国主義に代わる「アメリカ帝国主義」を「新植民地主義」と批判するインドネシアにおいて，中国共産党はインドネシア共産党との提携を進めていった．中ソ論争は，国際共産主義運動の総路線をソ連の説く平和共存政策におくのか，それとも，中国の説く反帝国主義闘争にするのかをめぐる意見の相違としておこった対立である．中ソ論争が始まった頃のインドネシア共産党は，国際共産主義運動の総路線における反帝国主義闘争を主張していたものの，ソ連を直接批判することはなかった．しかし，中ソ論争が公然化するにつれて，インドネシア共産党は，公然とソ連批判・中国支持を打ち出していったのである（谷川 1965）．

　当時のインドネシアでは，初代大統領のスカルノが，その独裁の権力基盤をナショナリズム（Nasionalisme），宗教（Agama），共産主義（Komunisme）

の三つの勢力からなる「ナサコム（NASAKOM）」に置いていた（加納 2012，137-142）．スカルノは，中国共産党からの支援を受けながら勢力を拡大していたインドネシア共産党と，右派勢力を中心とするインドネシア国軍，これら二つの勢力を均衡させることで，政治力を発揮していた．反帝国主義的な急進政策は，1960 年代前半にインドネシアにおける共産党の勢力を躍進させた．中国当局は，土着の共産党とは別に華僑に中国共産党の党組織を作らせ，華僑を通じて現地での影響力を広めていった．

　国軍とインドネシア共産党の政治闘争が激化するなかで，インドネシア共産党と中国共産党の密接な関係をめぐり，勢力を拡大していたインドネシア軍部，特に陸軍は，華僑華人を「潜在的な脅威」と見なし，スカルノに華僑華人の活動を制限させようとした．そのような華僑排斥の動きにもかかわらず，インドネシアと中国は 1960 年代前半に急速に関係を深化させた．その背景の一つは，「西イリアン解放作戦」や「マレーシア粉砕闘争」などの民族解放闘争への中国共産党による支援であった．

　西イリアンとはニューギニア島の西半分である．1961 年にオランダが西イリアンを独立させようとすると，インドネシアは西イリアンを併合しようと武力介入を始め，「西イリアン解放作戦」を開始した．62 年 7 月，陸軍少将スハルトの指揮の下，インドネシアは西イリアンを制圧した．翌月，アメリカの調停で停戦が成立し，西イリアンは国連仲裁委員会に委ねられた後，63 年 5 月 1日，施政権がインドネシアに移管された．

　かくして，1960 年代前半における中国とインドネシアの関係は，中ソ論争が激化するプロセスにおいて，反帝国主義闘争の旗の下，アジアにおける帝国主義と新植民地主義に対抗する民族独立解放をめぐって緊密化していったのである．

3. 中間地帯論へ

(1) 西側資本主義諸国との関係発展

　大躍進の失敗，国内の自然大災害，ソ連による技術・経済援助中止は，中国経済に深刻な打撃を与えたため，国内の経済政策とともに外交政策においても

調整が迫られるようになった．そこで，中国は，日本との貿易再開やフランスとの国交樹立など，アメリカ以外の西側諸国との関係の発展を模索した．

1958年の「長崎国旗事件」で断絶状態となっていた日本に対して，中国は経済関係の再開を探ることにした．長崎国旗事件とは，58年5月2日，長崎市内の百貨店で開催された日中友好協会主催の中国品展示場で，一人の男が中国の国旗である「五星紅旗」を引き下ろした事件である．男は直ちに逮捕されたものの，刑法の外国国章損壊罪には相当しないとして，直ちに釈放された．これに対して，「政経不可分」の原則を譲らなかった中国は，猛反発して，貿易と文化のあらゆる関係を断絶すると日本に伝えてきたのである．この長崎国旗事件によって，それまでの「積み上げ方式」による日中貿易は中断された．しかし，中ソ貿易の冷え込みや大躍進政策の失敗により，中国は実質的な「政経分離」の方式に合意していくことになった（田中1991，第2章）．

1960年8月，周恩来が日中間の貿易について「対日貿易三原則」（①政府間協定，②民間契約，③個別的な配慮）を新たに提起し，実質的に「政経分離」をすることで，日中貿易が再開されることになった．また，62年9月の松村謙三自民党顧問の訪中時に，日中貿易拡大に関する条件が周恩来と松村との間で合意された．同年11月には中国アジア・アフリカ連帯委員会主席の廖承志と自民党の高碕達之助（元通商産業大臣）の間で，63年から67年までを第一次五ヵ年貿易の期間として振り当てて日中貿易の枠組みを取り決めた「日中長期総合貿易に関する覚書」（いわゆる「LT協定／LT覚書」）を交わした．LT覚書には，平等互恵の基礎の上に漸進的な積み重ね方式をとることが明記され，両国間の正式な国交がないままでも政府保証の融資を利用できる半官半民の「LT貿易」が始められた．64年8月には，それぞれの連絡事務所が北京と東京に開設され，同年の貿易額は過去最高を記録した（毛里2006，43-45）．

同じころ，中国はフランス，イギリス，西ドイツなどの西側資本主義諸国との貿易・経済関係を急速に拡大し始めた．63年に中国の対外貿易部副部長の長李強がイギリス，スイス，オランダ，フランス，西ドイツを歴訪して貿易・経済協力のための一連の協定を締結し，64年には，中国はイタリア，オーストリアと連絡事務所を相互に開いた．また，西ドイツ，カナダ，イタリア，オーストリアの大手企業が北京に進出した．中国は東ドイツとの貿易関係を縮小

させた一方で，西側資本主義諸国との関係を発展させた．

　なかでも中国との関係が発展したのは，米ソ双方から距離を置く独自路線を追求していたフランスであった．独自路線を追求していたフランスは，アメリカのみならずソ連とも対立を深めていた中国と利害の一致を見出し，中仏両国は国交樹立へと動き出すのである．とはいえ，台湾問題をめぐっては，中国は望み通りの結果を得られなかった．中国側は，独立した旧フランス領植民地のアフリカ諸国による国家承認を，台湾でなく中国が獲得できるようにフランスへ求めたが，シャルル・ド・ゴール大統領は国交樹立の条件も前提も付けない合意を主張し，フランスは何ら条件を受諾することはなかった．1964年1月27日の共同声明が，「フランス共和国政府および中華人民共和国政府は，外交関係の樹立に合意することを決意した．その結果，両国は，3ヵ月以内に大使を任命することに合意した」との簡潔な文章であったことから読み取れるように，相互承認を明記しておらず，後に中国が日本やアメリカと交わした「一つの中国」原則や対台湾武器供与をめぐる文言を，フランスは受け入れなかったのである．中仏関係が実質的な協力へ進むのは，中国が改革開放を始めるまで待たねばならなかった．

(2) アフリカへの積極外交

　1950年代から60年代にかけての民族独立の波は，解放のイデオロギーによってもたらされていった．植民地から脱して新たな主権国家が次々と誕生した「第三世界」とりわけ非同盟諸国において，バンドン会議以降，ソ連は援助外交を積極的に展開し，自らの勢力圏を拡大していた．ソ連が非共産主義諸国，非同盟諸国へ影響力を伸張し始めると，アメリカもソ連に続き，第三世界において米ソの援助競争が展開された．

　こうしたなか，中国はアフリカなどの途上国に積極的な外交攻勢をしかけた．中ソ論争が展開されるなかで，中国共産党中央は1963年6月14日に「国際共産主義運動の総路線についての提案」を公表し，アジア・アフリカ・ラテンアメリカの地域を，現代プロレタリア世界革命の重要な構成部分であると論じた．アジア・アフリカ・ラテンアメリカの第三世界へのコミットメントを強調していた中国であったが，この時期の中国は，実質的にはアフリカへの積極外交を

展開した．当時のラテンアメリカの共産主義政党は，ソ連共産党の立場を支持し，中国の反ソ政策を批判していた．中国共産党はラテンアメリカの共産主義政党内に分派を作り，中国共産党支持者に党内指導権を奪取させるよう試みた．しかし，成功はしなかった．

アフリカ外交を始動させた中国は，1956 年 5 月 30 日にエジプトと国交を樹立し，アフリカで初めての大使館をカイロに開設した．その後 64 年までの間に，18 のアフリカ諸国と国交を樹立した．

1956～1964 年における中国の対アフリカ外交には，台湾帰属問題や国連代表権問題をにらんだ新興独立国家との国交樹立による外交地域の拡大と，国際共産主義運動における民族解放闘争への支援という側面があった．後者については，中ソ関係が悪化していくなかで，米ソ平和共存路線，援助外交による新植民地主義，国連を通じた植民地管理制度をめぐり，中ソ間における論争の焦点となっていた．

この時期の中国外交は，米ソに対して強硬路線をとったが，第三世界に対しては経済援助を行う積極外交を展開した．第三世界での経済外交は，アメリカやソ連との影響力の獲得競争であり，台湾との外交における闘いでもあった．前述の「国際共産主義運動の総路線についての提案」において，毛沢東は，帝国主義（アメリカ）・修正主義（ソ連）・反動派（インドなどの反動的国家）との和解（＝投降外交）を求めて第三世界の民族解放運動への支援を少なくするのは修正主義である，と批判した．いわゆる「三和一少」である．「三和一少」は，当時の中央対外連絡部長であった王稼祥が 62 年初頭に劉少奇，周恩来，陳毅らに出した書簡のなかで，当時の中国が直面していた経済的困難を克服するために対米・対ソ政策の緩和による穏健外交を求め，さらには，その後の中国共産党内で回覧された書簡のなかで米ソとの関係改善を提案したことに対して，毛沢東が「中国共産党内の修正主義」と批判したものであった．

1963 年 12 月から 64 年 2 月にかけて，周恩来率いる大型代表団がアフリカ 10 ヵ国を歴訪した．当時の中国の対アフリカ外交には，人民革命による反植民地闘争・民族解放運動の支援，経済援助による中国の政治的影響力の拡大という重要な政策的なねらいがあった．そこで，このアフリカ歴訪の過程で，中国政府は二つの政策を発表した．一つは，63 年 12 月 21 日に周恩来がアラブ

首長国連邦を訪問した時に公表した「アフリカ・中東との国家関係処理に関する一貫した政策原則」（いわゆる「五原則」）である．その内容は，(1) 帝国主義反対，民族独立を勝ち取り護る闘争の支持，(2) 平和中立の非同盟政策を支持，(3) 自ら選んだ方法で団結と統一を実現しようとする願いを支持，(4) 平和的協議による紛争解決，(5) 主権尊重，いかなる侵略・干渉にも反対，の5点である．

　もう一つは，翌年1月15日に周恩来がガーナを訪問した際に記者会見で発表し，1月21日にマリで発表した共同コミュニケのなかで文書化された「対外経済技術援助に関する八原則」（いわゆる「八原則」）である．「八原則」は，その後の中国の第三世界に対する援助の基本的方針となった．これは，もともと1962年9月に毛沢東が中国共産党中央工作会議で提起したものである．その主な内容は，以下8点である．(1) 平等互恵，(2) 被援助国の主権の厳格な尊重，(3) 無利子または低利借款での経済援助提供，(4) 被援助国の自力更生と経済的な独立発展のための援助，(5) 被援助国政府の収入増加と資金累積をもたらす建設プロジェクト，(6) 最も良質な設備や物資の提供，国際市場価格に基づく価格決定，(7) 被援助国における技術習得の保証，(8) 派遣専門家の被援助国専門家と同等の待遇，の8点である．

　周恩来らのアフリカ歴訪では，多くの国際問題で合意が形成された．しかし，その一方で，PTBT などの核・軍縮問題，ソ連の対米平和共存路線，中印国境問題，民族解放闘争，国連代表権問題，という中国にとって重要な問題について，アフリカ諸国からの明確な支持を得ることはできなかった．むしろ，ソ連の対米平和共存路線や PTBT をめぐる立場や見解については，中国とアフリカ諸国の間で大きな乖離が浮き彫りになった．また，民族解放闘争については，アフリカ諸国政府に中国の内政干渉や反政府勢力への援助をめぐり脅威を与えてしまい，1960年代後半における相手国からの一方的な国交断絶の理由の一つにもなっていった（喜田 1992, 177–193）．

(3)「二つの中間地帯論」の提起

　1964年1月27日にフランスと国交を樹立した中国は，その直前に「二つの中間地帯論」を公表した．「二つの中間地帯論」は，同月21日の『人民日報』

58　　　第2章　中ソ対立から中間地帯論へ（1956〜1964年）

に社説として次のように掲載された．

　「極めて広大な中間地帯は二つの部分を含んでいる．一つはアジア，アフリカ，ラテンアメリカの既に独立した国と，現在独立を目指している国で，これは第一中間地帯である．もう一つは西欧全体，オセアニア，カナダなどの資本主義国で，第二中間地帯である．第二中間地帯は二重の性格を持っている．一方で他人を搾取し，もう一方でアメリカの支配，干渉，侮辱を受けている」「社会主義国は，中間地帯の反米闘争を極力支持し，アメリカ帝国主義に反対する統一戦線を積極的に拡大して，アメリカ帝国主義を最大限に孤立させ，それに打撃を与えるべきである」（中華人民共和国外交部・中共中央文献研究室 1994, 507-508）．

　「中間地帯論」とは，世界の主要な矛盾が米ソ間だけでなく，その中間地帯と「帝国主義」との間にもあるという認識である．「中間地帯論」の淵源は，1946年8月6日に遡る．毛沢東は延安においてアメリカ人ジャーナリストのアンナ・ルイーズ・ストロングの取材に対して，第二次世界大戦後の主要紛争は米ソ対立ではなく，米ソ間の中間地帯とアメリカとの衝突であると語った（中華人民共和国外交部・中共中央文献研究室 1994, 57-62）．58年8月16日には，中国共産党中央委員会の機関誌である『紅旗』が，毛沢東による「中間地帯論」を援用して，「アメリカ帝国主義」と「中間地帯」の諸国との闘争を社会主義国が支援すべきであるとの主張を掲載した．「アメリカ帝国主義が反ソ反共をわめきたてるのは，中間地帯の国々を侵略し奴隷化するための煙幕に他ならない」と対米戦争を謳った「中間地帯論」は，遠く海で隔たり離れているアメリカと社会主義国の間に，全資本主義世界が横たわっており，社会主義国家は「中間地帯」による「アメリカ帝国主義」からの解放闘争を支援しなければならない，と訴えるものであった．ソ連との亀裂が深まっていた時期であったものの，アメリカに対する批判であった．58年に「中間地帯論」が登場した背景には，イラクにおけるクーデター，それに続くレバノンへの米軍の派兵があった．これらを契機に，中国は「中間地帯」における「帝国主義」に対する闘争の必要性を訴えたのである．

　1964年の「二つの中間地帯論」を58年の「中間地帯論」と比較すると，国際政治が多極化するなかで，西側先進諸国を「第二中間地帯」と位置づける前

者には，「第二中間地帯」を対米戦線に引き込みたいという中国の意図がうかがえる．

「二つの中間地帯論」には，以下の点から対ソ批判も含まれていると言えよう．第一に，米ソ平和共存路線への批判である．第二に，国際共産主義運動における「新植民地主義」に対する批判である．ソ連は1950年代以降，第三世界を西側陣営の影響から遮断することを目的に，第三世界への援助外交を積極的に展開した．しかし，それはソ連が従来「新植民地主義」と批判してきた西側資本主義国家による第三世界へのコミットメントと変わらぬ性質のものになっていた．中ソ対立が激化するなか，中国共産党の「第三世界における民族解放闘争への支援」という言葉には，ソ連の平和共存路線と「新植民地主義」への批判が含まれていたのである．

おわりに

1950年代半ばまでに米ソが水爆保有による報復能力を持ち，核抑止体制を形成したことにより，それ以降，米ソ冷戦は「協調的競争」の長い安定期に入った．スターリンの死後，アメリカとの平和共存路線に転換したソ連の外交方針は，毛沢東にとっては受け入れられないものであった．56年の「スターリン批判」やハンガリー事件をめぐる危機意識は，中国共産党の指導者達に，中ソの根本的な方向性の乖離を再認識させた．それは中国に建国以来の「向ソ一辺倒」政策を転換させることになった．

中国がソ連から自立した中国型の共産主義運動を行うようになるという考え方は，1940年代に既にアメリカで存在していた．47年5月に，アメリカ国務省の政策企画本部長であったジョージ・ケナンは，中国人をロシア人に任せておけば，いずれ両国は問題を抱えるようになる，と予見していたのである．

当時の国産共産主義運動において，東欧のソ連衛星国とは異なり，中国共産党政権はソ連の権威を背景とする傀儡政権ではなく，自らの革命の実績を存立基盤としていた．だからこそ，毛沢東をはじめ中国共産党の指導者らが核開発や台湾問題でソ連に対する要求を拡大し，ソ連がその要求に応えられなくなると，中国はソ連に対して不満と不信を増大させ，ソ連はもはや当てにならない

として亀裂を増幅させた．ソ連型社会主義国家建設を疑問視し始めた中国は，平和共存をソ連による共産主義革命闘争への裏切りとみなし，ソ連による第三世界外交を「新植民地主義」と認識しこれに対抗していった．

中ソが全面的なイデオロギー闘争に突入した主因は，中ソ間の不平等の問題であり，ソ連の大国主義に対する中国の反発であった．1964年に中国は原爆実験を成功させたが，中国はPTBTを不平等であり屈辱的であると認識していた．「九評」が示したように，中国にとっての中ソ論争は，イデオロギー論争にとどまらず，ソ連の大国主義と安全保障政策に対する反発でもあった．

1958年までの毛沢東の対外政策は消極的なものであった．しかし，大躍進政策で国内経済が混乱し，ソ連からの技術援助が縮小していくなかで，中国は欧州や日本の西側陣営との関係を改善し，経済政策を転換していった．

1956年から64年にかけて急進的なアプローチを見せた中国外交は，次の第3章で描かれるように，ベトナム戦争を経て，プロレタリア文化大革命にともなう過激な「革命外交」へと発展していく．

（三船恵美）

第3章
反米反ソの革命外交
（1964〜1969年）

はじめに

　1964〜1969年は，国際社会において「米ソ・デタント」と呼ばれる気運が高まった時期であった．第二次世界大戦後に始まった米ソ冷戦は，両陣営間の対立を地球規模に広げ，ベルリン危機（58，61年），キューバ危機（62年）では核戦争の危機が迫った．米ソ両国は戦争の勃発を防止するため，欧州地域を中心に米ソの緊張緩和を図り，それぞれの勢力圏を相互尊重することに共通の利益を見出すようになった．緊張緩和の最初の成果として，1963年には米英ソが部分的核実験禁止条約（PTBT）を締結し，西側の世論は米ソ・デタントを賞賛した．

　他方で同じころ，アジア，アフリカ，ラテンアメリカでは社会主義運動，民族解放運動，反帝国主義運動，非同盟運動が盛り上がり，西側の米欧日の市民社会でもベトナム戦争反対を中心とする反米運動や社会民主主義運動が激しい展開をみせた．米ソ・デタントと世界大に拡大したさまざまな革命運動は，国際関係に矛盾する二つの流れをもたらした．

62 　　　　第3章　反米反ソの革命外交（1964～1969年）

　こうした中で中国は，経済発展の黄金期から革命の急進期に入り，経済発展を犠牲にして「文化大革命」に突入していった．国内政治の急激な左傾化を受け，この時期の中国外交は革命外交を特徴とするものへと変化した．中国のいわゆる革命外交は，共産主義を普遍的価値観として掲げ，世界の社会主義・共産主義化を目指す外交であった．中国は建国以来，国内の経済発展を意味する「社会主義建設」と対外的な友好外交をセットにして発展を目指し，他方で国内の社会主義・共産主義化を意味する「社会主義革命」とその国際版となる革命外交を組み合わせて革命の道に邁進した．中国は双方のバランスをはかって歩んできたはずであったが，1964年から後者に傾きはじめた．

　1964年からの外交の大まかな流れは，下記のとおりである．

　第一に，中国は外交関係の拡大のため，米ソ二つの超大国による世界支配，および対中封じ込め政策への反対をいっそう鮮明にしながら，「中間地帯論」を唱えた．そして米ソの中間に位置するとみなしていた西欧や日本などの先進諸国，および東欧諸国や発展途上国に対する外交を積極的に展開した．しかし，中国国内の政策が発展より革命を重視したものへと急激に変化する中で，中国は外交の面でもより積極的に国際的な革命運動に関与し，国際社会を反米反ソの世界革命へとリードしていこうという急進策をとるようになり，その結果，いわゆる「中間地帯」外交は挫折した．

　第二に，そうした中で中国は，アメリカとの関係改善を図りながらソ連との決裂の可能性を探り，「二正面作戦」を避けようとした．しかし実際にはベトナム戦争の激化に伴い，「抗米援越」にいっそう力を入れながら米中戦争を回避することに忙殺された．そのため中国はソ連との決裂を先送りし，従来の反米国際統一戦線外交を継続した．

　第三に，1966年からの文化大革命の中で，毛沢東は国際共産主義運動の指導者を自認してソ連との決裂に踏み切り，反米反ソ国際統一戦線を掲げ，米ソ双方と対峙する二正面作戦に突入した．

　総じて，この5年間の中国外交は，発展と革命の二つの主目的を追求する建国以来の外交から，革命第一の外交へと変質した．「中間地帯」との関係拡大に注力していた穏健外交は，反米反ソ国際統一戦線，反植民地主義運動，民族解放運動，国際共産主義運動のすべてを追い求める急進的な外交へとシフトし

ていった．そして，外交政策を含む政策決定も，毛沢東を中心とする党最高指導部の集団的決定から，毛沢東の個人独裁，独断専行へと移っていった．

1.「中間地帯」への外交努力とその挫折

(1)「中間地帯」への外交攻勢

1964 年の段階で，中国は 62 年までの経済危機から完全に脱した．国内総生産（GDP）は 61 年の−27.3%，62 年の−5.6% から，63 年に 10.2%，64 年に 18.2%，65 年に 17.66% の高成長に回帰し，中国は 50 年代に次ぐ発展の第二の黄金時代を謳歌することになった．こうした経済の復興は，発展を重んじる劉少奇，周恩来，鄧小平らが指揮したものだった．64 年末には第 3 期全国人民代表大会（全人代）第 1 回会議が開かれ，劉少奇と周恩来がそれぞれ国家主席と国務院総理に再選され，周恩来は「政府工作報告」の中で農業・工業・国防・科学技術の現代化，いわゆる「四つの現代化」という発展目標を初めて打ち出した．

経済復興による余力とさらなる発展への願望を足がかりに，中国外交は活発化の様相を呈した．前章で論じたように，1964 年 1 月 21 日には「二つの中間地帯論」が提起された．それは，これまで連帯対象としてきたアジア・アフリカ・ラテンアメリカの発展途上国を「第一中間地帯」とし，米ソ両超大国以外の先進諸国と東欧諸国を「第二中間地帯」として，中国と二つの「中間地帯」との関係構築を図るものだった．アメリカと敵対し，ソ連との関係悪化が続く中国にとって，米ソ以外の国々との関係改善に努めることは自然な選択であった．

いわゆる「第二中間地帯」への外交成果としては，前章で述べたフランスとの国交樹立に加え，日中間の貿易連絡事務所設置と記者相互駐在が挙げられる．対日関係について，中国としては池田勇人内閣以降，柔軟な自民党工作を進め，それによって自民党内に日中友好派の創出と発展を促し，日中関係の発展に繋げたつもりであった（程蘊 2014）．ところが 1965 年以降，佐藤栄作首相が中国を「アジアの脅威」と批判したため，中国は佐藤内閣を反中内閣と認識し対決姿勢を強めた．また，66 年 3 月には日本共産党の宮本顕治書記長が訪中した

が，彼は対ソ政策や中国の文化大革命について毛沢東に同調せず，両党関係は決裂を迎えた（小林 2013, 324）．

　そうした中でも，1968 年 3 月には自民党議員で元厚生大臣の古井喜実が訪中した．日中は民間取り決めの形で「覚書貿易会談コミュニケ」を発表し，いわゆる「覚書貿易（MT 貿易）」を始めることとなった（神田 2012, 268）．古井はこれ以降，中国を毎年訪問して覚書の年 1 回の更新に努め，日中間の細くもろいパイプをつなぎ続けた．60 年代を通し，日中双方の有志が民間形式で様々な努力を積み重ねたことで，日中友好運動は国民運動へと発展し，のちの日中国交正常化へのうねりがもたらされた．

　中国は「第一中間地帯」に対する外交でも積極的な姿勢を見せた．中国が多くのアフリカ諸国の旧宗主国であるフランスと国交を樹立したことは，中国のアフリカ外交の本格化に弾みをつけた．1964 年に中国と国交を結んだアフリカの国の数は史上最多に上ったが，そのうちタンザニアとザンビアを除くチュニジア，コンゴ共和国，中央アフリカ，ベナンはフランスの旧植民地でフランス語圏の国々であった．中仏国交樹立の前後，中国はアフリカのフランス語圏諸国に意図的に外交攻勢をかけた．

　こうした「第一中間地帯」への外交で中国は，帝国主義による植民地支配を受けた歴史的経験を持ち，民族解放，独立，発展の使命を共有する同志が，連帯して相互支援を行うことを外交理念に掲げた．前章で論じたように，1963 年 12 月 13 日から 64 年 2 月 4 日にかけ，周恩来は中国の指導者として初めてアフリカ諸国を歴訪し，64 年は中国のアフリカ外交元年と呼ぶにふさわしい年となった．同年 8 月，中国は外交部の対アフリカ業務を担当していた「西アジア・アフリカ局」を，「アフリカ局」と「西アジア・北アフリカ局」に分離し，アフリカ担当部門の強化を図った．

　アフリカ諸国との関係を強化したことで，中国の国連加盟をめぐる状況にも変化が生じ始めた．国連においては，西側諸国の支持を受けた台湾の中華民国が全中国の代表として参加し，安全保障理事会の常任理事国の座を占め続けており，中華人民共和国は加盟が認められなかった．しかし 1960 年代には，新たに独立したアジア・アフリカ諸国が国連で議席数を増やしたため，国連総会の投票で台湾が国連から追放され，国連代表権が中華人民共和国に付与される

可能性が高まった．そこで61年に，アメリカは加盟国の追放は3分の2の多数票を必要とする「重要事項」に指定するという決議案を総会で可決させ，これによって毎年中国の国連加盟を阻むことになった．しかし，65年の総会投票では，代表権をめぐる投票結果が初めて可否同数となった．これは中国のアフリカ外交の成果の表れだったと言えよう．国連およびすべての関連組織において，中華人民共和国が代表権を独占し中華民国が追放されることを盛り込んだ国連総会決議が可決されるのは，のちの71年のことになる（外務省1972，第1章第16節）．

(2)「中間地帯」への外交の挫折

中国は「第一中間地帯」に対する外交攻勢では，インドネシアとの連帯を基軸として「第2回アジア・アフリカ会議」を開催することを最重要視していた（村上2015，1-15）．しかし中国外交は1964年には，発展のための穏健外交から，反米反ソの革命を目指す急進外交へと変調を始めた．そして次第に社会主義陣営や周辺地域の枠を超え，革命のためという名目で国際的な舞台への進出を目指し，発展途上国を広く巻き込みながら米ソ中の三つ巴の争いに挑むようになった．これは第2回アジア・アフリカ会議の失敗を招き，中国の「中間地帯」外交は頓挫し，それによって「中間地帯論」も三たび，中国の外交理論から消えていった．

1950〜1960年代当時，国際社会では社会主義イデオロギーが流行しており，欧米の資本主義国による植民地支配に抗して独立を勝ち取った発展途上国の多くも社会主義国を自認した．米ソ冷戦の国際環境の中で，アメリカは反共を旗印に世界各地でソ連と勢力範囲を争い，軍や中央情報局（CIA）を用いて左派政権の転覆を試み，右派独裁政権を支援して，他国に対する内政干渉をくりかえしていた．これを一因として，多くの発展途上国は「アメリカの脅威」に対抗するため「反帝国主義」の立場をとった．他方，独立を果たしたアジア・アフリカの発展途上国は，領土の確定，政権の安定，経済の発展といった国内問題に直面しており，それぞれの国益に基づいて米ソ両超大国からの干渉に対処しようとした．そのためこうした国々は，中国の求めに応じて反米反ソの立場をとることはできず，とりわけ社会主義を自認する政権の多くは，同じく社会

主義国のソ連の排除を唱える中国の主張に同調できなかった.

　こうした中で,「反帝国主義・独立解放」を重要視する中国やインドネシアは, 第2回アジア・アフリカ会議の開催に積極的な姿勢をみせた. しかしインドやアラブ連合(現エジプト)等の国々はソ連が提唱するアメリカとの「平和共存」に共感を示し, アジア・アフリカ会議よりも第2回非同盟諸国首脳会議の開催に熱心であった.

　また, 第1回アジア・アフリカ会議(バンドン会議)に参加できなかったソ連は, アジアやアフリカ地域でのプレゼンス拡大を目指し, 第2回アジア・アフリカ会議への参加に意欲を見せた. それに対し, 中国は周恩来総理のアフリカ10ヵ国歴訪に際し, 各国に第2回アジア・アフリカ会議への参加を促しつつソ連の参加に反対するよう訴えていた.

　1964年4月10日から15日まで, インドネシアの主催によりジャカルタでアジア・アフリカ会議の準備会合が開催され, 21ヵ国が参加した. ここでインドは第2回アジア・アフリカ会議にソ連を招待することを提案したが, 中国, インドネシア, パキスタンが反対を唱え, ソ連の参加は認められなかった(『北京周報』No. 17, 1964年4月28日, 6).

　1964年7月17日の第2回アフリカ統一機構(OAU)首脳会議において, 翌年6月29日に第2回アジア・アフリカ会議をアルジェリアで開催することが決まった. しかし会議のテーマは「開発と協力」と設定され, 中国が唱える「反帝国主義」にはならなかった.

　これに関連して, 先行する1964年3月23日から6月16日にはジュネーブで国連貿易開発会議(UNCTAD)が開催されていた. ここでは発展途上国が「77ヵ国グループ」を形成し, 開発と協力をめぐって「北」の先進国に対して「南」の国々として結束する動きをみせていた. 既に独立を果たした発展途上諸国の間では, 社会主義と資本主義の対立という「東西」対立の問題よりも, 国際経済秩序の変革を目指し先進国と発展途上国の対立という「南北」問題に取り組む気運が高まっていた.

　インドはユーゴスラビアとともに, 第2回非同盟諸国首脳会議の開催に向けて精力的な活動を続けていた. 1964年10月5日から10日にかけ, 47のメンバー国と10のオブザーバー国が参加する第2回非同盟諸国首脳会議がカイロ

で開催された．この会議には中国もソ連も参加できなかったが，それぞれを支持する勢力が会議に中ソ対立を持ち込んで対抗しあった．インドネシアやガーナは中国が主張する「反帝国主義闘争」の堅持を唱え，インド，ユーゴスラビア，アラブ連合はソ連が唱える「平和共存」を重視する立場をとった．会議の前日，周恩来は会議へ祝電を送り，「いまだ多くの国が独立を果たしておらず，独立した多くの国もなお帝国主義と新旧植民地主義の侵略，干渉，支配，転覆の脅威にさらされている」と訴え（『北京周報』No. 41，1964 年 10 月 13 日，5），非同盟諸国首脳会議が「平和共存」一辺倒にならないよう牽制した．

　第 2 回アジア・アフリカ会議の開会が 10 日後に迫る 1965 年 6 月 19 日，アルジェリアではフアリ・ブーメディエン国防相がクーデターを起こし，アフマド・ベン・ベラ大統領が失脚した．やむを得ずアジア・アフリカ会議常設委員会は，開会を 11 月 5 日に延期することを決定した．ところが，この延期期間中の 9 月 1 日に，アラブ連合大統領のアブドゥル・ナセルがソ連を訪問し，共同コミュニケでソ連が新規メンバーとしてアジア・アフリカ会議に加わることを支持すると表明した．

　中国外交の失敗を決定付けたのは，同月 30 日にインドネシアでクーデターが発生し，スカルノ大統領が権力を失ったことであった．1950 年代から 70 年代において，毛沢東が唱える反帝国主義解放路線は国際的な影響力を拡大し，毛沢東思想，いわゆる「マオイズム」を信奉する「毛派」が国際的に広がっていた．スカルノは「毛派」とされるインドネシア共産党と連合政権を組み，「反帝国主義」において中国と固く連帯してきた．スカルノは 65 年 1 月 7 日には，「反帝国主義」の名の下でインドネシアの国連脱退と国連に代わる革命的な国際組織の創設を宣言し，中国は困惑しつつも 1 月 10 日にそれへの支持を表明していた．

　ところがインドネシア国内では，左右両勢力の争いが激化を続けていた．9月 30 日のクーデター後，政権を掌握したインドネシア国軍は，共産党と左派団体の関係者を弾圧し，その過程においては華人華僑に対する虐殺も発生した（倉沢 2011；相沢 2010）．

　インドネシアというパートナーを失った中国は，帝国主義の侵略に対する非難もソ連の参加の阻止も不可能なら，第 2 回アジア・アフリカ会議を開催すべ

きではないという判断に転じた．これを受けて会議の開催は無期限に延期され，実質的にアジア・アフリカ会議そのものが消滅した．

その後1967年8月，タイ，フィリピン，マラヤ（現マレーシア）の「東南アジア連合」（61年発足）に，インドネシア，シンガポールが加わって東南アジア諸国連合（ASEAN）が発足した．中国はアメリカの陰謀の下で作られた反共反中組織であるとしてASEANを非難した．

他方，毛沢東が掲げる反帝国主義・反植民地主義の独立解放路線は，1960年代から70年代半ばには南部アフリカを中心に盛り上がる民族解放運動のニーズに合致し，大きな魅力を持っていた．中国はこれらの国に軍事顧問団を派遣し中国への軍事留学を用意して積極的な軍事援助を行い，一定の成功を収めた．OAU（2002年にアフリカ連合（AU）に改称）の統計によると，中国がタンザニアに設けた最大の訓練基地は，ゲリラ戦士のべ1万名ほどを訓練した（徐偉忠2010，12；詹懋海2012）．60年代後半以降，アフリカ諸国は中国の国連代表権問題で最大の支持グループを形成した．さらには中国が支援した解放運動のゲリラ戦士たちが，南アフリカのネルソン・マンデラのように後に国家指導者となったことは，中国とアフリカとの友好関係の発展に大きく寄与した．

2. ベトナム戦争と反米国際統一戦線

(1) 対米工作から反米国際統一戦線へ

フランスや日本などの西側諸国との関係改善に鼓舞された中国は，1964年初めからアメリカとの関係改善を模索しはじめた．このころ，中国初の中距離ミサイルと原爆の開発がほぼ完了し，6月と10月にはそれぞれ実験に成功したことで，中国は自信を深めつつあった．周恩来は5月14日に日本の自民党代議士との会見で，「〔中仏国交樹立後〕状況が変わった．米国の中国敵視政策は維持できなくなった．そこで……米国は中華人民共和国が中国を代表することを承認しようと準備しているようだ」と述べている（朱建栄2001，87-90）．

1964年8月にはトンキン湾事件と米軍による初の北ベトナム爆撃が発生したが（後述），毛沢東はその後も米中間の緊張緩和に期待を抱いた．65年1月，彼はアメリカ人記者のエドガー・スノーを招いて4時間ものインタビューに答

え，「歴史の流れはやがて［米中］両国民を再び一つにするはずだ．その日は必ずやってくる」とアメリカにメッセージを送った（スノー 1968, 208-216；中華人民共和国外交部・中共中央文献研究室編 1994, 557-558）．

　ところが，中国の指導者から発されたメッセージに対し，アメリカ側からは全く反応がなかった．1954 年のアイゼンハワー大統領の「ドミノ発言」（Eisenhower 1960, 382-383）以降，アメリカでは，中国による革命の輸出がインドシナをはじめとするアジア諸国でドミノ倒しのように共産主義化を引き起こすという「ドミノ理論」が支配的になっていた．ジョン・F.ケネディ大統領以降，米軍によるベトナム戦争への介入を理由づけたのもこの考え方であった．南ベトナムを支援することよりも，共産中国の脅威に対処し中国による世界革命を封じ込めることが，より重要な戦略目的とされたのである．とりわけこの時期，中国は過激な武装革命派と見なされていた．リンドン・B.ジョンソン米大統領は，中国よりも利益交渉の可能なソ連を信頼しており，「ソ連の信義誠実を疑ったことはない」と述べていた（森 2009, 220）．

　ジョンソン大統領は，北ベトナムへの戦争拡大のタイミングについて，「朝鮮戦争に際して議会の承認を求めずに戦争を始めたトルーマンの過ちは避けなければならない．インドシナでの重大な軍事行動にはまず議会の承認を得る」とした（鄧紅洲 2013, 57；マクナマラ 1997, 第 5 章）．

　議会による承認のチャンスはすべからく訪れた．8 月，米政府は北ベトナムと中国海南島の間のトンキン湾で，自国駆逐艦が 2 日と 4 日に北ベトナム魚雷艇からの攻撃を受けたと発表し（「トンキン湾事件」，4 日の事件は後に捏造と判明）（中野 2011, 15-16），その報復として北ベトナムへの初の空爆を敢行した．7 日にはジョンソンの求めに応じて米上下両院が「トンキン湾決議」を可決し，大統領に戦時権限を付与した．米軍は翌 1965 年 2 月 7 日に，「北爆」と呼ばれる北ベトナムへの本格的な空爆作戦を発動した．

　毛沢東は，「私はもともと彼ら［米国］が北ベトナムを攻撃するとは思っていなかった」と衝撃を受けた．2 月 9 日に中国政府は次の内容の公式声明を発表した．①北爆はアメリカがベトナム戦争を拡大するために行ったあからさまな戦争挑発行為である．②北ベトナムは社会主義陣営の一員であり，すべての社会主義国にはこれを実際の行動で支援するという「言い逃れることのできな

い国際的な義務」がある．③北ベトナムに対するアメリカの侵犯はすなわち中国に対する侵犯であり，中国人民はこれを絶対に座視するわけにはいかないし，（そのための）準備もできている．13 日に中国は再度声明を発表し，①北爆により北ベトナム側も報復する権利を得た，②アメリカは朝鮮戦争で教訓を得たはずであるが，インドシナでも再び得たいのか，とアメリカに警告を発し，アメリカが北ベトナムへの地上戦を発動することに強い警戒を示した（朱建栄 2001，205-206）．

　こうした中で 2 月 24 日，アメリカはワルシャワで行われた第 124 回米中大使級会談で，基本政策を中国側に示した．①アメリカは南ベトナムを存続させるのに必要などんな措置も講じる決意だが，②北ベトナムへの地上戦と米中戦争を行う意思はない，という内容であった（朱建栄 2001，229）．

　しかし，3 月 8 日には米軍戦闘部隊が南ベトナムに派遣されはじめた．その後，アメリカは同盟国である韓国，タイ，オーストラリア，ニュージーランド，フィリピンにも要請を行い，計 7 万人の兵員を派遣させた．

　同盟諸国軍が動員されると，中国はかつての朝鮮戦争のように，戦争が北に対する地上戦へと拡大される可能性をいっそう警戒するようになった．3 月 12 日，中国政府は三度目の声明を発表した．①米軍の地上戦闘部隊の派遣は 1954 年のジュネーブ協定を根底から打ち破った，②北ベトナムとジュネーブ協定を守るすべての国は反撃の権利を得た，③アメリカは朝鮮型の戦争の道に向かっているが，「我々は我々の戦い方をする．断言できることは，戦争のプロセスは絶対，あなた達の主観的願望に基づいて発展しないことだ．そして戦いの最終的結果は，米国侵略者がベトナムから追われ，インドシナから追われ，東南アジアから追われていくことだけだ」，という内容であった．中国は東南アジアに戦争を拡大する可能性があることを示唆してまで，アメリカに強く警告を発しようとした（朱建栄 2001，257）．

　米軍による北ベトナムへの地上侵攻を回避するため，中国はさらに複数の場を利用してアメリカに繰り返しメッセージを送った．1965 年 4 月 2 日，周恩来はパキスタン入りし，訪米を予定していたムハンマド・アユーブ・ハーン大統領にアメリカへのメッセージを託した．その内容は主に次の 3 点であった．①中国はアメリカとの戦争を起こすことはない．②中国が引き受けた（北ベト

2. ベトナム戦争と反米国際統一戦線　　71

ナムを支援する）国際的義務は必ず履行される．③戦火が中国に及べばそれを
消し止めなければならず，戦争が拡大されれば歯止めが利かなくなることは，
軍人ならば知っているはずであろう（《周恩来軍事活動紀事》編写組 2000，下，598–
613）.

　ところがこのメッセージは，アユーブ・ハーン大統領の訪米がキャンセルさ
れたためアメリカに伝わらなかった．5 月 31 日，陳毅副総理兼外交部長は北
京に駐在していたイギリスの代理公使を呼び，同じメッセージをアメリカに確
実に伝えて欲しいと託した．そしてさらに，「米軍が南ベトナムの地上戦に参
戦するが北ベトナムに空爆するのみの場合，中国は防空部隊だけを北ベトナム
に派遣し，米地上軍が［北緯］17 度線を越えれば中国も戦闘部隊をベトナム
戦場に送る」という中越密約の内容を通告した．実際には中越は，4 月 7 日に
すでに中国の防空軍部隊と工兵部隊を 6 月 9 日に北ベトナム入りさせることを
決めていた．中国は出兵に至るデッドラインをアメリカに事前通告し，ミスコ
ミュニケーションによってアメリカが過度なショックを受け事態がさらに悪化
することを防ごうとした．これは朝鮮戦争時の教訓を踏まえたものだった．中
国は参戦のデッドラインについてのメッセージをインドに託してアメリカに伝
えたが，アメリカ側はそのころ中国寄りの姿勢をとっていたインドを信用せず，
米中対決を回避する最後の可能性を逃した．しかし今回，米国務省はメッセー
ジを受け取った旨，イギリスを通して返答してきた（朱建栄 2001，352–353）.

　米軍とその同盟国軍による南ベトナムへの大挙侵入と北ベトナムへの大規模
の空爆の事態に直面して，毛沢東はアメリカを当面の主要敵とし，ソ連と社会
主義陣営との連携を視野に入れて反米国際統一戦線外交を展開することにした．
すでに 5 月 12 日には，「中国共産党主席毛沢東」の名義で，米軍のドミニカ
（共和国）侵攻を非難する声明が発表され，初めて公式に「最も広範な国際統
一戦線を作り，アメリカ帝国主義の侵略と戦争政策に反対せよ」と国際社会に
呼びかけていた（『人民日報』1965 年 5 月 13 日）.

　この時期に中国が対米関係の改善を図ったことは，成果を得られずに終わっ
たが，米中の相互認識に予期せぬ結果をもたらした．中国はアメリカが北ベト
ナムには侵攻せず，中国が周辺地域に持つ権益を侵さないと認識しはじめた．
他方でアメリカは，米軍が北ベトナムに地上侵攻を仕掛けない限り米中戦争は

なく,「ドミノ理論」が言うような共産主義の東南アジアへの拡張も起きないと認識するようになった. 米中間で相互にこうした地政学的認識が形成されるようになったことは, のちの米中和解への礎となっていく.

(2) 中国の「抗米援越」

「抗米援朝」と「抗米援越」は, 中国が建国時から進めてきた二つの大規模な外交および戦争であり, その理念と行動パターンも似通っている. 第一に, 国家独立・統一という大義において, 中国は先に大陸部の統一を成し遂げた以上, 加えて台湾統一の正当性を主張している以上, 朝鮮とベトナムの統一を支持しなければならない. 第二に, 国際共産主義運動における中ソの役割分担の中で, 中国共産党は東アジア, とりわけ朝鮮とベトナムの社会主義革命を指導・支援する国際責任を負っていた. さらに, 中国には古くからの地域大国としての国益意識, 地政学的意識があり, 周辺の安全保障, 少なくとも陸続きの朝鮮半島とインドシナ半島の北半分を守り, 敵国アメリカとの間の緩衝地帯としなければならない, という意識があった.

こうした周辺地域に対する中国の理念と行動パターンは, 自己矛盾を内包し, とりわけ中越関係にジレンマをもたらした. 中国は北ベトナムをアメリカとの間の緩衝地帯とみなしていたが, これは言い換えれば, 武力によるベトナム統一が米中間に戦争をもたらす恐れがあるとき, 中国がその統一にブレーキをかけるということだった.

1950年代初め, 中国は北ベトナムの抗仏独立戦争（インドシナ戦争）を力強く支援した. しかし54年には, それが対米戦争になりかねないと判断し, 北ベトナムの南進統一の主張を抑え込み, 同国にフランスとの間でジュネーブ休戦協定（以下, ジュネーブ協定）を結ばせた. そして60年代にも, 中国は前述のようにアメリカと暗黙のうちに朝鮮戦争の二の舞にならないように, ベトナムで米中戦争の危機回避に動いた.

1964年7月5日から9日まで, 中国, 北ベトナム, ラオスの3ヵ国共産党会議がハノイで開かれた. このとき, 北ベトナム, ラオスの指導部全員と周恩来が一堂に会して政策をすり合せた. 周は中国の情勢認識を以下のように説明した. 東南アジアは革命の条件が最も熟した地域である. アメリカは南ベトナ

ム，ラオス，タイで特殊戦争をもって社会主義国家に対処しようとしており，それを地域戦争へと拡大させていく可能性もある．そして中国の政策については，次のように述べた．①ベトナム，ラオス，タイをはじめとする東南アジア諸国の共産党の革命闘争を積極的に支援する．②インドシナにおいてジュネーブ協定を堅持し，あらゆる可能性を尽くして戦争を現在の範囲内に限定させる．③ベトナム統一は短期決戦ではなく，3年，5年，あるいはさらに長い持久戦で勝利を勝ち取る．④アメリカが北ベトナムに戦争を拡大させる可能性に備え，その際には中国も出兵する（朱建栄 2001, 92）．

続く7月19日，中国政府は公式声明を発表した．「新たな軍事的冒険の画策を速めている米国の態度に対し，中国は極めて抑制的でジュネーブ協定を守っている．中国は一兵卒も派遣していない．しかしどんなことも限度というものがあり，侵略の拡大を座視することはできないだろう」（朱建栄 2001, 93）．中国はアメリカに警告のメッセージを送ったが，同時にこれは北ベトナムに，ジュネーブ協定を守って戦争の不拡大に努めるよう諭すものでもあった．

ところが，北ベトナムの多くの指導者は，1954年のジュネーブ協定について，弱体化したフランスを相手にベトナム統一を実現できる可能性が高かったのに，中国が自国の都合でベトナム革命を裏切り，その南北分断を作り出したと非難し続けていた．彼らは60・70年代にも，中国が唱える「戦争不拡大」を南北分断の恒久化の企みとみなし，中国による「裏切り」を終始警戒した．

南ベトナムでは，1963年11月に軍事政権のゴ・ディン・ジェム大統領がクーデターによって暗殺された．南ベトナム情勢を睨んできた北ベトナムは翌月，南ベトナムで武装闘争を拡大する方針を決定し，中国と密接な意見交換を行って次のようなコンセンサスを得た．それは，世界的覇権国家のアメリカが，ベトナムのような特定地域に投入できる力には限界があり，南ベトナムに対する戦争が南ベトナムの内戦という形で展開されるなら，アメリカは戦争を北ベトナムに拡大しないだろう，という判断であった（朱建栄 2001, 86）．このコンセンサスに基づき，北ベトナム傘下の南ベトナム解放民族戦線（60年に成立）は，南ベトナム政権に対する攻勢を強めていった．

中国は1964年前半から，北ベトナムの同意を前提に，54年ジュネーブ協定の履行，インドシナ問題の平和的解決のためのジュネーブ会議の再開催を関係

諸国に呼びかけ始めた．この呼びかけはアメリカのベトナム，ラオスへの軍事介入を牽制することに目的があった．64年末にはフランスもジュネーブ会議の再開催に賛同するようになり，アメリカと北ベトナム系勢力の双方が南ベトナムからの撤退を約束すべきと主張した（森2009，118-120）．

　毛沢東は6月24日には，中国を訪問中の北ベトナム軍総参謀長バン・ティエン・ズンに対し，「もし米国が北ベトナムに侵入したら，中国［の］軍隊は送られるべきだ」と発言した．7月にはラオス左翼勢力への軍事援助の強化を指示し，同月27日には駐中ベトナム大使のトラン・トゥ・ビンに対し，「アメリカがベトナム北部を空爆し，または北部に上陸作戦を行ったら，我々は参戦する」とも語った（朱建栄2001，91）．毛沢東は強硬な発言を繰り返し，北ベトナムという緩衝地帯を守る決意を示した．

　トンキン湾事件後の9月末，中国は国慶節への招待という形でインドシナ三国から，ベトナム首相のファン・バン・ドン，カンボジアの国家元首ノロドム・シアヌーク，ラオス愛国戦線議長のスパヌオンおよび南ベトナム解放民族戦線代表を北京に招いて初の中国・インドシナ首脳会議を開き，反米連帯戦線を築いた．12月には，林彪国防部長がハノイを訪問し，防空軍と工兵を中心に10個師団，30万人の中国軍を北ベトナムに派遣すること，軍需物資を無償で提供することなどを含む軍事協定に調印した（小林2013，314）．

　北ベトナムは，中国からの支援，そして輸送路ホーチミン・ルートの通行を認めたラオスとカンボジアからの支持を背景に南ベトナムに新たな攻勢をかけることとし，12月に正規軍師団を初めて南ベトナムに出動させた．そして国力を結集し，1年以内，すなわちアメリカが本格的介入体制を整える前に，祖国統一の決定的な勝利を勝ち取ることを目標に掲げた．

　1965年2月，米軍は南ベトナムで大規模攻勢に出た北ベトナムに打撃を与えるため，本格的な北爆を開始した．4月7日には北ベトナムのレ・ズアン労働党書記長とボー・グエン・ザップ国防相が北京入りして中国軍の派遣を正式に要請し，中国はただちにそれを承諾した（朱建栄2001，308）．そしてついに6月9日，中国軍は北ベトナムへと進んだ．それ以降，のべ32万人の中国軍が北ベトナムに派遣された．そのほか北朝鮮も小規模の高射砲部隊を派遣した．中国の工兵部隊は，空爆で破壊された交通，通信，防御施設の補修，再建，お

および新設を担った．のべ15万人に及ぶ防空軍は，北爆を続ける米空軍機と戦い，中国側の統計によれば1707機を撃墜し，1608機を損傷させ，42人のパイロットを捕虜にした（朱建栄 2001，370-396）．

前述のように，中国からの事前通報によってアメリカは中国軍の参戦を知っていた．しかし，米中ともこの事実を公表しなかった．米中は両国が交戦していないという建前を終始貫いたのである．両国政府は，米中戦争が起こったとみなされ，引くに引けない事態に陥ることを危惧したのであろう．

中国軍が北ベトナムに大規模に進駐したことで，アメリカにとって地上戦の北ベトナムへの拡大は朝鮮戦争の二の舞を意味することになり，選択肢として極めて取りにくいものになった．そして北ベトナムは米軍の侵入を懸念する必要がなくなり，より多くの部隊を南ベトナムに派遣することができた．

1968年1月30日，南ベトナム解放民族戦線と北ベトナム軍は，「テト攻勢」と呼ばれる総攻撃をかけ，首都サイゴンのアメリカ大使館と米軍放送局をも一時占拠した．「テト攻勢」は，のちに米軍の撃退を受けたが，北爆がアメリカに有利な戦況をもたらさなかったことを証明するのには十分であった．同年10月31日，ジョンソン大統領は北爆の停止を決定した．翌69年6月に労働党系の南ベトナム共和国臨時革命政府が成立を宣言したときには，南ベトナムの農村地域のほとんどがすでにその支配下にあった．

中国は北ベトナムに進軍して以降，躊躇なく反米国際統一戦線の旗を掲げ，「抗米援越」に突き進んでいった．中越関係，中国・インドシナ関係も蜜月期に入った．

1969年9月2日，中国の指導者たちの1920年代以来の戦友で，革命の先達でもあった北ベトナム国家主席のホー・チ・ミンが死去した．親ソ的とされるレ・ズアン書記長が，名実ともにベトナム労働党のナンバーワンとなった．

3. 文化大革命と反米反ソ国際統一戦線

(1) 文化大革命の外交へのインパクト

毛沢東は1964年から文化大革命を模索するようになり，66年から10年間これを遂行した．この時期，中国の国内政治はその外交に強いインパクトを与

え，「革命外交」のスローガンの下，中国外交はますます先鋭化していった．

　副総理兼外交部長の陳毅元帥は「アメリカ帝国主義」に対する鋭い批判で名を馳せていたが，1967年8月に，その彼も「帝国主義に弱腰すぎる」，「文化大革命に反対している」と批判され，職務停止に追い込まれ，実質的な解任を受けた．「革命群衆」を標榜する外交部の職員たちが結成した団体は，外交部を牛耳るようになった．彼らは67年8月には「外交部革命委員会」の名を掲げて外交部の権限奪取を宣言し外交指令を下すようになり，ついに8月22日には「反帝国主義」のスローガンの下にイギリス公使館を焼き討ちするという事件を起こした．その後，外交部の職員の多くは他の中央部門の職員と同様に，農村で急造された「五・七幹校」と呼ばれる「幹部学校」に送り込まれ，農作業を通しての「革命体験」と「思想改造」を命じられた．かくして中国の外交機能は著しく弱体化した．

　文化大革命中，中国は自国を「世界革命の中心」とみなしたり「世界革命の兵器工場」と自慢したりする説を盛んに喧伝し，諸外国に対して言わば「革命の輸出」を進めた（小林2013, 303-311）．外交部の残存スタッフと共産党中央の対外機関である中国共産党中央対外連絡部（中連部），および軍の関係部門がこのような革命外交を担った．その中では主に中連部が中心となり，日本を含む各国の「毛派」共産党組織や反政府ゲリラに対し，金銭と武器を供給し，軍事顧問等の専門スタッフを派遣し，また中国領内にそれらの毛派共産党組織の対外宣伝のためのラジオ局を開設するなど，様々な支援を実施した．

　中国の革命外交は，ソ連からは独立して，毛派を中心とする国際共産主義運動の結成・発展を目指した．このような革命外交は，日本共産党をはじめ多くの友党の分裂をあおり，また多くの国で武装闘争の名の下に内戦を激化させた．当然ながら，中国と多くの友党，そして諸外国政府との関係は悪化した．社会主義国の中で中国の友好国はアルバニア一国のみとなり，近隣の東南アジア諸国は中国が支持する共産党ゲリラに悩まされ，インドネシア，マレーシア，フィリピン，ビルマ（現ミャンマー）などでは在住の華人華僑への敵視が深まり，反華人暴動も発生した．

　毛沢東は「魂の深いところまで革命化した」全国民からなる革命中国を理想に掲げ，その実現のために「文化大革命の貫徹」を追い求め続けた．他方で毛

は，対外的には国際共産主義運動の中で革命の師のソ連以上に革命的というポジションを目指し，「ソ連修正主義」への批判に革命中国の正当性を見出し，スターリンに次ぐ国際共産主義運動のカリスマとしての地位を欲した．

ところが，毛沢東のこうした文化大革命，革命外交と反ソ路線は，自国の安全保障を悪化させるジレンマを内包していた．中国にとって，国内の社会主義政策を根拠に社会主義の師であるソ連への優位性を主張することは難しい．そのため毛は，主に国際共産主義運動，反帝国主義，民族解放運動の大義を踏まえ，米ソ・デタントがアメリカ帝国主義に屈服する修正主義にあたるというソ連批判を展開した．その中で毛沢東は，陸続きのソ連を主要敵に位置づけただけではなく，アメリカを主要敵とする急進的な反帝国主義政策を継続し，特にベトナム戦争が激化した 1964 年以降は，前述のとおり事実上の対米戦争へと邁進した．

毛沢東はその革命の生涯において，主要敵は一つに限定し，すべての勢力を結集して「統一戦線」を組みそれに当たるべしという理論を唱えてきた．1964 年以降，毛沢東はときに米ソのうち片方との関係を多少なりとも和らげようと動くことはあったが，ベトナム戦争と文化大革命を同時進行させていく中，結局は米ソという二つの主要敵に同時に対峙する反米反ソ国際統一戦線の二正面作戦へと突入していった．

(2) ソ連との決裂

反米反ソ国際統一戦線への過程は，毛沢東がソ連との決裂を三度はかったことから，三つの時期に分けられる．

第一の時期は，1964 年 1 月からのほぼ 1 年間である．64 年 1 月に毛沢東は初めてソ連との決裂を決断した．前章で見たとおり，57 年から毛沢東が展開した中ソのイデオロギー論争は，59 年には中ソ国家間関係の亀裂をもたらしたが，両国は完全決裂は回避してきた．ところが 64 年 1 月 25 日に，中国では共産党中央委員会の名で，「現代修正主義に反対する教育を全国民に徹底することについての通達」が末端の党組織にまで配布された．それはソ連を敵とする認識を全国民に伝達したもので，これによって中国はイデオロギー論争のレベルで始めた両党関係の悪化を，両国の国家間関係の決裂へとエスカレートさ

せるステップを踏み出した.

同じく1月,毛沢東は日本共産党訪問団との会見において,「修正主義に反対する問題で,われわれの矛先は主にフルシチョフに向いている.帝国主義に反対する問題ではわれわれは,力を集中して米帝国主義に対抗している」と発言し,外国の共産党の前で主要敵であるアメリカとソ連とを同列に並べて非難し始めた(朱建栄2001,82).前述したように,毛沢東はほぼ同じ頃から米中関係の改善を模索しはじめ,しかも一時はこれを楽観視していた.こうした見方は,毛沢東がソ連との国家間関係の決裂を決心した一因にもなった.

中ソの激しい非難合戦が続く中,3月7日と6月15日にソ連は,各国共産党・労働者党代表者会議の開催を提案し,その準備会議を開くことを中国に知らせてきた.中国はこれを,ソ連が対中決裂を決意し,国際共産主義運動から中国を除名するための動きであろうと推測した(李丹慧2002,477).

この間の5月15日から6月17日まで,北京では党中央工作会議が断続的に開かれていた.ここで毛は,アメリカだけでなくソ連による軍事侵攻にも備えるべきことを意識し,重工業と軍事工業を内陸部に移転させる「三線建設」の開始を決定し,また党内でも「フルシチョフのような野心家,陰謀家について警戒し……なければならない」と述べて(小林2013,287-288),内外政策を急進的な革命路線に転換させる方向に舵を切った.

翌7月,毛沢東は中国を訪問中の金日成とともに,中国共産党によるソ連批判の一連の論文,すなわち「九評」の最終論文の内容を議論し,完成稿を定めてこれを発表した.1964年3月20日に締結された「中朝国境議定書」をもって,中国は長白山(朝鮮語では白頭山)の主峰を含む多くの領土を北朝鮮に正式に割譲し,金日成は中ソ論争の中で中国の立場を後方支援することになった(沈志華2016,119-147).「九評」はソ連を修正主義と批判し,そして中国自身の修正主義化の防止を中国の「存亡にかかわる極めて重大な問題」だと主張した.

毛沢東はこの7月に,日本社会党代表団との会見でも,「[米ソは]全世界を支配しようとしているが,私はこれに賛成しない」と述べ,ソ連をアメリカと同列に置いて米ソの結託を批判していた.このとき毛はさらに,ロシアの清国からの「バイカル以東」の奪取,モンゴル支配や新疆への野心,中ソ国境への

3. 文化大革命と反米反ソ国際統一戦線　79

軍の結集など，領土問題を初めて公に持ち出してソ連を非難した（沈志華2007, 343-344）．

7月28日，中国は前月にソ連から送られていた各国共産党・労働者党代表者会議の招待状に対し，出席拒否の書簡を送付した．そして，「大会を開く日はすなわちあなたたちが墓場に入るときである」と，当該会議を機にソ連と完全決裂する意思を表明した（朱建栄2001, 104-106）．

ところが，翌8月に前述のトンキン湾事件が起き，米軍が初めて北ベトナムを空爆した．毛沢東は当面，米軍による地上での北ベトナム侵攻はないと判断したが，その可能性に備える必要性はあった．6日付の中国政府の声明は，「ベトナム共和国は社会主義陣営の一員であり，どの社会主義国もベトナムが侵略を受けることを座視すべきではない」と主張し，ソ連に社会主義国としての「抗米援越」を促した．毛沢東にとっては米ソとの二正面作戦をできるだけ避けることが得策であった．加えてソ連が「抗米援越」に乗り出せば，それは米ソ・デタントの失敗を意味し，毛沢東の反米革命路線の正しさが裏付けられることになる．ところがソ連は「抗米援越」には冷淡であった．さらには8月22日，強い相互不信の中で，中ソ間の国境画定交渉も決裂した．

こうした中で10月14日，フルシチョフが突如解任された．偶然ではあるが，以前から16日に中国初の原爆実験が計画されており，実験は成功した．毛沢東はフルシチョフに対する闘争の「勝利」と核実験の成功に自信を持った．また国際共産主義運動において後輩格にあたるソ連の新指導者に対し，自分が優位性を持つことに強い確信を抱いた．

同日，中国は毛沢東，劉少奇，朱徳，周恩来の4人の最高指導者の連名で，レオニード・ブレジネフ共産党書記長らソ連の新指導者に祝電を送り（中共中央文献研究室1987-98, 11, 191），中ソ関係の修復に舵を切った．中国はソ連の十月革命47周年記念式典への全社会主義国の出席を提案し，また当時中国寄りの姿勢を取っていた北ベトナム，北朝鮮，アルバニア，およびモンゴルの大使に中国の提案をすぐに説明した．ソ連は31日に中国の提案を受け入れ，アルバニアのみを除き中国を含む12の社会主義国の代表団に対し，ソ連訪問を公式に要請した．

11月5日，周恩来は中国代表団を率い，北ベトナム代表団と同じ飛行機で

モスクワに飛んだ．しかし7日夜に宴会場で突発的に「マリノフスキー事件」が起き，中ソ関係の修復ムードは一気に吹っ飛んだ（朱建栄2001, 162）．酔っ払ったソ連国防相のロディオン・マリノフスキーが，「我々はすでにフルシチョフを失脚させた．今度はあなたたちが毛沢東を退陣させる番だ」と周に執拗に付きまとったのである．周は抗議して退席した．報告を受けた毛沢東は，「決裂を恐れるな」と激語した．その後3回に亘って行われた中ソ会談の中で，中国はソ連に，予定していた各国共産党・労働者党代表者会議を中止し，修正主義を清算するよう求めた．これはソ連に国際共産主義運動におけるリーダーシップの放棄を求めたのに等しく，ソ連は拒否した．

　第二の時期は1965年1月から4月ごろまでであり，毛沢東は前年11月の中ソ関係改善の試みが挫折したことを受けて，再びソ連との決裂を企図した．

　国内の政治闘争において，毛沢東は1965年1月中には劉少奇国家主席を打倒すると心に決めていた（スノー1972, 23–33）．劉は1月3日に国家主席に再選されたばかりであったが，毛は劉との政策の相違を毛の路線や権威，権力に対する挑戦と認識し，さらに劉を危険な親ソ派とみて，内外の修正主義者の結託によるクーデターの危険性を強く警戒したのである．

　この1月に，毛沢東は前述のとおりアメリカ人記者スノーと会見し，「国境を越えて戦う意思はない」というアメリカへのメッセージを託し，ソ連との決裂に備えてアメリカからの脅威を和らげようと努めた．

　ところが，2月7日に米軍が本格的な北爆を始めたことで，毛は米軍の北ベトナム侵攻と米中交戦の可能性に危機感を強めた．これに備えるため，毛は再びソ連との決裂を先送りにすることを決定した．

　まさに米軍が北爆を実施していたころ，北ベトナムを初訪問していたソ連の首相アレクセイ・コスイギンは，往路と復路にそれぞれ北京を経由した．10日の復路に北京で開催されたコスイギン・周恩来会談で，双方は多くの合意に達した（小林2013, 292, 322）．そこでは，社会主義国としてともに北ベトナムを支持すること，中国が北ベトナムに対するソ連の援助物資の輸送に協力すること，北爆が行われている状況下では対米関係の改善に取り組まないこと，2月14日に中ソ友好同盟相互援助条約調印15周年の記念行事を大々的に行うことが決定され，さらに貿易の促進，中断されていたソ連の援助プロジェクトの

再開，文化交流と留学生の派遣，国家間関係の正常化をはかることなども合意された（中共中央文献研究室 1997，706）．これを受け毛沢東は翌 11 日，劉少奇，周恩来，鄧小平とともにコスイギンと会見し，「帝国主義が鉄砲をあなたたちと我々に突き付ければ，我々は団結するだろう．……もちろん現在でも我々〔の間〕は完全に分裂していない」と発言した（朱建栄 2001，219）．毛がソ連の指導者と会見したのは，1959 年以来実に 6 年ぶりであった．

　第三の時期は 1965 年 5 月からであった．毛沢東は 65 年 5 月中旬ごろ，朝鮮戦争のときのような米中交戦はないと判断するようになり，ソ連と決裂するという三度目の決断を下した．

　この間に，国際共産主義運動と民族解放運動における中ソの指導権争いは激しさを増していた．ブレジネフ新指導部は，「アメリカ帝国主義」に反対する姿勢をいくぶん強め，北ベトナムへの支援に積極的になっていた．また既述のように，ソ連は中国が開催に向けて積極的に取り組んで来た第 2 回アジア・アフリカ会議にも参加する構えを見せ，非同盟運動でも中国を抑えて影響力を広げていた．加えて 3 月 1 日に，中国が頑として反対してきた各国共産党・労働者党代表者会議の準備会合を，「協議会」へと名称変更して招集していた．中国の工作により，北ベトナム，北朝鮮，日本，インドネシアなどアジアの主な共産主義政党と，東欧のルーマニア共産党とアルバニア労働党が欠席した．その「開催協議会」は「中国処分」を下すことなく，むしろ団結を呼び掛けて終了したが，ソ連の新指導部は国際共産主義運動におけるリーダーシップを誇示しており，毛の指導的地位を決して認めようとしないと毛は認識した．

　中ソの完全決裂は，1966 年 3 月，毛沢東がソ連共産党第 23 回大会への参加拒否を決断したことで決定的となった．このソ連の党大会には，各国の共産主義政党に加え，民族解放系組織を含めた 89 政党が参加した．国際共産主義運動におけるソ連の権威の高さと中国の孤立が浮き彫りになった（小林 2013，293）．

(3) 反米反ソ国際統一戦線へ

　毛沢東は，社会主義陣営はもはや存在せず，安全保障戦略で中ソ同盟に依存することはできず，ソ連はアメリカと並ぶ敵であるとして，二正面作戦に挑む

決意を固めた.

国内において，毛は修正主義を排除し劉少奇を打倒するため，文化大革命の発動に精力を傾けた．夫人の江青は 1965 年 2 月から上海で，文化大革命の引き金と呼ばれる論文，「『海瑞罷官』を評す」を極秘に準備し，これは毛の指示で 11 月 10 日に発表された．翌 66 年 5 月 16 日に党中央委員会の名義で出された「通知」をもって，10 年間にわたる文化大革命が正式に発動された．8 月，劉少奇は「中国のフルシチョフ」と批判され，鄧小平もその一味とされ，ともに打倒された.

文化大革命で最も国内が混乱した 1968 年までの間，中国外交は「反帝国主義・反修正主義」という「反米反ソ国際統一戦線」の旗を掲げたが，実際には「抗米援越」以外は外交停止の状態にあった．国際社会では，相変わらず「反米反帝国主義」の中国というイメージが強かった．こうした中で 68 年 8 月のチェコ事件が転機となり，中国はソ連を「社会帝国主義」と性格付けることにし，アメリカよりも危険な敵と規定していくことになった.

1968 年春ごろ，チェコスロバキアの共産党政権は「プラハの春」と呼ばれる民主化改革を進めていた．しかしソ連は，それが社会主義諸国の体制崩壊と社会主義陣営の解体をもたらすことを恐れ，8 月 20 日にソ連軍を中心とするワルシャワ条約機構軍 60 万人を投入し，チェコ全土を制圧した．ブレジネフは侵攻を正当化するために「ブレジネフ・ドクトリン」と呼ばれる「制限主権論」，すなわち「社会主義共同体の利益は，おのおのの社会主義国の利益に優先する」という論理を前面に押し出した.

毛沢東は 22 日に緊急会議を開き，林彪と江青らのほかに，職務停止中の状態にあった元帥の陳毅，葉剣英，徐向前，聶栄臻のほか，副総理の李富春，李先念といった長老たちを呼んだ（小林 2013，331）．翌 23 日に中国はソ連を「社会帝国主義」と激しく糾弾した.

スターリンに次ぐ国際共産主義運動のリーダーを自認する毛沢東にとって，社会主義陣営，そして国際共産主義運動におけるソ連の単独覇権を正当化するブレジネフの「制限主権論」は，決して認めることができないものであった．フルシチョフ時代と異なり，ブレジネフのソ連は，アメリカと世界規模の勢力範囲拡大競争を徐々に強めていった．毛にとってソ連の行動は，「反帝国主義

3. 文化大革命と反米反ソ国際統一戦線

革命」というよりも，ベトナムを含む発展途上地域において毛沢東から反帝国主義・民族解放運動のリーダーシップを奪おうとするものであった．毛は世界の覇権争いでは，守勢のアメリカよりも，攻勢にあるソ連が主な脅威であるという議論を展開するようになった．

中ソ関係を静観してきたジョンソン政権は，9月17日には中国にワルシャワでの米中大使級会談の再開を提案した．中国はこれに応じる旨を即答し，アメリカを驚かせた．中国の回答書簡には，中国が米中両国の「平和共存」を目指すことが明示されていた（小林 2013, 329）．「アメリカ帝国主義」との「平和共存」を企んでいるとソ連を批判し続けてきた中国は，米中関係の脱イデオロギー化の方向に舵を切った．後年，米中和解を担ったヘンリー・A. キッシンジャー大統領補佐官は，米中関係の転機をもたらしたのはチェコ事件だったと回顧している（キッシンジャー 1979–80, 1, 220）．ところが，米中大使級会談が予定されていた前日の1969年2月19日に，中国外交官のアメリカ亡命が発生し，会談は流会となった．

同日，毛沢東は林彪と江青らのほか，陳毅，葉剣英，徐向前，聶栄臻を再び招集し，そこで初めて四元帥に国際情勢を研究するよう求めた（宮力 2004, 34）．

そして3月2日，中ソ両国が領有権を争うウスリー川の中州の珍宝島（ダマンスキー島）で，待ち伏せしていた中国軍がソ連軍の国境パトロール隊を襲撃して全滅させる事件を起こした（石井 2014, 101–144；李丹慧 1996）．3月15日にはソ連軍の反撃を含めた2回目の戦闘が行われ，ソ連軍では140人余が死傷し，中国軍は自国の公表では約40人，ソ連側の発表では800人ほどの死傷者を出した．

毛沢東がソ連との軍事衝突を起こした狙いについては様々な推測がなされているが，大きく2点が指摘できよう．

第一に，毛沢東は4月1日から開かれる中国共産党第9回全国代表大会（第9回党大会）をもって，文化大革命を終結させようとしていた．そのためには，領土紛争を起こしてソ連という主要敵を作り上げ，そしてソ連の侵略を打ち破った中国，さらには世界革命の指導者としての毛沢東のカリスマをアピールし，文化大革命終結後も全国民を結束させる必要があった．事件後10日足らずの間に，のべ4億人の民衆がソ連の侵略に対する抗議デモに動員された．毛は党

大会で林彪国防部長を自分の後継者に指名し，しかもそのことを党規約に明記した．

　次に，毛はそれまで「帝国主義」としてきたアメリカとの和解を中国と世界の人民に説明するため，よりたちの悪い「ソ連社会帝国主義」という主要敵を必要とした．4月，毛は四元帥を三たび招集して国際情勢の研究を命じ，4人は7月と9月に2本の報告書を提出し，ソ連の脅威に対処するため米中和解を進めるよう進言した．

　ところが，毛は結局，1976年に死去するまで文化大革命を終結させることができなかった．また，中ソの軍事衝突で米中和解には弾みがつくどころか，リチャード・ニクソン大統領もキッシンジャーもむしろ「中国のほうが［ソ連より］侵略的だ」と中国の好戦性を警戒することになる（キッシンジャー1979-80, 1, 227）．さらに，陸続きの超大国・ソ連を敵に回したことで，中国は安全保障上の深刻な危機を経験することになった．

おわりに

　1964～1969年は，中国の外交史においては反米反ソの革命外交期と性格づけられる．この中で，革命イデオロギーは中国外交の主たる価値体系であり原動力であった．「社会主義革命」と「社会主義建設」，すなわち革命と発展は，毛沢東時代の中国が掲げ続けた主要な国家目標であった．「革命」とは，国内において徹底した社会主義化を進めることだけを意味していたのではない．国際共産主義運動と反植民地主義・反帝国主義運動を推進する「革命外交」も，革命の大義の一つであった．

　同時期，国際社会ではベトナム戦争への反戦運動が展開され，これを反米革命の好機と見た毛沢東中国は，リーダーとしてその先頭に立とうとした．国内では，中国は徹底的な社会主義化をめざして文化大革命に突入していった．国内外で革命を正当化し国際共産主義運動のリーダーシップを確立するために，中国は「抗米援越」やアジア・アフリカ・ラテンアメリカ諸国で革命支援を行うだけでなく，ソ連が革命の大義に反してアメリカと結託したとしてソ連と決裂した．

おわりに   85

　中国が進めた国内外での革命は，中国の経済発展を犠牲にしただけではなく，
米ソ両国を敵に回したことで自国の安全保障を脅威にさらした．毛沢東は革命
を第一に掲げ，革命のためなら，経済発展，そして安全保障までもある程度犠
牲にしても構わないとしていたが，できるだけそのリスクを低くしようとも努
力はした．彼は外交分野では，「抗米援越」を続けながら米中交戦の回避に努
めた．また主要敵に対処するため，他の敵すらできるだけ利用して二正面作戦
を避けるという戦略に基づき，アメリカのベトナム侵攻に対処しようとしてソ
連との決裂を二度も先送りにした．なお，中国は「統一戦線」という中国共産
党の伝統的な戦略に基づき，発展途上国との連帯，西欧諸国との国交正常化に
努力し，ソ連との決裂を選択したことでアメリカとの平和共存をも模索するこ
とになった．

　ただし，この時期，中国が急進的な革命外交へ邁進し続けたことで，リスク
のコントロールはなおざりになり，二正面作戦は回避できず，統一戦線外交や
アメリカとの平和共存等の努力も実ることはなかった．その結果，中国は国際
的孤立に陥り，「反米反ソ」を外交スローガンに掲げるほかなかった．米中和
解のプロセスが本格化するには，カードが乏しい中国外交よりも，アメリカの
政策転換を待たねばならなかった．

　1964年から始まった革命第一の外交は，69年にそのピークに達したあと退
潮に向かいはじめる．ソ連との決裂を受けた対米和解の模索は，毛沢東の意図
にかかわらず，革命外交から価値意識とエネルギーを抜き去り，それを葬り始
めるのである．

（趙宏偉）

第4章
反ソ国際統一戦線から「独立自主の対外政策」へ
（1969～1982 年）

はじめに

　第二次世界大戦後，「冷戦」と呼ばれる米ソ二極構造が国際政治を形作ってきたとすれば，1971 年に始まる米中接近はその骨格を組み替える出来事だった．ソ連と対立し，社会主義陣営と袂を分かって国際的に孤立していた中国が，あろうことか世界最強の「帝国主義国」アメリカと手を結んだのである．同年の一人当たり名目国内総生産（GDP）がまだ 119 米ドルだった中国は，米ソ間のパワーゲームに自立的プレーヤーとして参画し，国際政治上の影響力を飛躍的に高めた．

　1960 年代末までに，米ソの国際的な地位はさまざまな分野で揺らぎ始めていた．アメリカはベトナム戦争に泥沼の介入を行い，戦費負担で国際収支が悪化した．テレビを通じて伝えられた戦争の惨劇は，アメリカの国内外で反戦運動を激化させ，アメリカの威信に傷をつけた．社会主義陣営でも，中国とのイデオロギー論争によってソ連の権威が低下した．東欧では社会主義政権に対する大衆の不満が拡大し，68 年には民主化運動が盛り上がりをみせた．チェコ

スロバキアで政権転覆の危機が迫ると，ソ連は 8 月にワルシャワ条約機構 5 ヵ国軍を派遣し，「プラハの春」を武力で鎮圧した．

　他方，世界の政治経済は多極化の趨勢にあった．第二次世界大戦で荒廃した西欧や日本は，アメリカが創り出した自由主義経済秩序の中で戦後復興を成し遂げ，1968 年には日本の国民総生産（GNP）が西ドイツを抜いて世界第 2 位となった．アメリカはブレトン・ウッズ体制を支えきれず，71 年 8 月には金とドルの交換停止を発表した．独立達成後も先進国への経済的従属が継続したことに不満をつのらせていた発展途上国は資源ナショナリズムを高め，73 年 10 月からの第一次オイル・ショックに際して南北格差が固定化する現状に強い問題提起を行った．ただし東アジアではこのころ，のちに世界銀行が「東アジアの奇跡」と称える輸出志向型の経済成長の波がすでに広がっていた．あたかも日本を筆頭とする雁の群れが天空に舞い上るように，周辺各国が次々と発展のテイクオフを始めたのである．60 年から 85 年にかけ，日本と「四小龍」（香港，韓国，シンガポール，台湾）では一人当たり実質所得が 4 倍以上に，インドネシア，マレーシア，タイの 3 ヵ国では 2 倍以上に跳ね上がり，同時に国内の貧富の差は縮小した．こうした国々の躍動を横目に，軍備増強や宇宙開発で競争疲れした米ソ両国政府は，69 年 4 月には第一次戦略兵器制限交渉に着手し，東西両陣営間の緊張緩和（デタント）を進めていく．

　このような国際情勢を背景に，1971 年以降，米中両国の指導者は関係改善に乗り出し，ソ連を共通の敵とする擬似同盟関係を構築していく．対ソ戦略を重視したこの行動はしかし，中国と世界との関係を根本から変化させることになった．西側に門戸を開いた中国は，西側のオープンな市場経済体制，そして技術と資本を利用しながら改革開放政策に乗り出し，今日に至る繁栄の道を歩み始めるのである．

1. 対米接近のインパクト

(1) 中ソ国境紛争による対外環境の悪化

　毛沢東は 1966 年に文化大革命を発動したが，政治的混乱が深まると，ソ連がその機に乗じて侵攻してくることを懸念するようになった．前章で見たよう

1. 対米接近のインパクト

に，68 年以降，毛はソ連を「社会帝国主義」と呼び，ソ連を安全保障上の脅威とみなした．ソ連の意図を試すため，毛は 69 年 3 月，両国が領有権を争うウスリー川の中州，珍宝島（ダマンスキー島）への対ソ限定攻撃を命じた．これは瞬く間に国境紛争へと拡大し，新疆方面にも緊張が広がり，両国関係は一触即発状態となった（Westad 2014, 357-361）．中国の安全保障にとりこれは危機的だった．66 年 1 月にソ蒙友好協力相互援助条約が調印されたことで，ソ連軍は北京からほど近い中蒙国境に進駐していた（李丹慧 2005, 18）．69 年夏には，ソ連は中国の核施設への大規模攻撃を検討していたとされる（Garver 1993, 68）．

1969 年 4 月，13 年ぶりに開かれた中国共産党全国代表大会（第 9 回党大会）では，軍事統制の下で社会秩序の回復が図られた．国防部長の林彪が正式に毛沢東の後継者に指名され，中央委員の 4 割が軍人から選出された．世界大戦は不可避という判断の下，70 年から 72 年の軍事工業への投資額は，全工業の基本建設投資総額の 16% 前後に拡大された（呉暁林 2002, 151-157）．ソ連の核攻撃に備えるため，全国各地で防空壕が掘られ，軍需品の生産と食糧の備蓄が進められた．

高まりすぎた緊張を緩和するため，中ソ両国は対話の機会を探った．1969 年 9 月のホー・チ・ミンの葬儀の際には，穏健派で知られるコスイギン首相が帰途に北京空港に立ち寄り，周恩来総理と会談した．双方は交渉で国境問題を解決することで合意し，危機の打開を図った．しかし中国の警戒心は極めて深かった．国境交渉の前夜，毛沢東はソ連の奇襲核攻撃に備え，林彪に「一号令」と呼ばれる命令を出させて全軍に戦争準備態勢をとらせ，中国共産党の主だった指導者と家族を全国各地に分散配置させた．

中国の対外政策も，国際的孤立からの脱却に向けて微妙な変化を見せた．1960 年代後半，中国は武装闘争を民族解放の唯一かつ絶対的な闘争形態とみなし，その重要性を世界に訴えたが，文化大革命が始まると実質的な関心を低下させていた．ところが 69 年，中国のメディアは再び武装闘争への支持を強調し，しかもより鮮明にソ連への対抗を打ち出すようになる．中国はアフリカや中東で，ソ連批判の態度を明確にした解放組織に積極的に軍事・経済援助を与え，過激な武装闘争を支援した（喜田 1992, 202-219；Behbehani 1985, 233-

90　第4章　反ソ国際統一戦線から「独立自主の対外政策」へ（1969〜1982年）

238）．アジアの共産主義勢力に対しては，民族解放闘争を戦うベトナムへの支援規模を拡張し，71年から73年には90億元に上る経済・軍事援助を行った（周弘 2013，199-210）．東南アジアでは，中国はかねて支援していた「タイ人民の声」のラジオ放送に続き，69年末には「マラヤ革命の声」の革命放送にも着手した（『人民日報』1969年12月5日）．文化大革命で往来が途絶えていた中朝関係も69年9月末日に北朝鮮に翌日の国慶節式典への招待状が届けられて劇的な修復が図られ，70年3月にカンボジアでクーデターが起きると，中国はソ連外遊中だったシアヌーク国家元首の亡命を受け入れた．東欧では対ソ独自路線を打ち出すルーマニアに接近し，71年6月にはニコラエ・チャウシェスク共産党書記長の訪中を実現させた．

　だがこれらの弱小革命勢力は，もはや中国の「主要敵」となったソ連への抑止力にはならなかった．そうした現実への認識こそが，中国を資本主義の超大国・アメリカとの関係改善に踏み切らせていく．

(2) ソ連に対抗するための対米連携

　1971年7月15日，アメリカのニクソン大統領が電撃的なテレビ演説を行った．大統領補佐官のキッシンジャーが中国を訪問して周恩来と会談したこと，自らも翌年5月までに訪中することを発表したのである．翌年2月に実現したニクソン訪中にあたり，両国は「上海コミュニケ」と呼ばれる共同声明を発表し，社会制度や対外政策の違いを超えて国家間関係を改善する意向を表明した．米中国交正常化が達成されるのは79年元旦となるが，71年以降，両国の指導者は頻繁に対話を行い，キッシンジャーが「暗黙の同盟関係」と称えるほど反ソ戦略上の連携を深めた．

　珍宝島事件後ほどなく，毛沢東はアメリカとの関係改善の可能性を探り始めていた．1969年6月，毛は文化大革命開始以降冷遇してきた陳毅外交部長，葉剣英，徐向前，聶栄臻の四元帥に国際情勢の検討を命じた．四元帥は毛の意向を察知しながら7月と9月に報告書を提出し，東西両陣営の対立の焦点は欧州と中東にあること，米ソ両国が単独でもしくは連合して対中侵略戦争を仕掛ける可能性は少ないこと，両国のうちソ連の脅威の方が中国にとってより深刻なことなどを指摘した（熊向暉 1999，173-176；楊奎松 1997，12；Westad 2014，

1. 対米接近のインパクト

367). 中国共産党は革命遂行のため過去に何度も統一戦線を形成しており, ソ連の脅威のほうがより大きければ, アメリカとの連携は戦術的な選択肢の一つとなった.

同じころアメリカでも, ニクソンがベトナム戦争からの「名誉ある撤退」を目指して中国との関係改善の道を探り始めていた. 1969年12月にはワルシャワでアメリカ大使が中国の代理公使に接触し, 翌70年1月の大使級会談で関係改善に肯定的な姿勢をみせた. 並行してパキスタンとルーマニア経由でも両国の極秘メッセージが交わされ, アメリカ政府は中国との往来や貿易に関する制限を少しずつ緩和した. 中国も同年の国慶節にアメリカ人のジャーナリスト, エドガー・スノーを招待してアメリカに秋波を送った. アメリカ政府がこのメッセージを読みきれないでいたところ, 翌71年春には, 名古屋で開かれていた世界卓球選手権の中国選手団のバスにアメリカ人選手が間違えて乗り込むアクシデントが発生した. 中国はすかさずアメリカ人選手一行を中国に招待し, ニクソンらに明快なサインを送った (陶文釗 1999, 513-531).

相手国の意向を確信した米中両国の最高指導部は, 直後からパキスタン・ルートを通じてキッシンジャー訪中の可能性を探った. 7月上旬, キッシンジャーは同国訪問中に腹痛を訴え, 大統領の山荘で休養すると公表しながら極秘のうちに北京入りし, 周恩来と会談を行った.

いったん接触が始まると, 両国の指導者間の意思疎通は比較的順調に進んだ. 1972年2月にニクソンと会見した毛沢東は, ニクソンが反共の保守派として知られてきたことを暗示しながら, 「私は右翼が好きです」と述べ, 左翼より右翼に実行力があると称えた (毛里・毛里 2001, 5). 他方でニクソンらも, 毛沢東や周恩来は高慢なソ連の指導者よりずっとユーモアと謙虚さに富み, 互いの国家安全保障のため協力していける相手だと高く評価した (ニクソン 1978, 327-352). 上海コミュニケをめぐる交渉の争点は, アメリカの台湾問題への関与であった. この中でアメリカ側は, 「台湾海峡の両側のすべての中国人が, 中国はただ一つであり, 台湾は中国の一部分であると主張していることを認識している」と言及し, 問題の平和的解決への期待を表明し, 台湾における米軍および軍事施設の段階的縮小を約束して交渉を妥結した. 二国間関係を規定する文書の発表により, 両国は世界に和解を印象づけ, 対ソ戦略を有利に進めら

92　第4章　反ソ国際統一戦線から「独立自主の対外政策」へ（1969〜1982年）

れるようになった．双方の首都には73年中に連絡事務所が開設され，実質的な大使館の役割を果たした．

　世界の世論はドラマチックな米中和解に沸いた．しかし，米中対立を世界政治の基本構造として対外政策を立案してきた関係政府は，足元を根底からすくわれた．中小国の政府は陣営内の大国に一様に疑いの目を向け，自立性を強めた．日本では米中和解を事前に察知できなかった佐藤栄作政権に批判が集まり，アメリカの国際的な後ろ盾を失った台湾では政府批判が民主化要求に転じた．東南アジアでも大国政治から距離をとって中立化を目指す動きがみられ，朝鮮半島では一時的に南北対話が進んだ．アメリカと生死をかけて戦っていたベトナムの共産主義者たちは，北京に強い不信感を抱いてモスクワに接近した．世界の革命運動において，中国の威信は急激に低下した．

　急激な米中和解に前後して，中国の国内政治も転機を迎えていた．キッシンジャーの初訪中から2ヵ月後の1971年9月には，林彪が「クーデター」を起こして失敗したとされ，ソ連への亡命途中にモンゴルで墜落死した．事件と対外政策との関連性は不明だが，これによってそれまで国内秩序を支えてきた軍部の基盤は弱体化した．実権は周恩来を中心とする国務院の実務派の手に移ったが，キッシンジャーと巧みに渡り合った周の国際的名声の高まりに憤慨した毛沢東は，四人組などの造反派とともに批林批孔運動を発動して周らを攻撃し（高文謙 2003，450-469），内政は再び流動化した．

　ここで1970年代中盤の米中関係に話を戻そう．対ソ政策は米中の共通の関心事だったが，相違点でもあった．アメリカはソ連とのデタント交渉を有利に進めるために中国に接近したのであり，中国と連携する意図は当初強くなかった．しかし毛沢東はソ連への牽制力が弱まることを警戒し，アメリカの指導者にソ連の危険性を強調し，デタント政策を放棄させようとした．主としてこの任務に当たったのは，周恩来に代わって外交責任者に起用された鄧小平であった．70年代半ば，ウォーターゲート事件でアメリカの内政が混乱し，米中国交正常化交渉が滞ると，アメリカは中国の不満を和らげるために中国との対ソ戦略上の連携を深めた．アメリカは自国や同盟国から中国への軍民両用技術の移転を認め，79年にイランで政変が起きると同国に設置されていた中央情報局（CIA）のソ連監視施設を中国西部に移し，そこで中国人スタッフを働かせ

ながらソ連の情報を中国に提供した（Mann 2000, 98; Lilley and Lilley 2004, 214–215）．かつて中国が中国領内におけるソ連の無線基地建設に激しく抵抗したことを想起すれば，ソ連の脅威を念頭に置いた中国の対米傾斜は顕著だった．米中両国はまるで同盟のような緊密な関係で結ばれ，それは80年代末まで続くのである．

（3）国連への参加

　米中接近はその直後から中国に外交的果実をもたらした．1971年10月25日，第26回国連総会において，台湾の中華民国政府に代わって大陸中国に，中国を代表して国連に加盟することが認められたのである．この提案はアルバニアをはじめアルジェリア，ルーマニアなど23ヵ国が発議したもので，賛成票を投じた76ヵ国の大半が発展途上国，およびソ連などの社会主義国であった．アメリカは台湾の国連での地位を懸念し，台湾の国連追放に3分の2の賛成票を要件とする逆重要事項指定決議案をこの総会に提示していた．しかし米中接近後にこうした案は説得力を持たず，アルバニア案の採決に先立ち否決された．この段階で台湾代表は自ら国連脱退を表明して議場を去り，アルバニア案に各国の票がなだれこんだ．「二つの中国」をめぐる闘争を行うまでもなく，中国は安全保障理事会の常任理事国として国連への加盟を実現した．

　国連加盟は，中国の対外関係のあり方に多大な影響を与えた．26日夜，毛沢東は中国の初代国連代表団となるメンバーを自宅に招き，英語まじりの冗談を飛ばしながら指示を与えた．それは中国の代表権獲得に賛成した国々を中心に，国際問題で中国の立場を支持するかどうかを基準として大多数との団結をはかれ，というものだった（熊向暉1999, 345–350）．建国以降，朝鮮戦争で国連軍と交戦し，主要な国際枠組みに参加を拒否されてきた中国は，イデオロギーに依拠して世界の「人民」（すなわち中国が認める民族解放勢力）との団結を訴え，ときに各国の反政府勢力をも支援してきた．しかし国連に迎え入れられると，中国は団結の重点対象をすぐに「国家」に切り替え，国連に参加する各国政府との関係強化を目指し始めた（益尾2010, 52）．

　中国の国連参加は，当初限定的なものだった．改革開放に着手するまで，中国は安保理や経済社会理事会といった主要機関以外はほとんど参加せず，国連

94　　第4章　反ソ国際統一戦線から「独立自主の対外政策」へ（1969〜1982年）

の場を利用した非公式交渉にも関心を示さなかった（青山 2007, 367-368, 374-377）．しかし国連加盟は，中国をめぐる国際環境を飛躍的に改善させた．文化大革命初期の外交的混乱が収束したこともあり，中国と外交関係を結ぶ国は急増した．1970年にはカナダやイタリアなど5ヵ国が中国と国交を樹立していたが，これに国連加盟の勢いが加わり，71年には新たに15ヵ国が，続く72年には18ヵ国（関係を大使級に格上げしたイギリス，オランダを含む）が，それぞれ中国との国交樹立に踏み切った．73年には周恩来批判で中国の内政が不安定化したため，この数は1ヵ国に落ち込むが，鄧小平が起用された74年には8ヵ国が，翌年には9ヵ国（加えて欧州共同体（EC））が，さらに中国を承認した．陣営を超えて世界各国と外交関係を結んだことで，中国は主権国家からなる国際社会の正門を叩けるようになった．そして中国は，これまで関係の薄かった一部の東欧諸国などとも国家間関係の改善を図る一方，中国の経済援助に依存するアルバニアや極端な民族解放組織とは急速に距離をとり始めたのだった（王泰平 1999, 223-238；耿飈 1998, 241-248）．

　中国は自国の国連加盟を応援してくれた発展途上国との共通性を強調し，南南協力を積極的に打ち出して各国からの経済協力の要請に応えようとした．ベトナム戦争の激化もあり，1970年代前半に中国の対外援助額は急拡大した．契約調印総額は71年に75億元に達し，実質ベースの支出額は73年に財政支出の7％超を記録した（青山 2007, 200-215）．75年10月に完成したタンザン鉄道は，中国の対アフリカ協力の象徴となった．

(4) 日中国交正常化

　1972年9月に実現した日中国交正常化は，米中和解という国際政治の枠組みの変化を受けて実現した．ただし日中という隣国同士の関係において，歴史上常に重要な紐帯として機能してきたのは経済だった．冷戦構造によって日中間の国交が阻まれていた間も，両国の経済・文化交流は，日本側の名もない多くの民間人と，人民レベルの関係構築を重視する中国共産党によって着実に積み上げられてきていた．強い人的結びつきがあったことで，日中国交正常化を経て両国の経済関係は急速に拡大し，中国は日本を通して自由主義経済システムへの参入に自信を深めていった．

1. 対米接近のインパクト

米中接近により，日本では中国との国交正常化を求める世論が勢いづいた．ただし中国が佐藤政権を反中的とみなし，佐藤首相もアメリカとの沖縄返還協定交渉に精力を注いでいたため，交渉の気運が盛り上がるのは佐藤の退任後となる．1972年7月，田中角栄が自民党総裁選挙に勝利し首相に就任すると，周恩来は田中と親しい公明党の竹入義勝委員長に訪中を要請した．周は北京で竹入に詳細な日中共同声明案を提示し，中国は日米安全保障条約に異議を唱えないこと，日本に戦後賠償を求めないことを伝達した．自民党内の親台湾派は中国との国交正常化になお慎重だったが，中国側のイニシアティブを受け，田中首相は自ら北京に乗り込む決断を下した．

関係正常化の早期達成のため，両国は国内批准を要する条約締結を避け，9月29日に共同声明を発表して国交を樹立した．わずか4日の交渉で主に議論されたのは，戦後処理問題と台湾問題であった．前者につき日本側は，中国との戦争状態は1952年の日華平和条約で法的に解決済みという立場を堅持した．たしかに共同声明の前文は，日本が戦争で「中国国民に重大な損害を与えたことについての責任を痛感し，深く反省する」と明記した．しかし具体的な戦後処理に関し，声明は日中間の（「戦争状態」ではなく）「不正常な状態」の終結を確認したのみで（第1項），中国に法的な戦争賠償の請求「権」が残っていることも認めなかった（第5項）．中国は日中関係の将来的発展に期待し，日本に戦争賠償を要求しないことを決断済みだったため，この玉虫色の案文に最終的に同意したが，日本の歴史認識に対する不満はのちのちまでくすぶり続けることになる．

中国側の譲歩は台湾問題でも顕著だった．日本側は「ポツダム宣言第8項に基づく立場を堅持する」と表明し，台湾と周辺諸島の中国への返還を確認したが，台湾が現状において「一つの中国」のもとにあるとまでは認めなかった．ただし日中国交正常化と同時に，日本は民間関係を残しつつ中華民国政府との正式な国交は断ち切った．中国はこれ以降，中国と国交を樹立しようとする第三国に対し，台湾政府との断交を条件とする「日本方式」を強く求めるようになる．

中国政府が多くの譲歩を行いながら日中国交正常化を急いだのは，次節で触れるように，対ソ戦略に加え国内の経済状況の改善という目的があったためだ

ろう．中国にとり，アメリカの同盟国で，高い技術力と経済力を有し，地理的にも近く，加えて世論が中国に同情的な日本に接近する意義は大きかった．国交樹立の直後から，中国は日本の経済界に中国での工業プラント建設などの商談を持ちかけた．日中共同声明に基づき，両国政府は 1973 年から 75 年にかけて貿易，航空，海運，漁業の 4 協定を締結し，実務関係発展の基礎を固めた．

2.「一条線」戦略と対外関係の再編

(1)「一条線」戦略の提起と理論化

中国は米中接近によって，発展途上国だけでなく，西側先進国を含む国際社会との結びつきを強めた．そこで毛沢東は，反ソ国際統一戦線の結成により，ソ連の脅威を封じ込めていくことが可能と考えた．毛が日本，中国，中東，西欧，アメリカなどほぼ同緯度にある国々の結束を唱えたため，この戦略は中国では「一条線」（一本の線）と呼ばれた．またこれは，「四三方案」と呼ばれる国内の経済政策（本節 (2) を参照）と対になって発展した．中ソ関係の悪化により，中国ではソ連の支援を受けて生産力を向上させることができなくなり，やむをえず選択した自力更生路線で国内経済は閉塞状態に陥っていた．中国が「一条線」戦略にのっとって西側諸国と関係を強化したことで，ソ連に対抗しながら経済を発展させる道が拓けたのである．

世界各国との結びつきに自信を深めた毛沢東は，1973 年ごろには反ソ国際統一戦線の結成を表明し始めた．2 月，毛は訪中したキッシンジャーに，「目的が同じでありさえすれば，……ならず者［ソ連］に共同で対処するため，私たちはともにやっていくことができます」「私たちはアメリカ，日本，パキスタン，イラン，トルコ，欧州とともに一本の横線を形成すべきです」と述べている（Burr 1999, 88–89, 94; 王泰平 1999, 7）．四元帥の報告にみられたように，当時中国は，ソ連は表向き中国を批判の的にしつつも，実際の戦略では欧州を狙って勢力圏の拡張を目指していると判断していた．具体的には中国はソ連が，第三次中東戦争でイスラエルに完敗したアラブ諸国の苦境を利用し，それらの国々に接近してアフリカに至る南進ルートを構築し，欧州の背後を固めようとしていると分析していた．これを阻止するため，中国は「一条線」戦略の初期

2. 「一条線」戦略と対外関係の再編　　97

には中東，特にソ連の南進の鍵となるイランとの関係強化に力を注いだ．パキスタンの仲介により，中国は71年8月にイランと国交を樹立し，パフラビー朝王家との関係を急速に深めた（王泰平 1999，159-161；Garver 2006, 48-56）．そして73年10月には，エジプトとシリアによるイスラエル奇襲攻撃（第四次中東戦争）に理解を示し，産油国が石油資源を国際的な闘争手段として活用する戦略を支持した（王泰平 1999，140-143）．

　ソ連の世界的拡張を憂慮する毛沢東にとり，米ソ両国が1972年5月に第一次戦略兵器制限交渉をまとめ，引き続き第二次交渉に入ってデタントを続けたことは，アメリカの妥協の産物であった．毛は対米交渉を担う周恩来を攻撃し，世界に反ソ国際統一戦線の形成を訴える人材として，かつて中ソ論争を戦った鄧小平に白羽の矢を立てた．文化大革命で批判され江西省に送られていた鄧は，73年2月に北京に呼び戻され，年末に解放軍の総参謀長に任命された．毛は「一条線」戦略の理論的根拠として「三つの世界論」を考案し，その国際社会へのアピールの場として第6回国連特別総会を選び，翌74年4月，鄧を中国代表として派遣した．

　「三つの世界論」は，毛沢東の1964年の「二つの中間地帯論」の発展型だった．74年2月，ザンビアの大統領と会見した毛は，米ソを第一世界，西側先進国を第二世界，発展途上国を第三世界とする新しい見方を提示していた．鄧小平は国連特別総会でこの「三つの世界論」を紹介し，そのうち第二世界と第三世界が協力を強化すべきと訴えた．さらに発展途上国の資源ナショナリズムの高まりに歩調を合わせ，その経済的独立の重要性を強調し，各国が「経済技術交流を行い，長所を取り短所を補いながら」民族経済の発展に励む必要があると主張した．中国がソ連を批判のターゲットにしていたのは明白だったが，第一世界の中の区分は論じられなかった（益尾 2010，54-57）．

　こうして中国は，ソ連との対抗に役立つかどうかを基準に，対外関係の再編に臨んでいった．鄧はニューヨークからそのままフランス訪問に出発し，西欧と中国との団結を訴えた．これは中国の高位指導者による西側先進国への初訪問で，中国にとって歴史的な一幕となった．

　帰国した鄧小平は，毛沢東の強い意向の下，「一条線」の形成に尽力していく．アメリカの連絡事務所のジョージ・H. W. ブッシュ所長とは頻繁に行き来

98　　第4章　反ソ国際統一戦線から「独立自主の対外政策」へ（1969～1982年）

し，ソ連への警戒の必要性を説いた．中ソ論争の際，中国を支持するアルバニアとソ連を支持するユーゴスラビアの間では代理論争が発生した．そのため中国はユーゴスラビアとの関係を悪化させていたが，このころには同国がソ連の「制限主権論」に反対したことを評価して接近し，1975年10月にゼマル・ビエディッチ首相の訪中が実現した．対照的に，その隣国で中国に最も忠実だったアルバニアとは距離を置いた．74年から75年にかけ，鄧は西欧，日本，アジア，アフリカ諸国などの指導者や代表団と頻繁に会談し，癌で闘病していた周恩来から幅広い交友関係を受け継いだ（益尾2010, 59, 62–65）．

　その間，中国とベトナムとの関係は悪化の一途にあった．ベトナム戦争の終盤，ジャングルから出て都市への攻撃を本格化したベトナムの解放勢力は，戦車や火砲など大型兵器の提供に積極的なソ連への依存を高めた．1975年4月，サイゴンが陥落し南北ベトナムの統一が実現すると，中国は中ソ間で中立を保ちながら双方の援助を得ようとするベトナムを批判し，同国と関係を悪化させていたカンボジアのポル・ポト政権に肩入れを強めた（益尾2010, 65–67）．

　ソ連に対抗する「一条線」の形成で成果が挙がると，毛沢東は1975年1月に鄧小平を第一副総理に抜擢し，「整頓」とよばれる国内改革に着手させた．同年夏には鄧の改革が文化や文芸など文化大革命の核心分野に広がったため，毛は鄧への批判に転じたが，対外関係だけは翌年初めまで担当を続けさせた．だが，76年1月の周恩来の死去後，4月に第一次天安門事件が発生し，その黒幕とされた鄧はすべての職務から正式に解任され，華国鋒が総理に指名された．9月に毛が死去すると，華は対立勢力の四人組を逮捕し，中国共産党を率いることになる．

(2) 改革開放への胎動

　1970年代の中国と世界との関係においては，日本や西欧などとの経済交流の急激な拡大が目覚ましかった．対米関係の重点が政治協力だったとすれば，これら「第二世界」との関係では経済交流に大きな比重が置かれた．中国は70年代半ばまでに，アメリカ以外の西側先進国との国交樹立をほぼ完了していた．西側諸国の対中貿易制限が緩和されたことで，中国がこれらの国々から先進的なプラント設備を導入し，生産力の底上げを図る道が拓けた．

2. 「一条線」戦略と対外関係の再編　　99

　10 年の政治動乱といわれた文化大革命では，大躍進の時のような大飢饉は起きなかった．周恩来の周辺に残った少数の実務派指導者や官僚たちが，国民経済の維持のため奮闘を続けていたとみられる．彼らは新しい国際環境，そして 1959 年の大慶油田の発見で利用可能となった石油を活用し，国民の衣食・日用品不足を解消しようとした．国内メディアがなお「自力更生」を宣伝していた 72 年から 76 年の間に，中国は鉄鋼や石油化学の分野で，日本や西ドイツなどの西側企業と 26 件の大規模技術導入契約を調印した．その総額が 43 億米ドルとなったため，一連の計画は「四三方案」と呼ばれ，50 年代のソ連からの導入に続く二度目の大規模技術導入と位置付けられた．計画が策定された 72 年において，全国の総投資額 412 億元に対して四三方案の投資額は人民元換算で 214 億元に上り，中国にとって極めて重たい決断となった（陳錦華 2007，14-27）．

　だが四三方案は，中国の経済発展の基礎力の強化に貢献するだけでなく，それ以上の成果をもたらした．それまで中国は，日米やソ連の攻撃に備え，「三線建設」の名の下にあえて輸送コストの大きい内陸部に工業基盤を構築していた．ところがのちの国務院副総理・谷牧は，林彪事件後に周恩来から，3 年以内に沿海部で港湾の大規模整備を実現せよと指示を受けている（谷牧 2009，248-251）．米中接近で沿海部の安全保障環境が改善したため，経済効率に基づいた産業配置が可能になったのである．また四三方案の実施過程で，「資本家」への拒否感も溶けていった．武漢製鉄所に近代生産設備を導入するプロジェクトは，たびたび文化大革命派の介入を受けたが，日本と西ドイツの企業の協力で粛々と作業が進んだ．中でも中国は圧延機建設を担当した新日鉄を高く評価し，同社には 1978 年 12 月に上海郊外の宝山製鉄所の建設を一括発注することになる．73 年 10 月にオイル・ショックが起きると，中国から石油・石炭を輸出し，日本から設備や資材を輸出する長期経済構想への期待が日中双方で高まった．75 年 1 月に開かれた第 4 期全国人民代表大会（全人代）第 1 回会議では，周恩来総理が生涯最後の政府工作報告を行い，「四つの現代化」（農業・工業・国防・科学技術の現代化）の実施を再提起した．6 月の第 4 回全国援外工作会議（全国対外援助工作会議）では対外援助の新規計画の調印が凍結され，対外援助の規模が大幅に縮小された（《当代中国》叢書編輯部 1989，62）．

100　第4章　反ソ国際統一戦線から「独立自主の対外政策」へ（1969〜1982年）

西側から先進技術を導入することで，国民生活が向上し，それが西側との政治的関係を強化し，安全保障上も有益だったことは，資本主義国との協力に対する中国の自信を深めた．周恩来と毛沢東の死去後の1978年，中国は四三方案の延長線上に，西側からの技術導入の大幅拡大を決意し（第三次プラント導入），本格的な対外開放に向けた第一歩を踏み出していく（第3節（1）を参照）．

(3) 海洋権益への目覚め

今日的な観点で振り返れば，1970年代は中国の海洋権益への目覚めの時期にあたる．世界ではその少し前から，広大な公海を強大な資本・技術・軍事力で自由に利用・開発してきた海洋先進国に対し，海洋の管轄と利用の国際的再配分を求める発展途上国が異議申し立てを始めていた（山本 1992, 36-41）．このうねりは，領海の幅を3海里から12海里に広げ，沿岸国に200海里の排他的経済水域（EEZ）の設定を認める国連海洋法条約（UNCLOS）の制定に結実していく（1982年）．中国は建国以来，周辺海域における米海軍のプレゼンスに悩み，また高度な漁獲技術を用いた日本の中国沿海（渤海・黄海を含む）への「漁業侵略」に反感を抱いてきた．発展途上国の意見に賛同した中国は，いわば海の南北問題の視点から，自国の海洋権益を意識することになった．

中国が国連の場で初めて国際的な合意形成に関わったのも，実はこのUNCLOS関連の会議であった．1971年11月以降，中国は総会や安保理の活動に参加し始めたが，翌72年2月には海底平和利用委員会という実務会議に初出席した．これは新海洋法の法典化作業の準備機能を担い，翌年からの第三次国連海洋法会議の地ならしをするものだった．一連の会議の場で，中国代表はソ連批判を主軸としつつも，「公海の自由」を掲げて海上での優位を維持しようとする先進国に反対を唱えた．そして領海や管轄海域の拡大を唱えていたラテンアメリカなどの発展途上国に，資源確保や安全保障の観点から支持を表明した．中国代表はさらにEEZにおける他国の軍事活動にも反対したが，この要求は最終合意には盛り込まれなかった（毛利 近刊）．

UNCLOSの下でより大きな海洋権益を確保しようとすれば，領海やEEZの起算の根拠となる基線（一般的には海岸の低潮線），およびそれを外に広げてくれる島の領有が重要になってくる．世界の人々と同様，中国人も古くから

2. 「一条線」戦略と対外関係の再編　　101

海での経済活動は行っていたが，清朝以前の中国の王朝は陸地の支配に関心を持つ帝国で，多くの藩属国を従え，近代主権国家体制の下で規定されるような明確な領域の概念を持たなかった．島嶼に関する中華人民共和国の領有権主張は，基本的にその前身の中華民国の主張に沿う．近代東アジアで最初に領域の概念を受容した日本は，南方方面では 1870 年代にかけて琉球王国を併合して沖縄県を設置し，85 年には大東諸島の，95 年には尖閣諸島の先占を行い，台湾を清国（中国）から割譲して，さらに南シナ海にも関心を向けた．日本の進出の動きは中国側を強く刺激した．日清間では 1909 年 3 月にはプラタス（東沙）諸島の領有をめぐる紛争が起き，これについては清国側の主張が認められている．その後継の中華民国も，日本の進出を意識しつつ 21 年にはパラセル（西沙）諸島を海南島の管轄下に組み込んだ．当時インドシナを支配していたフランスも，満州事変後は日本への警戒を強め，31 年 12 月にパラセル諸島の領有を主張し，中華民国と対立した．フランスは 33 年 4 月にはスプラトリー（南沙）諸島（もしくは新南群島）の先占を行い，その前から開拓を始めていた日本との間で領有権紛争になった（浦野 1997, 147–390）．

　1945 年，日本は敗戦によって南シナ海から撤退し，台湾および南シナ海の島々を放棄した．中華民国はほどなく南シナ海の測量探検を行い，47 年に公刊した地図では南シナ海のほぼ全域を U 字型に囲む 11 本の破線を引き，その内側の領有を主張した．49 年に成立した中華人民共和国はこれを受け継ぎ，サンフランシスコ平和条約の英米草案に対する 51 年の中国外相声明，および 58 年の領海声明において，U 字線内のパラセル諸島，スプラトリー諸島，スカボロー礁を中国領と主張した（なお北京政府は，その後北ベトナム政府との話し合いにより，11 段破線からトンキン湾付近の 2 本を外した 9 段破線（九段線）を採用した）（巻末の付図 2 を参照）．

　ただしこの 1951 年，58 年の声明に，中国が今日，領有を主張する「釣魚島」すなわち尖閣諸島の名前はない．中国外交部が 50 年に対日講和について検討した内部文書には，（「釣魚島」ではなく）「尖閣諸島」を台湾の範疇に含めるべきかどうか検討した形跡はあるが（大澤 2012, 33），中国政府はアメリカが尖閣諸島を琉球政府の領域として施政権下に置いたことに抗議しなかった．53 年 1 月 8 日には『人民日報』が，「尖閣諸島」を「琉球群島」の一部として

102 第4章 反ソ国際統一戦線から「独立自主の対外政策」へ（1969〜1982年）

紹介する記事を掲載している．だが68年末に国連のアジア極東経済委員会（ECAFE, 74年にアジア太平洋経済社会委員会（ESCAP）と改称）が尖閣諸島周辺の海底油田の存在を指摘し，70年夏に台湾政府が「釣魚台」すなわち尖閣諸島の領有を主張し始めると，北京の態度は急変した．年末には『人民日報』が突然，中朝連帯の形で日台韓の東シナ海共同開発案に反対を表明し，「釣魚島」は中国領と記述した．71年12月30日には外交部が声明を発表し，「釣魚島」の領有を正式に主張した．沖縄の日本返還まで半年を切っていた．

　こうして中国は南シナ海と東シナ海の島嶼にともに領有権を主張したが，実効支配の足がかりはほとんど持たなかった．双方に対する中国の姿勢は，その主張の歴史的な長さ，そして相手国とのパワー・バランスなどによって対照的となった．1970年代初期において，南シナ海ではプラタス諸島およびスプラトリー諸島最大のイツ・アバ島（太平島）が台湾軍に占拠されていたほか，パラセル諸島の多くの島は南ベトナム政権の実効支配下に置かれていた．中国は74年1月，南ベトナムが米軍の支援を失って勢いを喪失し，北ベトナムがあと一歩で統一の悲願を達成するというタイミングで，パラセル諸島を武力奪取する挙に出た．中国はさらに88年，統一ベトナムの後ろ盾となっていたソ連の衰退を横目に，同国からスプラトリー6島礁を奪いとった．このとき，ハノイの国際的孤立という中国にとってのチャンスを迎えながら，海軍力不足で全体制圧を断念した経験は，その後の中国海軍の拡張を後押しすることになった．

　対照的に中国の尖閣諸島への関与は，自らの主張の歴史が浅いこともあり自制的だった．中国は1971年の外交部声明以降，しばらくメディアでその領有を強く主張したが，日中国交正常化を控えた翌年初夏には関連記事の掲載をほぼ停止した．72年の国交交渉で，周恩来は石油の発見を契機にこの問題が発生したことを認め，具体的な議論を避けた．その後も中国の低姿勢は続くが，78年8月の日中平和友好条約締結に際しては，交渉本格化直後の4月，尖閣諸島周辺に突然100隻以上の中国漁船が押し寄せ，うち40隻以上が領海に進入する事件が発生した．これによって自民党保守派の意見が硬化したため，条約締結を目指す中国外交筋は「偶発事件」の釈明に追われた．8月10日に北京で行われた条約の最終交渉では，日本側参加者の回顧録によれば，園田直外相が「先般のような事件を二度と起こさないでほしい」と述べ，鄧小平が「中

国政府としてはこの問題で日中間に問題を起こすことはない」と応じた（園田 1981，183-184；田島 2013，77）．中国がこうした低姿勢から転換するのは，92 年に領海及び接続水域法（領海法）を制定し，国内法で尖閣諸島を中国領と明記してからである．

3. 改革開放に向けて

(1)「一条線」戦略に基づく対外開放と中越戦争

中国の公式見解によれば，中国に経済的繁栄をもたらした「改革開放」の起点は 1978 年 12 月の共産党第 11 期中央委員会第 3 回全体会議（11 期 3 中全会）とされる．だが当時「改革開放」という用語はまだなく，『人民日報』上の初出は 84 年 5 月である．78 年の 11 期 3 中全会コミュニケが定めたのは，今後「対外開放」を大胆に進め，経済建設に注力するという方針であった．79 年以降，その実現には国内改革が不可欠という認識が深まり，双方を合わせて「改革開放」と呼ぶようになった．つまり改革開放は対外開放から始まったのであり，78 年時点でそれは特に西側先進国への開放を意味した．

対外開放の立ち上げにいたる国内政治は，決して平坦ではなかったが，文化大革命期ほどの熾烈な党内闘争はなかった．四人組を排除した後，残った指導者たちは，毛沢東の革命闘争の継続をめぐって意見が分かれたが，経済建設重視では一致していた．華国鋒も，その後ろ盾となった李先念や葉剣英も，そして 1977 年夏に生涯三度目の政治復活を遂げた鄧小平も，政治闘争で突然地位を浮上させた文化大革命派ではなく，党内実務に長く従事してきた指導者であった．彼らにとって，文化大革命で疲弊した国家を立て直し，「四つの現代化」を推進していくことは急務であった．そのためには，四三方案を拡張して西側から第三次プラント導入を図るのが最も現実的とみなされていた．

第三次プラント導入の予定規模は，1978 年中に 65 億ドルから 180 億ドル（3 月），800 億ドル（9 月）へと急拡大した．四三方案の 18.6 倍である．そのためこの導入計画は，のちに党内で西側頼みの大躍進，すなわち「洋躍進」と批判され，華国鋒はその推進者として 81 年に党主席辞任に追い込まれる．ただし実際には，計画膨張の過程は鄧小平の党内指導権の掌握過程と完全に重な

104 第 4 章 反ソ国際統一戦線から「独立自主の対外政策」へ（1969〜1982 年）

っている．毛沢東の「一条線」戦略に基づく鄧の外交的成功が，華を含めた中
国指導部に対外経済協力への自信をもたらし，その性急な拡大を肯定させたの
だった．

　毛沢東への個人崇拝が強かったこのころ，毛に直接批判された人物の復活は
容易ではない．しかし当時の高位指導者の間で，鄧小平に優る対外経験を持つ
者はいなかった．国内問題と異なり，対外関係は建国以来，ほぼ毛の独壇場で，
それを実務的に支えてきたのが周と鄧であり，毛も鄧の外交手腕を最後まで高
く評価していた．中国指導部が対外開放で「四つの現代化」を行おうとすれば，
鄧の復活は必要不可欠であった．

　1977 年 7 月に党の日常業務への復帰を認められた鄧小平は，当初は華国鋒
らの期待に反し，科学技術や教育の分野で改革を推進した．この 8 月からはユ
ーゴスラビア大統領（共産主義者同盟議長）のチトーの訪中が実現し，中国は
社会主義の枠内で限定的経済改革を進める同国に学ぼうとした．しかし華国鋒
政権が翌年 2〜3 月の第 5 期全人代第 1 回会議で，原油輸出による外貨獲得と
西側（特に日本）からのプラント導入を前提とする「国民経済発展十ヵ年計
画」を採択すると，中国はより明確に西側の協力の下での経済建設を目指す方
向に舵を切った．3 月，鄧は正式に対外関係の責任者となり，「一条線」戦略
を積極的に推進し西側との関係強化を図った．

　1978 年中，鄧小平は対外関係に並々ならぬ精力を傾けた．1 月から翌年 2 月
までの 14 ヵ月間に，彼はビルマ，ネパール，北朝鮮，日本，マレーシア，タ
イ，シンガポール，アメリカを訪問した．対日関係では日中平和友好条約交渉
の指揮を執り，反ソを意味する反覇権条項を条約に盛り込むことに成功した．
10 月には日本で宝山製鉄所のモデルとなる新日鉄の君津製鉄所など 3 工場を
視察し，新幹線に乗車し，日本の政財界から中国の経済建設への協力を取り付
けた．その後は中央工作会議と 11 期 3 中全会で党内の指導権を奪回しながら
米中国交正常化交渉を進め，翌 79 年元旦にこれを実現すると，1 月末からア
メリカを訪問してアメリカ航空宇宙局（NASA）やボーイング社を訪れた
（帰途に日本を再訪問）．鄧小平は日米メディアを歯切れのよい物言いで沸かせ，
『タイム』誌は鄧を 78 年の「マン・オブ・ザ・イヤー」に選出した．西側諸国
では中国ビジネスブームに火がついた．

3. 改革開放に向けて

鄧小平は他の指導者や幹部にもしきりに外遊を勧め，大型経済視察団を諸外国に送り出し，プラント導入規模の拡大を党内に働きかけた．1978 年に派遣された谷牧視察団（西欧 5 ヵ国，5 月），李一泯視察団（ユーゴスラビア，3 月），林乎加視察団（日本，3〜4 月），段雲視察団（香港，4 月）などのメンバーたちは，技術革新と相互依存の進む世界経済の状況を知って衝撃を受けながらも，経済発展に向けた各国の創意工夫と中国への協力姿勢に希望を見出し，「四つの現代化」への意欲を高めた．11 月から 12 月にかけて開催された中央工作会議では，経済専門家の陳雲が，西側からのプラント導入規模に関する党内の検討は不十分だったと批判し指導部に復帰した．そのため翌年以降，中国の経済政策は再調整期に入るが，視察団が海外で聞き取った各地の経済振興策に関する知恵は，中国がより低コストで効果的な外資導入策を模索する中，すぐに政策に活かされていった（益尾 2010, 89–101）．中国は豊富な労働力を活用して経済建設を図る路線を打ち出し，先行していた東アジアの経済発展の潮流に積極的に飛び込んでいった．

ただし，対ソ強硬派であることが鄧小平の政治的資源である以上，彼の権力掌握の過程でソ連やベトナムとの関係は悪化した．ベトナム戦争が解放勢力の勝利に終わると，中国は統一ベトナムがソ連の手先となってインドシナで覇権主義を推進していると見て，ベトナムへの批判を強めた．1977 年秋以降，中越関係は在越華人や国境の問題で急激に悪化し，中国はベトナム牽制のためカンボジアのポル・ポト政権との関係をいよいよ強化した．78 年 3 月には，鄧はソ連からの国家間関係改善の要望を一蹴している（中共中央文献研究室 2004, 上，275）．5 月末にはソ連の軍艦がベトナムに駐留を始め，ベトナム領内に中国を標的とするミサイル基地が建設された．夏，中国は戦闘機や戦車をベトナムとの国境地帯に移動させ，カンボジアへの無償軍事援助の規模を拡大して，インドシナ問題では同国を支持することを公表した．11 月にソ越友好協力条約が締結されると，鄧は直後に東南アジアを訪問し，ベトナムの勢力拡張への警戒を呼びかけた．

12 月初め，ベトナムでは，ポル・ポト派の粛清を逃れた亡命カンボジア人らによってカンボジア救国民族統一戦線が結成された．12 月 25 日，ベトナム軍は彼らとともにカンボジアへの本格的な軍事侵攻を開始し，年明けにはプノ

106 第4章 反ソ国際統一戦線から「独立自主の対外政策」へ（1969〜1982年）

ンペンを攻略した．中国は専用機を派遣してシアヌークを救出し，ポル・ポト派との統一戦線を結成させた．1979年1月末から訪米した鄧小平は，ジミー・カーター大統領に，「もし平和と安定に有利な世界を作り出したいなら，国際情勢にまじめに向き合うべきだ」と主張し，中国軍がベトナムに攻撃を仕掛けて「教訓」を与える計画を説明し，帰途に立ち寄った日本でも大平正芳新首相に同様の説明をした．2月17日には人民解放軍が，ベトナムの中国侵犯を理由に広西と雲南の二方向から同国に攻め入り，ひと月足らずの短期交戦を行った（益尾2010，108-114）．

当時，中国は経済や科学技術では他国に積極的に学ぶ意欲を示したが，その政治的世界観はなお旧式で硬直的だった．主要敵への妥協を許さない姿勢は，中国にそれ以外の勢力との主観的「団結」を求めさせたが，翻って主要敵側との対立は悪化の一途をたどった．中越戦争は史上唯一，社会主義国どうしが戦った戦争として記憶される．中国はポル・ポト派にゲリラ戦による徹底抗戦を命じ，カンボジアは10年間の内戦に突入した．ただしこうした中でも，中越戦争をきっかけに多数の外交課題が認識されるようになり，また対外開放路線が確立したことで，中国は対外政策の本格的な見直しに着手することになる．

(2) 対外政策の脱イデオロギー化と「一条線」戦略の放棄

中越戦争は中国に，国際共産主義運動の崩壊という現実を突きつけた．中国はその後数年をかけ，対外政策の見直しを進める．その第一段階は1981年ごろまでで，中国は国際関係の主体は国家であると再認識し，イデオロギーに基づく対外政策を明確に否定し，「一条線」の追求を断念した．第二段階は82年9月の「独立自主の対外政策」の提起までで，主要敵を設定し，それとの対決を進めるために第三国との関係を決定する対外政策を批判し，ソ連を含めたすべての国との良好な国家間関係の構築を目指した．

中国は対越攻撃でベトナムのカンボジアからの撤兵を期待したが，そうはならなかった．ベトナム戦争を戦い抜いた同国軍の練度は高く，その二流部隊との戦闘ではむしろ中国が痛手を負った（これは長期的には，中国が1980年代に軍隊の精鋭化を進めるきっかけになる）．中国はカンボジアにポル・ポト派のゲリラ勢力を維持するため，その隣国のタイに目を向けた．そしてタイを通

3. 改革開放に向けて

してポル・ポト派への物資供給を実現し、また他の東南アジア諸国連合（ASEAN）諸国にもカンボジア問題での働きかけを強めようとした（MFAPRK 1984, 110–116; Chanda 1986, 348–349）。

ただし、中国と東南アジア諸国との本格的な関係改善には乗り越えるべき壁があった。1978 年 11 月、シンガポールのリー・クアンユー首相は来訪した鄧小平に、東南アジア各国で反政府活動を展開する共産主義政党への支援を停止し、内政干渉をやめるよう要求していた。東南アジア諸国との関係改善の必要性を意識した中国は、79 年初夏以降、中国から各国に向け放送していた革命ラジオを停止し、各国の共産主義政党に自力更正を求めた（益尾 2010, 126–127）。それまで中国はプロレタリア国際主義を掲げ、マルクス・レーニン主義のイデオロギーに基づいて「三つの世界論」を提唱し、それに依拠して「一条線」戦略を推進してきた。だがソ連を諸悪の根源とみる「一条線」戦略の展開の果てに、中国は国際共産主義運動を断念することになった。

「一条線」戦略の矛盾は、さまざまな領域で目立ち始めていた。ベトナムに一方的に侵攻した中国に、国際社会は冷淡だった。それどころか、米中国交正常化で台湾との外交関係と同盟関係を失ったアメリカでは、下院を中心に中国の台湾への武力侵攻を懸念する声が高まった。議会は台湾が自衛力を維持できるよう、アメリカの台湾への武器供与継続を国内法で合法化することを求め、1979 年 4 月に台湾関係法を制定した。米中国交正常化を国家統一の契機にしたい中国は、台湾の現状を尊重した平和統一案を打ち出す必要に迫られ、香港返還交渉を契機として 82 年には正式に「一国二制度」を提唱する（第 5 章を参照）。

ソ連に対抗するために対外政策の全体を定める画一的な手法も問題視された。ソ連の中東への勢力拡大を牽制するため、中国は 1978 年 8 月に反政府運動が盛り上がりをみせるイランに華国鋒を訪問させた。翌年 1 月に国王が亡命し、2 月にルホッラー・ホメイニが帰国してイラン革命が成功すると、イランの地政学的重要性は変わらないにもかかわらず、中国は新政権とスムーズに関係を構築することができなかった。また、李先念が 1 月にアフリカ 4 ヵ国とパキスタンを訪問すると、ソ連との表面的な関係でアフリカの各種勢力への態度を決める中国のやり方は現地の実情を無視していると、各国の指導者たちから批判

108　第4章　反ソ国際統一戦線から「独立自主の対外政策」へ（1969〜1982年）

を受けた（益尾 2010, 130）.

　各国との具体的なやり取りを踏まえ，中国共産党は，階級イデオロギーに基づく対外認識を否定し，国家を単位に国際関係を捉えていくべきと考えるようになった．このころ外交部ソ連東欧司に勤務していた戴秉国（のちに国務委員）は回想録で，対外認識の見直しの端緒を 1979 年 6〜7 月の第 5 回駐外使節会議に求める．会議では鄧小平の右腕として知られた胡耀邦が，「ソ連修正主義」を「世界戦争の重要な策源地」とみなす毛沢東流の対外認識につき問題提起し，これに呼応して社会科学院副院長（元駐英代理公使）の宦郷や中国共産党中央対外連絡部（中連部）常務副部長の李一氓らが意見を展開した，という（戴秉国 2016, 38）.

　おそらくは指導部の指示を受け，中連部では李一氓が責任者となり，国際共産主義運動の経験を総括し，対外認識を見直す作業が進められた．彼が 10 月に中央党校や軍事学院で行った報告は，中国の新たな認識をよく示している．李は，中ソ論争はイデオロギーを超越して主権・ナショナリズム論争になり，国際共産主義運動はすでに真の意義を失ったと明言した．そして，国際関係においてはイデオロギーよりもナショナリズムが大きな作用を果たしていると指摘し，党と党の関係，国家と国家の関係の両方を重視すれば二重外交の矛盾が避けられないため，この問題を解決しなければならない，と述べた．中国はこのときまでに，国際関係の主な主体は党や人民ではなく国家であるべきだと再認識していた（益尾 2010, 131-132）.

　1980 年以降，中国は東南アジアだけでなく，世界の共産主義政党との関係整理に着手した．この中で，国際主義を建前とする共産主義政党間の関係においても，平和共存五原則を援用して相互不干渉原則を適用していくことが明確化された．逆に党と党の関係にはイデオロギーや思想の親和性を求める必要がなくなったため，中連部は交流対象を共産主義政党以外の各国の政党に広げ，そうした交流を国家間関係の補強ツールとして活用し始めた（益尾 2010, 132-135）.

　新たな対外認識は，ソ連への対抗を基準に対外政策の布陣を決めるやり方にも疑問を投げかけた．たしかに，1979 年 12 月にはソ連がアフガニスタンに侵攻し，その世界拡張はいよいよ本格化しているようにみえた．ただ他方で，中

国の対外貿易総額は 77 年の 273 億元から 79 年の 455 億元，さらに 2 年後には 735 億元と急拡大しており，79 年からは対外援助の受け入れや外資導入も始まっていた．複雑化する対外関係の中で，中国が諸外国に自国と足並みを揃えるよう求めるのは不可能だった．宦郷は，西欧の企業家にとっては中国よりソ連との経済関係の方が重要で，中国の「一条線」強化のため彼らにソ連と距離をとれと求めるのは非現実的と指摘し，指導部から肯定的な評価を受けた．経済調整が進む中，78 年に対外開放への熱気の高まりの中で慌ただしく締結された 22 件のプラントの導入コストの大きさも問題視された．「一条線」強化を重視するあまり，中国は日本や西欧の商売人にしてやられたのではという批判が高まったのである．

　1980 年 11 月からの「建国以来の党の若干の歴史問題に関する決議」の起草過程では，陳雲の提案で，50 年代の中国の経済建設に対するソ連の貢献が改めて肯定された．これらの反省を受け，党内では 81 年 4 月までに，「ソ連基準の線引き」によって友敵を決める対外政策が否定された．ただしこの時点で，ソ連は中国の安全保障に脅威を与えているという認識はなお続いており，そうした脅威への対処はなお課題であった（益尾 2010，135-154）．

(3) 米ソとの関係調整と「独立自主の対外政策」の提起

　「一条線」戦略を続けていくなら，1981 年に発足し，ソ連との対決姿勢を強く打ち出していたアメリカのロナルド・レーガン政権は，中国にとって理想のパートナーとなるはずであった．しかし大統領選挙戦中から，レーガンは中国の「内政」に挑戦する姿勢をみせた．彼は中華民国政権との国交回復を掲げ，台湾への武器供与の拡大を打ち出していたのである．

　1980 年代に入り，中国はマルクス・レーニン主義に代わる国際関係の分析枠組みを探求し，特に西側の勢力均衡論に関心を示していた．毛沢東の革命闘争は実質的に大国間の力関係を重視しており，それとの親和性が高かったためであろう．中国はすでに「一条線」を断念していたが，ソ連の拡張性にはまだ強い懸念を持っており，その牽制のため米中連携の継続を欲した．しかし，国際関係における国家の重要性を再認識した中国は，アメリカの「内政干渉」にも強い反発を示すようになった．81 年夏から 82 年夏にかけ，中国はアメリカ

110　第4章　反ソ国際統一戦線から「独立自主の対外政策」へ（1969～1982年）

に台湾への武器供与停止に関する共同声明を発表するよう求め，その交渉の中で両国は激しくぶつかり合った．アメリカはこれまで通り中国に，対ソ戦略における米中協力の重要性を強調し，その譲歩を求めた．中国はアメリカに自国の「主権」を十分に尊重させることができず，アメリカの武器供与は量を減らしながらも続くことになった（第二上海コミュニケ）．

　アメリカとの長い論争を踏まえ，中国はソ連の脅威を誇張する外交政策は必要以上に自国の重荷になっているとはっきり認識した．中国はアメリカと距離を置くことを決断し，他方でソ連との対立を緩和するためモスクワに歩み寄った．1982年3月，ソ連のブレジネフ書記長がタシケント（ウズベキスタン，当時ソ連領）で中国に関係改善交渉を提案すると，中国はすぐに交渉に応じることを発表した．同時に中国は，9月の共産党第12回党大会に向けて新しい対外政策を公表する準備に入った．

　9月1日からの党大会の開幕の辞で，鄧小平は対外政策について次のように述べた．「独立自主と自力更正は，過去も現在も未来も，ずっとわれわれの立脚点だ．中国人民は他の国や人民との友情と協力を大切にするが，自らが長い間奮闘して確立した自主独立の権利をもっと大切にする．どのような外国も，中国が自分たちの属国になったり，中国が自国の利益を損なう苦しみに甘んじたりすることに期待すべきではない」．中国は国際共産主義運動や米ソとの対抗に翻弄された対外経験を総括し，対外的には独立自主を貫き，問題ごとに自国の立ち位置を定めていくのが最適とようやく判断したのだった．

　同日，この大会で総書記に選出される胡耀邦が政治報告を行い，「独立自主の対外政策」を発表した．その柱として強調されたのが，社会主義国を含むすべての国との関係に平和共存五原則を適用し，世界各国との関係を発展させていくことだった．胡はまた，中国共産党と他国の共産主義政党との関係において，「独立自主，完全平等，相互尊重，国内問題への相互不干渉」の四原則を適用すると明言した．そして，それまで厳しく非難していたソ連に関係正常化を呼びかけ，中国が反ソ国際統一戦線の形成を目指さないことを明示した．中国は国際関係における国家の重要性を認め，各国との友好的な関係の構築を目指すことで，革命外交に静かな別れを告げたのだった．

　第二次世界大戦後，共産主義イデオロギーをめぐる対立は東アジアの一貫し

た不安定要素で，中国は常にその中心にいた．しかし中国が中越戦争以降，対外認識を一新し，経済発展を重視して既存の国際秩序に参入したことで，東アジアの国際的緊張は緩和に向かった．中越戦争以降，東アジアはいくつかの不安定要素を抱えながらも戦争を一貫して回避し，各国が緊密な相互依存関係を結びながらそれぞれ経済発展を目指す「長い平和」の時代に突入した．

おわりに

1970年代初頭，米ソ両国の相対的衰退と世界の多極化の中で，米中両国は関係改善へと踏み切った．アメリカは対ソ交渉を有利に進めるカードを，中国はソ連の脅威に立ち向かうための楯を欲していたからである．国際的孤立に苦しんできた中国にとって，対米和解の意味は甚大だった．中国はこれによって，安保理常任理事国として国連に参加し，既存の国際秩序の中で生存空間を広げることができるようになった．

ただしこの環境変化は，中国の対外政策の本質的転換によって実現したわけではなかった．アメリカとの緊張緩和を決断したのは，それまでも重要な対外政策決定を担ってきた最高指導者の毛沢東であった．彼にとって対米接近は，ソ連の対外拡張が激しさを増し，中国の主要敵を米ソ両国からソ連一国に絞る必要が生じたための便宜上の戦術だった．主要敵に対抗するためにすべての対外関係を活用する手法は，その後も長く継続された．中国の国際情勢全般への認識や世界各国との関わり方，全体的な対外政策などが根本的に変化するには，指導者の交代と新たな対外経験の蓄積を待たねばならなかった．

それでもなお，毛沢東がソ連の脅威を重視してアメリカに接近したことは，中国に新たな可能性をもたらした．これによって中国は，ソ連から導入できなくなっていた高度な生産技術や設備を西欧諸国や日本から輸入し，さらには市場経済の運営手法を学び，世界の相互依存関係の中で発展を目指せるようになった．対米接近という環境変化の中で，毛の認可の下で始まったこの小さな流れは，やがて中国の次世代の指導者たちの間に経済発展優先の合意を形成した．毛の死後，鄧小平に率いられた中国共産党は，対外開放，さらには改革開放へと乗り出していくことになる．開かれた交流の中で新たな対外経験を蓄積した

中国は，国際関係における国家の重要性を再認識し，毛沢東流の主要敵論を段階的に修正し，さらには「独立自主の対外政策」を提起して，すべての国との良好な関係構築を目指す方向に舵を切った．つまり毛沢東の対米接近は，中国の国際的地位の向上という彼の強い願望を，彼がまったく想定していなかった方向で実現させるきっかけになったのである．

（益尾知佐子）

第5章
全方位外交の展開
（1982～1989年）

はじめに

　今日の中国の対外政策の原点は，概ね1980年代にさかのぼることができる．改革開放政策の採択が中国の対外政策に与えた影響はとてつもなく大きいものであった．80年代の対外政策は毛沢東時代の外交政策を根幹から覆した．80年代が中華人民共和国史上の「パラダイム転換（転型）」の時期とも言われているゆえんはここにある．

　1970年代末以降，中国は自力更生から対外開放へ，そして計画経済から市場経済へと転換した．円借款をはじめ外国の技術・資本を積極的に導入し，そして西側が主導する国際社会へ参加姿勢を示すようになったのである．

　中国を取り巻く国際情勢は1970年代末ごろから大きく動き始めた．79年2月にイラン革命が発生し，11月にイランで米大使館が占拠された．また77年からソ連は西欧向けに新型中距離核ミサイルSS-20の配備を開始し，79年12月にはソ連軍がアフガニスタンに侵攻した．かくして，79年6月に米ソの第二次戦略兵器制限条約（SALT-II）が調印されてからわずか半年で，米ソ・

デタントは崩れた．アジア地域に目を向ければ，カンボジア紛争，中越戦争，そしてアフガン紛争の三つの局地戦争を接点に，中米日の擬似同盟 vs. ソ越アフガンの同盟という対立構図が出現した（和田 2011，11-18）．

　1985 年 3 月にミハイル・ゴルバチョフがソ連の最高指導者の地位である共産党書記長に就任し，ペレストロイカ（立て直し）戦略を打ち出したことを契機に，歴史はさらに動き出した．80 年代後半において，冷戦は終結へと向かい，地域統合の流れも顕在化するようになった．86 年 2 月に単一欧州議定書が調印され，停滞していた欧州統合が新たな段階に進んだ．アメリカ，カナダ，メキシコによる一大自由貿易市場の形成の可能性が取りざたされ（北米自由貿易協定（NAFTA）は 92 年 12 月に調印，94 年 1 月 1 日に発効），89 年 11 月にはアジア太平洋経済協力（APEC）が創設された．

　変わりゆく国際情勢の流れを取り込みつつ，中国は経済発展を最重要課題に据え，富国強兵の道を歩んだ．特に 1980 年代において，「新冷戦」から冷戦の終結に向かう過程において，中国を取り巻く国際環境が改善され，中国はイデオロギーにとらわれることなく，多くの国との関係改善に取り組み，全方位外交を展開した．

1. 「独立自主の対外政策」の下での全方位外交の模索

(1) 「独立自主の対外政策」の二つの原則

　中国では，1980 年代の中国の対外政策は「独立自主の対外政策」であると一般的に解釈されている．これは，「独立自主の対外政策」というスローガンが 82 年に中国共産党によって正式に提起され，これによりその正統性が確立されたからである．

　1982 年 9 月に，中国共産党第 12 回全国代表大会（第 12 回党大会）が開かれ，改革開放時代の対外政策の方向性はここで初めて語られた．胡耀邦総書記は，「いかなる大国あるいは国家集団にも決して依存せず，いかなる大国の圧力にも決して屈服しない」（「全面開創社会主義現代化建設的新局面」『人民日報』1982 年 9 月 8 日）「独立自主の対外政策」は改革開放後の中国の対外政策であると明言した．

胡耀邦のこの発言でもって，1978年ないし82年を分岐点とし，78年ないし82年までは「革命外交」の時期，それ以降は「独立自主外交」の時期という解釈が中国では定説となっている．しかし，「革命外交」から「独立自主外交」への歴史的な転換は胡耀邦の号令一つで一夜にして実現できるわけではなく，実際のところ，80年代を通じて中国の対外政策は漸進的に変貌を遂げ，「独立自主の対外政策」は徐々に形成されていったのである．

1980年代を通じて形成された「独立自主の対外政策」には二つの原則があった．一つ目の原則は，経済発展のための外交という原則である．二つ目の原則は，同盟を結ばない「非同盟原則」である．

第12回党大会の開幕式において当時の実質的最高指導者であった鄧小平は，1980年代の中国には近代化建設，台湾を含む国家統一の実現，覇権主義への反対と世界平和の擁護という三つの重要な課題があり，なかでも経済建設は最重要な課題であると宣言した．改革開放政策の導入により，中国の対外政策における国際共産主義運動の推進というイデオロギー的な要素は大きく後退し，自国の経済発展に寄与することが今日に至るまで中国の対外政策の自明の目標となった．

「非同盟原則」とは，敵を想定しない是々非々主義外交である（岡部2002，205）．1980年代初頭においては，「同盟を結ばない」ことは社会制度やイデオロギーを超えた交流を意味していたが，中国を取り巻く国際環境の改善の趨勢のなか，「非同盟原則」は徐々に時間をかけて改革開放後の中国外交の原則の一つとして確立された．

(2) 「戦争不可避論」と「従属理論」の放棄

いうまでもなく，毛沢東時代の外交政策との決別があったからこそ改革開放政策が可能となった．1980年代は中国の対外政策がマルクス・レーニン主義というイデオロギーの指針を拠り所とした最後の時代であったが，その背後に改革開放を可能にし，また正当化するいくつかの認識転換が行われた．

第一は「戦争不可避論」から「戦争可避論」への認識転換である．マルクス・レーニン主義を国際情勢認識のプリズムとしていた中国は「帝国主義戦争は不可避である」と信じていた．この原則をめぐって，1950年代から60年代

にかけて中ソの間で大論争も繰り広げられていた．しかし79年ごろから中国共産党内で「戦争不可避論」からの認識転換が行われ始め，「戦争可避論」に関する議論が浮上したのである．そして84年ごろになると「戦争可避論」が主流的な考え方となった．さらに86年初めごろになると，中国の指導者は「国際社会は平和な時期に入った」との認識を持つようになった．こうした認識転換を背景に，84年から中国は大幅な軍縮を計画し，85年に解放軍の100万人の人員削減を正式に打ち出したのである．

第二に，「従属理論」への批判もこの時期に行われた．1983年ごろから，それまで中国で広く受け入れられていた従属理論に対する批判が行われた．従属理論によれば，資本主義体制のもとでは先進国と発展途上国は支配・従属関係にあり，先進国が発展途上国を搾取し，発展途上国が先進国の経済に従属することにより，発展途上国の経済停滞をもたらす．いうまでもなく，こうした理論への批判が西側先進国との経済協力を可能にしたのである．

マルクス・レーニン主義という国際情勢認識のプリズムを放棄したことで，中国は日米（西）欧といった西側先進国との関係強化を軸にした全方位外交を展開し，西側諸国が主導する国際秩序に参入することが可能となった．1980年代の「独立自主の対外政策」は，上述した西側先進国との関係強化と国際秩序への参画を基調としており，米ソ両超大国との距離を調整するところから始まり，日米欧諸国との関係強化に軸足を置きつつも世界の多くの国との関係改善を図り，自国の経済発展のために国際組織や地域組織に参入することを通じて多国間協力の姿勢が芽生え始めたのである．

2. 日米欧との関係強化を軸とした全方位外交の展開

(1) 米中ソのトライアングル戦略

1979年1月に米中両国が正式に国交を樹立し，またカンボジア紛争，中越戦争，そしてアフガン紛争の三つの局地戦争により，中国は反ソ国際統一戦線戦略を強化するようになった．こうしたなか，中米日欧の擬似同盟 vs. ソ越アフガンの同盟という対立構図が形成され，50年代初頭に結ばれた中ソ友好同盟相互援助条約も延長されることなく，80年4月10日をもって終了した．

2. 日米欧との関係強化を軸とした全方位外交の展開　　117

　ソ連を共通の敵とした米中両国の協力関係はこれで順風満帆のように見えたが，アメリカ政府による台湾関係法の制定（第4章を参照）や台湾への武器輸出に対し中国は強く反発し，両国関係は難しい局面に直面した．事態の収束を図るための交渉が重ねられた結果，1982年8月17日に米中共同コミュニケ（第二上海コミュニケ）が締結された．共同コミュニケにおいて，アメリカ政府は「台湾への武器売却を長期的政策として実施するつもりはないこと，台湾に対する武器売却は質的にも量的にも米中外交関係樹立以降の数年に供与されたもののレベルを越えないこと，及び台湾に対する武器売却を次第に減らしていき一定期間のうちに最終的解決に導くつもりであること」を表明したことで，状況はひとまず沈静化した．

　それでも，台湾への武器輸出などのロナルド・レーガン政権の政策に対して不満を募らせた中国は，ひそかにこれまでの対外政策の見直しに動き始め，米ソ両国との距離を調整するようになった．具体的に言えば，中国はアメリカとある程度距離を置くようになり，他方，ソ連との関係改善に取り組むようになった．ここで，「非同盟原則」を前提とする中国の是々非々主義外交が登場するようになったのである．そして，こうしたプロセスにおいて，中国の対外政策における反ソ国際統一戦線の戦略は徐々に放棄されることとなった．

　中ソ関係が雪解けに向かい始めたのは1982年ごろからである．82年3月24日に，ソ連のブレジネフ共産党書記長が中ソ関係に関する談話を発表したが，その談話から中国政府はソ連の対中政策に変化が生じたと判断した．すなわち，談話において，ソ連はこれまでと異なり中国を社会主義国家として認め，また中国に対して国境交渉の開始を申し入れ，無条件で中国と関係を改善する用意があるという．しかも，ソ連は台湾問題における中国の立場を支持していた（黄華 2012, 8）．かくして，鄧小平は中ソ交渉にゴーサインを出し，ソ連との関係改善に動いた．

　1982年10月，関係改善に向けた中ソ交渉が北京で実現した．会合において，中国政府は中ソ関係の改善に「三大障害」が存在すると主張し，①中ソ・中蒙国境の大幅な軍備削減，②カンボジアからのベトナム軍の撤退，③アフガニスタンからのソ連軍の撤退を求めていた．三つの障害のなかでも，中国政府はインドシナ問題を最優先事項として捉えた（1985年の中国共産党中央政治局会

議で決定）（牛軍 2011, 73）．

　しかし，交渉を開始してみると，ブレジネフ発言に対する中国の読みが甘かったことが明らかとなった．結局，ソ連側には大きな妥協を行う用意がなく，中ソ関係正常化に関する交渉は長い道のりを辿ることとなった．

　中ソ関係に再び転機が訪れたのは 1985 年のことであった．同年 3 月にゴルバチョフがソ連共産党書記長に就任し，そして全方位外交を展開する中国は同じ年に反ソ国際統一戦線のスローガンの放棄を決定した（牛軍 2010, 257）．86 年ごろからゴルバチョフ政権が三大障害を取り除くことを求める中国側の要求に応じるようになり，87 年 1 月に中蒙国境，また 88 年 5 月に中ソ国境における軍備削減を約束した．88 年 4 月にはジュネーブでアフガニスタン和平協定が締結され，89 年 2 月 15 日までにアフガニスタンからのソ連軍の撤退が終了した．また，カンボジア問題においても，89 年末までにベトナム軍がカンボジアから完全に撤退するという努力目標が 89 年 2 月に中ソ両国の間で合意された（その後 91 年 10 月にカンボジア問題に関するパリ和平協定が締結される）．

　かくして，中ソ関係における三大障害が取り除かれ，中ソ関係の正常化は実現した．中ソ関係正常化を象徴するように，1989 年 5 月，ゴルバチョフ書記長が中国を公式訪問した．これにより，北側と南側の軍事脅威が軽減され，中国を取り巻く国際環境は著しく好転した．何よりも，インドシナ半島への域外大国の介入とコントロールの排除は中国建国以来の外交目標であっただけに，カンボジアからのベトナム軍の撤退は中国の安全保障上，重大な意味を有していた．

　このように，1980 年代において，中ソ関係は少しずつ改善に向けて進み，中国は米ソ双方と適切な距離を保ちつつ，米ソ両国の間で中国カードの重みを利用した是々非々のパワー・ゲームを展開していた．それでも，80 年代における中国の外交は中米日欧の疑似同盟に立脚していた．

　対ソ戦略上の必要性から，中米日欧は戦後最も親密な関係を築いた．ソ連ファクターは中米日欧を結びつけるうえで特に 1980 年代前半において有効であった．米中の国交樹立に伴い，アメリカは中国に最恵国待遇を与え，またレーガン政権において対中輸出規制緩和を進め，中国を準同盟国・友好国として取

り扱うようになった．経済，軍事，教育など様々な分野における米中両国の協力が行われた．またソ連の極東における軍事力増強は中国と日本を擬似的な同盟関係に押し上げる働きを持った．ソ連の中距離ミサイルが極東からも撤去されることについて日中間の利害の一致が見られ，84 年に日中首脳間でソ連によるアジアへの SS-20 の増強に反対する立場を確認した（佐藤 2011，89-90）.

また，改革開放政策のもとで中国の近代化を実現するうえで西側先進国からの資金と技術は必要不可欠であった．こうした事情からも，中国は日米欧などの西側先進国との関係強化を必要としていた．特に 1979 年 12 月に発表された第一次円借款を皮切りに，中国は日本をはじめ西側先進国から多くの資金を受け入れ，そして西側先進国からのこうした資金や先進的な技術が中国の目覚ましい経済発展に大きく貢献したのは事実である.

以上のように，1980 年代において中国が採用していた対外戦略は一言でいえば，米中ソのトライアングル戦略である．中国は日米欧との関係強化を軸としつつ，ソ連との関係改善にも取り組んだ.

(2) 日中関係の目覚ましい進展

1980 年代の中国の対外政策は日米欧との関係強化に軸足を置いて展開されていたが，日中，米中，中欧のそれぞれの関係は異なる様相を呈していた.

アメリカは対中輸出規制をすこしずつ緩和し中国を準同盟国・友好国として取り扱うようになったものの，それでも他の同盟国・友好国に比べ中国に適用されていた基準はより厳しいものとなっていた.

中国と西欧先進国の貿易は急速な増加を見せていたが，他方において中国に対する西欧先進国の直接投資は相対的に少なかった．1987 年の時点においてフランス，イタリア，イギリス，西ドイツによる直接投資は合計 390 万ドルで，中国の受け入れている直接投資の 1.7% に過ぎなかった（Shambaugh 1992, 109）.

米中，中欧関係と比べ，日中関係の進展には目覚ましいものがあった．日中関係は 1980 年代の中国の対外関係において格別な位置を占めていたといっても過言ではない.

「中国が安定して発展し，また，日中間に友好な二国間関係が存在することは，日本のみならず，アジア太平洋地域の平和と繁栄にとり極めて重要」とい

う考えのもと，第一次円借款を皮切りに，1980 年代においても，日本政府は第二次，第三次円借款と継続して対中政府開発援助（ODA）の実施を決定した．いうまでもなく，日本による ODA は改革開放政策に転換した中国にとって，貴重な資金協力であった．対中 ODA を通じたこうした日中関係は，80 年代の安定した日中関係を下支えする強固な基盤を提供したといえよう．

1982 年 5 月末から 6 月初めに，趙紫陽総理が訪日した．趙紫陽は「日中関係正常化以来の 10 年間，両国間には平和かつ友好的な政治関係と平等互恵の経済関係が確立されている」と評価し，日中関係発展のための三原則（「平和友好」「平等互恵」「長期安定」）を提起した．

しかし，趙紫陽訪日直後，いわゆる「教科書問題」が発生し，祝賀ムードは一気に冷却した．問題の発端は日本の高校教科書検定で「侵略」を「進出」に書き換えたとの 6 月 26 日付の日本の新聞各紙の報道であった．中国は直ちに日本政府に正式に抗議し，教科書の適切な記述を求めたことから，教科書問題は日中間の外交問題に発展した．問題を収拾するために，文部省はまず文部省の方針，検定制度の仕組みについて中国に説明し，8 月に日本政府は記述修正に応じる方針を示した．9 月はじめに中国政府は日本の説明に理解を示し，教科書問題はようやく沈静化へ向かった．

1983 年 11 月，胡耀邦中国共産党総書記が来日し，中曽根康弘首相とともに日中関係発展のための三原則に「相互信頼」の一項目を加えた日中関係四原則を提起し，3000 名の日本青年を中国に招待する計画を発表した．

ところが，こうした友好ムードはまたもや長続きしなかった．1985 年 8 月15 日，中曽根首相が 40 年目の終戦記念日に戦後初めて首相として靖国神社を公式参拝した．これを受け，9 月 18 日に北京大学を中心とする学生のデモが行われ，学生デモは中国国内各地に飛び火した．これ以降，閣僚の靖国参拝問題をめぐる応酬がたびたび日中間でなされるようになった．

1986 年には，「日本を守る国民会議」編纂の高校用日本史教科書をめぐる教科書問題（「第二次教科書問題」），さらに光華寮問題をめぐり中国は日本を厳しく非難した．「日本を守る国民会議」はこれまでの日本の教科書を東京裁判史観に基づく「自虐的」な内容であると批判している．86 年 5 月に「日本を守る国民会議」が編集した『新編日本史』が文部省の審査に合格したが，これ

に対し，中国は侵略戦争を美化する動きとして，強く反発した．光華寮は京都にある中国人留学生寮で，戦時中から国が所有者から借りて京都大学に管理を委ねていた．52年台湾との外交関係樹立に伴い台湾が所有権を有するようになり，60年代から「中，台のどちらが所有権を有するべきか」をめぐって裁判が始まった．日本が台湾と断交し，中国と外交関係を有していることを理由に，77年京都地裁は中国の所有権を認めた．しかし，82年大阪高裁は所有権の移転を認めず，差し戻し判決を出した．その後の裁判で86年京都地裁，87年大阪高裁は台湾の所有権を認める判決を出した．

　日本政府は，三権分立制度を取る日本では，政府が司法の判断に介入してはならないという日本の立場を再三説明したが，中国は納得しなかった．京都地裁と大阪高裁の判決を，中国は日本における「二つの中国の動向」の一環として受け止め，強く反発した．1972年の日中共同声明締結当初，中国は日本と台湾の民間交流を認めていた．しかし，80年代に入ってから，日本の国会議員の訪台が目立ち，日台貿易が急速に増加する（72年14億3000ドル，86年128億ドル）など，日本と台湾の政治的・経済的な連携強化に中国は強い危機感を抱くようになった．光華寮問題では司法の独立に理解を求める日本と，「一つの中国」の原則の厳守を求める中国との認識が大きく食い違っていた．

　また1986年の12月末には，中曽根内閣が防衛費対国民総生産（GNP）比1％枠の撤廃を閣議決定した．これに対し，中国は強い懸念を表明した．

　このように，教科書問題や靖国参拝などにまつわる歴史問題，台湾問題，そして日本の軍事力拡大に対する中国の強い不信感という，今なお日中関係を悩ましている問題にまつわる日中両国の政治的な乖離が1980年代においてすでに見られた．それでも，「中米日欧 vs. ソ連」という基本的な戦略構図が日中両国を結び付け，そして日中両国は「日中友好」という目標を共有していた．その結果，日中関係は80年代を通じて，良好で，安定した基調を保つことができた．

　親密な両国関係は，政治，経済分野に限ったものではなかった．欧米と異なり，日本は積極的に中国市場に進出したため，1980年代初頭からトヨタをはじめとする日本車や日立などの家電製品が中国社会に広く知られるようになった．また「一休さん」などのアニメ，山口百恵の「赤いシリーズ」といったテ

レビドラマ，高倉健や中野良子の「君よ憤怒の河を渉れ」や「野生の証明」，倍賞千恵子の「遙かなる山の呼び声」をはじめとする邦画など，日本文化は中国社会を席巻した．80年代の車や家電，そして当時見た映画やアニメは改革開放間もないという時代背景もあって，いまなお多くの中国人に印象深く記憶されており，谷川俊太郎が作詞した「鉄腕アトム」をいまなお日本語で歌える人も多い．また，日中初の共同制作で日中国交正常化10周年の記念映画「未完の対局」が当時の中国人の対日感情を改善するうえで一役買ったことも特筆すべきであろう．

1980年代を通じて，政治，経済，文化などのいずれの側面においても，欧米先進国に比べ，日本は独り勝ちの様相を呈していたのである．

(3) イデオロギーにとらわれない全方位外交へ

1980年代の中国は西側先進国との関係強化に軸足を置きつつも，世界の多くの国との関係改善に努めた．「独立自主の対外政策」のもとで展開されたこうした全方位外交において重要な役割を果たしたのは，中国共産党中央対外連絡部（中連部）を主体とした対外交流であった．

中国共産党第12回党大会で，中国共産党と他国の共産主義政党との交流に関する新しい原則が提起された．新しい原則とは，独立自主，完全平等，相互尊重，国内問題への相互不干渉であった．さらに1984年に，胡耀邦総書記が「イデオロギーの違いを超えて理解と協力を追求する」と明言し，これによりイデオロギーにとらわれずに対外関係を推し進める国是が正式に定着した．

米中接近後の1970年代において，中国はほとんどの欧州諸国と国交を結んだが，欧州諸国の共産主義政党との関係は断絶したままで，政党間の交流もほぼ皆無であった．しかし政党間交流の新しい原則の提起により，イデオロギーや政治制度の違いで線引きすることをやめたため，中国と欧州諸国との間での政党間交流が可能となった．

さらに，毛沢東時代において，中国共産党は日本の社会党を除き，社会民主主義政党との交流を拒んできた．マルクス・レーニン主義という国際情勢認識のプリズムを放棄したことで，中国共産党は各国の社会民主主義政党との関係構築にも乗り出した．

2. 日米欧との関係強化を軸とした全方位外交の展開　　123

　共産主義政党との関係修復のプロセスは 1970 年代末ごろからすでに始動していた．前章でふれたように，77 年 8 月末から 9 月初めに，ユーゴスラビアのチトー大統領が中国を訪問し，中国共産党とユーゴスラビア共産主義者同盟の 20 年近くの関係断絶に終止符を打った．79 年 3 月のローマでの中国共産党とイタリア共産党の極秘会合を経て（呉興唐 2012, 86），80 年 4 月にイタリア共産党の代表団が北京を訪れ，長年中断されていた両党の関係が回復した．イタリア共産党代表団の訪中に続き，スペイン，ポルトガル，フランス，イギリス，西ドイツ，オランダ，スイス，フィンランド，デンマークなどの共産主義政党も相次いで訪中した．

　1980 年初めから，中国共産党内部でさらに社会民主主義政党との関係構築が議題に上り，81 年 2 月に，フランソワ・ミッテラン第一書記の率いるフランス社会党代表団が訪中した．これにより，中国共産党は社会民主主義政党との関係構築に第一歩を踏み出した．そして，84 年 5 月にドイツ社会民主党党首ヴィリー・ブラントが率いる代表団の中国公式訪問が実現した．ドイツ社会民主党訪中団との会見の場で，胡耀邦総書記の「イデオロギーの違いを超えて理解と協力を追求する」との発言が行われたのである．その後，中国共産党はイギリス，イタリア，スペイン，メキシコなどの 25 の社会民主主義政党との関係を構築したという（朱良 2008）．

　このように，中連部が主導する共産主義政党との関係修復，社会民主主義政党との関係構築を通じて，中国は社会主義国家，資本主義国家を問わず，多くの国や政党との関係を改善，強化し，これにより全方位外交への第一歩を踏み出せたといえる．

　中国共産党と他国の政党との交流は，1980 年代には欧州諸国との関係において精力的に推し進められていた．こうした流れのなか，中国とアルバニアの関係も修復された．両国の関係は 70 年代において著しく悪化したが，85 年 4 月にエンベル・ホッジャ労働党第一書記が死去した後，中国はアルバニアとの関係改善に動き出し，86 年以降両国の関係が徐々に正常化した．

　イデオロギーにとらわれない全方位外交は欧州諸国にとどまらず，中ソ関係の改善プロセスとも密接に絡み合いながら，その後新たな地域の広がりを見せ進展した．ラテンアメリカにおいては，1980 年代に入ってから中国は国交樹

立以来交流がほとんどなかったアルゼンチン，ブラジルとの間で，政府高官の相互訪問を行うようになり，1960年代に関係が悪化したキューバとの関係も，80年代初め頃から改善の方向に向かった．80年代のラテンアメリカに対する外交は総じていえば，主にアルゼンチン，メキシコ，ベネズエラ，キューバといった地域大国に向けられていた．他方，コロンビア，エクアドル，ボリビア，ウルグアイなどのラテンアメリカの国々は80年代に入ってから，台湾と国交を断絶し，中国と外交関係を樹立した．

　中東地域に対する中国の政策も1980年代において変化が生じていた．80年9月から88年8月までの間，イラン・イラク戦争が繰り広げられたが，イラン・イラク戦争の勃発により中国が最も懸念していたのはソ連の影響力の拡大である．こうした脅威認識のもと，中国は「中立」の立場を表明し，中東の地域大国との関係構築に乗り出した．イラン，イラクの双方との関係を強化する一方，中国はアラブ首長国連邦，カタール，バーレーンとの間で国交を樹立した（順に84年11月1日，88年7月9日，89年4月18日）．

　1980年代にはまた，中国のイスラム協会が多くの中東諸国の宗教協会との関係を持つようになった（王猛 2006, 17）．こうした宗教外交の流れにおいて，サウジアラビアとの間でも，79年から再開した中国人のメッカ巡礼を通して関係が徐々に構築されるようになった．88年11月に両国間で大使館の役割を果たす政府代表所の相互設置が実現し，90年7月21日に両国は国交を樹立した．これにより，中国は湾岸諸国（アラブ首長国連邦，オマーン，バーレーン，カタール，クウェート，サウジアラビア，イラン，イラク）のすべてとの国交を完成させた．

　政治関係の進展に伴い，1980年代において，中国とアラブ諸国との関係は，経済・貿易，労務輸出などを中心に発展した．なかでもアラブ首長国連邦をはじめとする湾岸諸国との貿易の進展は突出していた．また，石油資源が豊富である中東とのエネルギー外交もこの時期から動き出したのである．83年に，オマーンは中国に石油を輸出した最初のアラブ国家となった．

　イデオロギーにとらわれない外交により，パレスチナ問題における中国の政策にも変化が見られた．中国とイスラエルとの関係もイスラエル共産党の訪中からスタートし，その後，1989年にイスラエルで中国初の旅行代理店，中国

でイスラエル初の文化センターとなる科学・人文学院が設置された（実務レベルの関係構築を経て，92年1月24日に正式な国交が結ばれた）．イスラエルとの関係模索のプロセスと同時に進行していたのは，中国とパレスチナの関係であった．88年11月20日に，中国はパレスチナを国家として承認し，パレスチナ自治政府とも国交を結んだのである．つまり，アラブ諸国との関係を重視してイスラエルとの交流に慎重であった中国は，従来の政策を転換し，パレスチナ問題に際してパレスチナ自治政府とイスラエルの双方と関係を構築した．こうした中国の政策転換は，88年9月銭其琛外交部長によって発表された「中東問題五原則」に顕著に表れている．五原則は以下のような内容となっている．①中東問題は政治的に解決されるべきである．②占領されたアラブの土地は返還されるべきである．③パレスチナ人の正当な権利が回復され，イスラエルの安全が保障される．④国連安全保障理事会常任理事国による中東和平会議の招集を支持する．⑤中東地域の各種の対話を支持し，パレスチナとイスラエルは相互に承認する（劉中民 2011，45）．

アジアにおいては，韓国との関係構築が1980年代前半から動き出した．80年代初頭，中国の指導者は多国間交流の枠組みで韓国との接触を容認した（延静 2009，37）．そしてその決定の直後の83年5月に，中国民航の国内線ジェット旅客機がハイジャックされ，韓国ソウル近くの春川市の米軍基地に緊急着陸した．皮肉なことに，このハイジャック事件は中韓の直接交渉のきっかけを作りだしたのである．交渉の結果，犯人を除く乗員，乗客全員が無事中国に戻り，機体も中国に返還された．

ハイジャック事件後，中韓両国は文化，貿易を中心に徐々に関係の構築を模索していった．中国は1983年9月にアジア競技大会の開催地立候補を正式に表明した．立候補に合わせて中国は韓国代表団の参加を歓迎する旨を表明し，また84年にソウルで開かれたアジア・ジュニア・バスケットボール選手権大会に中国のチームが参加した．アジア・ジュニア・バスケットボール選手権大会に続き，韓国で開かれた86年のアジア競技大会，88年のオリンピックにも中国は選手団を派遣した．

香港を経由して展開されていた中韓貿易も飛躍的な発展を見せ，1988年の中韓貿易額は10億ドルを超えた．こうした状況に鑑み，中韓両国は山東省で

直接貿易を始動させ，そして貿易事務所の設置が検討された．中韓間の貿易事務所設置に関して北朝鮮の了解を得るために，88 年から中国は北朝鮮の金日成国家主席，金永南外相と数回にわたり意見交換し，説得にあたったが，90年の後半になってやっと北朝鮮から同意を得られたという（銭其琛 2003，152）（こうした一連のプロセスを経て，92 年 8 月 24 日に中韓両国の国交が結ばれる）．

　以上のように，全方位外交により，中国は多くの国との関係改善や関係構築を実現した．イデオロギーにとらわれない政党間交流は，中国の対外関係のすそ野を広げることにも貢献したといえよう．1980 年代の中国の対外関係や政党外交は，特に地域大国ないし影響力のある政党に重点が置かれていた．

(4) 発展途上国の重要性の低下と武器輸出の活性化

　1980 年代において，中国は西側陣営に軸足をおきつつ，イデオロギーにとらわれない全方位外交を展開し，ソ連や多くの国々との関係改善に精力的に動いた．こうしたプロセスにおいて，中国は自国の経済発展に寄与する対外政策の制定と実行を最重視した．自国の経済発展を最優先する全方位外交の展開は，それまでの対外政策と大きく異なる方向性をもたらした．こうした変化は，特に中国と発展途上国との関係，そして人民解放軍による武器輸出の二つの側面において顕著に表れていた．

　1980 年代において，中国の対外政策における第三世界の重要性が著しく低下し，その結果，中国とアフリカ，ラテンアメリカ諸国との連携は相対的に弱体化した．反帝国主義，反植民地主義を主張し，国際共産主義運動のリーダーを標榜していた中国にとって，第三世界との団結は必要不可欠であった．しかし，イデオロギーにとらわれず，対外政策の究極の目標を自国の経済発展に据えるようになってから，発展途上国との連帯に対する中国の関心は徐々に薄れていった．こうしたなかで，中国は次第に自国の対外政策としての「三つの世界論」に言及しなくなったのである．

　言説のみならず，対外行動レベルにおいても，第三世界を支持する姿勢は弱まっていた．1982 年 4 月にアルゼンチン軍がイギリスと 19 世紀前半から領有権争いをしていたフォークランド（アルゼンチン名：マルビナス諸島）に上陸

2. 日米欧との関係強化を軸とした全方位外交の展開   127

したことを契機に，フォークランド戦争が勃発した．国連安保理の場でフォークランドからのアルゼンチン軍の即時撤退を求める国連決議 502 の採択に際して，第三世界との連携を重要視しなくなった中国は拒否権を行使することなく棄権した．

翌 1983 年 10 月には，グレナダで起きたクーデターを契機にアメリカがグレナダ侵攻を開始した．この問題に関する中国の関心は，ソ連との対立においてアメリカ陣営が優位に立っているといった，中米日欧の擬似同盟とソ越アフガンの同盟のパワー・バランスに向けられていた（Ross 1991, 767-770）．そのため，事件に際して，中国は反植民地主義の主張を前面に強く打ち出すことはなかった．

1980 年代のラテンアメリカ諸国は対外債務危機でインフレにあえぎ，経済が停滞していた．こうした状況下において，経済的な側面から言っても，中国をラテンアメリカとの関係強化に向かわせるインセンティブは弱かったといえる．

発展途上国に対する中国の姿勢の変化は対外援助政策にも表れた．中国は毛沢東時代に制定された対外援助原則の見直しに踏み切ったのである．1983 年に，中国は 64 年に提起された対外援助八原則（第 2 章を参照）を次の四原則に改めた．四原則とは平等互恵，実効性の追求，形式の多様化，共同発展である．ここで「共同発展」という「ウィン・ウィン」原則が提起されたことは重要な意味を持つ．言い換えれば，中国による対外援助も，中国の経済発展に寄与することが求められた．この原則の導入により，80 年代において，中国の対外政策におけるアフリカ，ラテンアメリカをはじめとする発展途上国の比重は著しく低下したのである．

こうした対外援助原則の転換は中国人民解放軍の対外活動にも影響を及ぼした．1980 年代において，人民解放軍の対外活動が活発に展開されており，特に武器輸出が精力的に取り組まれた．78 年以降，軍事技術の民間転用が進められており，また営利活動，特に外貨を稼ぐことが使命として解放軍にも課せられた．こうしたことを背景に，鄧小平の直接の指導の下で，人民解放軍による対外援助の方式が改められた．従来は，人民解放軍による援助はすべて無償援助の形で行われていたが，改革開放政策の採択に伴い，解放軍による対外援

助方式として，無償援助に加え，有償，バーター方式が新たに導入された（「中国軍售档案：鄧小平：不当軍火商不行」『航空档案』2005年第1期）．さらに武器輸出にあたり，その主な輸出先は①第三世界の国々，②中国と友好関係にありかつ中国の無償援助を受けたことのある国，そして③ソ連と緊張関係にありながら西側諸国との関係は緊密ではない国，の3種類に絞る決定も同時期に行われた．

外貨を稼ぐための制度や政策が粛々と整備されるなか，北方工業公司，新興工業公司，保利，新時代公司など武器の輸出入に携わる企業が次々と設立された．解放軍管轄下にあるこうした企業の利潤は，1980年代の解放軍の大きな収入源となっていた．また，軍需企業の多くは国家指導者層の子弟（「太子党」）によって運営されており，中央軍事委員会や中国共産党中央政治局と強い人脈によって結ばれていたため，武器輸出ビジネスの展開は，外交部主導の政策と異なった独自性を保持することも可能であり，同時期の中国の対外政策の方向性に一定の影響を及ぼした．

イラン・イラク戦争において，中立を主張した中国は，イラン，イラクの双方に武器輸出を行った．1982年から86年の間に，イラン，イラク両国への武器輸出額は，同時期の武器輸出総額の70%を占めていたという（銭学文2010, 12）．

また，アメリカの反対にもかかわらず，中国はサウジアラビアに地対地ミサイルを売却した．1985年にサウジアラビアからCSS-2ミサイル（DF-3）購入の打診を受けた際に，外交部は高性能の武器を政治的に敏感な地域へ輸出することに反対したが，鄧小平や楊尚昆中央軍事委員会副主席の強い支持のもとで，結局両国間でミサイルの輸出契約が結ばれた（Lewis, Hua, and Xue 1991, 96）．

このように，改革開放政策の採択に伴い，自国の経済発展に寄与しなければならないという大原則が「独立自主の対外政策」の柱の一つとして徐々に定着するようになった．しかし経済発展に寄与する全方位外交の遂行は，1980年代において，結果として中国の対外政策における発展途上国の重要性を低下させ，また武器輸出の活性化を招いた．さらに武器輸出入ビジネスを通じて，対外政策に対して，人民解放軍も発言権を有するようになった．

3. 西側諸国の主導する国際秩序への参入

(1) 国際組織への全面参加へ：「大国」と「発展途上国」のダブルスタンス

マルクス・レーニン主義という国際情勢認識のプリズムを放棄したことで，1980 年代において，中国は西側諸国が主導する国際秩序へ参入し始めた．国連加盟を果たした（第 4 章を参照）とはいえ，70 年代の中国は重要な国際機構へ選択的にしか参加していなかった．しかし，改革開放政策の導入に伴い，中国は国際組織への全面参加へと舵を切った．しかも，こうした国際組織への参加に際して，中国は安保理常任理事国そして援助国としての「大国」と，経済援助を必要とする「発展途上国」という二つの顔を持つこととなった．

中国が国際組織への全面参加に方向転換した理由は主に二つあった．一つは，台湾との間で正統性をかけた競争が繰り広げられており，国際組織における中国代表権を北京政府が占め，また台湾を排除するうえでも影響力を発揮する必要があったからである．もう一つの理由は，改革開放に必要な資金を国際機関から調達するという中国政府の思惑であった．実際，1980 年から 88 年の間に，中国は国際機関から 86 億ドルの優遇借款，そして 8 億ドル相当の無償技術援助の提供を受けていた（石志夫 1994，312）．

こうしたことを背景に，中国は国際通貨基金（IMF），国際復興開発銀行（IBRD，世界銀行グループの構成機関の一つ）などの国際組織へ積極的に参加するようになった．建国当初 IMF，IBRD，関税・貿易一般協定（GATT，世界貿易機関（WTO）の前身）の三つの国際機関に対して，強い批判を浴びせ，東西両陣営の経済システムのいずれにも組み込まれることを拒んでいた中国からすれば，第二の革命に匹敵するような決断であったといえよう．

人口委員会（1994 年 12 月から人口開発委員会）や開発計画委員会（1998 年 7 月から開発政策委員会）などの一部の国連機関へは 1972 年からすでに参加していたが，79 年以降中国は実質的な活動にもかかわるようになった．中国は大国として援助を行う一方，他方においては発展途上国として援助を受けるようになった．人口委員会・人口開発委員会に関しては，79 年から 98 年までの間に，中国は 1135 万ドルの援助を行い，79 年から 99 年までの間に，123 件

のプロジェクトにかかわる1.77億ドルの経済援助を受けた．開発計画委員会・開発政策委員会の場合は，79年から99年までの間に，中国は4548万ドルの援助を行い，600件のプロジェクトにかかわる5.5億ドルの経済援助を受けた．

同様の現象は，国連開発計画（UNDP），国連工業開発機関（UNIDO），国連食糧農業機関（FAO），世銀グループ，IMF，世界気象機関（WMO），国際農業開発基金（IFAD），などの国連関連機構でも見られる．

1980年代における中国の国際組織への参加に関して特筆すべきは，IMF，IBRDに続き，86年7月に正式にGATTへの加盟申請を行ったことである．71年の中国の国連加盟に伴い台湾政府がGATTから離脱したが，中国政府はGATTへの参加に躊躇し，最終的にはしばらくの間は参加しないとの決断を下した．「金持ちクラブ」というGATTに対する当時の中国政府の評価からすれば当然の行動であったかもしれないが，80年代後半になると，GATT参加は真剣に向き合わなければならない重要な外交案件として浮上したのである．

1982年9月から中国とイギリスの間で香港返還問題に関する協議が始まった．86年3月に中国とイギリスの間で香港返還後も「中国香港」の名義でGATTに残留することに合意したが，中国自身がGATTに参加していないのも正常な状況ではないという政府判断から，中国はGATT加盟を主張した．

また多国間繊維取り決め（MFA）が1981年末に期限切れを迎え，その延長をめぐり協議が行われた．繊維輸出は当時の中国の輸出総額の3分の1を占めていたことから，中国はGATTの繊維貿易取り決めをめぐる交渉に参加する意欲を示し，さらに83年12月にMFA参加を正式に表明した．84年1月にMFAへの参加が実現したことにより，83年の時点において66億ドルであった中国の繊維輸出額が92年には180億ドルに達し，飛躍的な成長を遂げた（龍永図2000，28）．かくして，国際貿易秩序への参加を通じて中国経済を発展させていく道筋は徐々に形成され，中国をGATT加盟へと駆り立てたのである．

経済関連の国際機構のみならず，1980年代において中国は軍縮交渉にも参加するようになり，84年1月には核拡散防止の概念に賛同の意を示した．また，82年1月から国連人権委員会の活動にも参加した．

3. 西側諸国の主導する国際秩序への参入　　131

　このように，1980 年代に入ってから，中国は「自力更生」の原則，「経済主権」への固執を切り捨て，国際組織へ全面的に参加し，安保理常任理事国また援助国としての「大国」そして被援助国としての「発展途上国」というダブルスタンスで国連活動にかかわるようになった．こうした国際社会への参加プロセスを通じて，中国は徐々にではあるが，国際規範を受け入れ始めたのである．

(2) 国連平和維持活動（PKO）への参加

　国連加盟後，中国は PKO に関する国連安保理の投票に参加せず，PKO にかかわる分担金も拠出しなかった．しかし，1980 年代に入ってから，中国は PKO に参加するようになった．

　1981 年 12 月に中国は PKO に関する議決に初めて参加し，そして翌 82 年 1 月 1 日から PKO 経費を負担するようになった．さらに 84 年 10 月，中国は PKO についての七原則を公表した．これ以降，①当事者による要請と全当事者の同意，②主権尊重と内政不干渉，③国連安保理が PKO の権限を有するとの 3 点が中国の PKO 参加の基本原則となった．

　中国が PKO への参加を具体的に検討し始めたのは 1986 年ごろであった．同年 6 月に中国は中東の停戦監視活動を視察するためにオブザーバーを派遣し，88 年 9 月には国連平和維持活動特別委員会への参加を正式に申請した．そして 88 年 12 月に，国連第 43 回総会本会議において中国の申請を承認する旨の決議案が採択された．

　1989 年 11 月，ナミビアの独立移行に向けての制憲議会選挙監視のため，中国は国連ナミビア独立移行支援グループ（UNTAG）に初めての軍事監視員 20 名を派遣した．これを皮切りに，中国の PKO への関与は拡大の傾向を見せ，いまでは国連ミッションに対する要員派遣に関しては，中国は安保理常任理事国のなかでも最多を誇るまでとなっている．

(3) アジア太平洋地域協力への参画と「一国二制度」の構想

　1980 年代における西側主導の国際秩序への中国の参加は，国連を中心とした国際組織レベルにとどまらなかった．80 年代後半から，中国はアジア太平洋地域協力へも参画するようになった．

1980 年 5 月に大平正芳首相が「環太平洋連帯構想」を打ち出した時，中国は公式にはこの構想に反応を示さなかったが，ソ連との緊張関係が続く中，内部では対ソ戦略の視点から実際には「環太平洋連帯構想」には積極的な評価を下していた（高木 2001，78-79）．

ソ連の脅威に対抗するために中国はアジア太平洋地域協力に前向きな姿勢を示したが，国内で進行する改革開放プロセスがさらに中国の多国間組織への参加を後押しした．

1984 年に中国政府は改革開放をさらに深化させる決断を下した．同年 1 月22 日から 2 月 16 日にかけて，鄧小平は広州，深圳，珠海，アモイ，上海を視察し，早急に対外開放都市を増やす方針を打ち出した．その後の 5 月，上海，天津，広州などの 14 の沿海都市の対外開放が正式に決定され，通達された．

改革開放をさらに深化させる決断が下された 1984 年以降，中国においてアジア太平洋地域への注目は高まる一方であった．インドネシアの積極的な働きかけもあり，84 年 7 月の東南アジア諸国連合（ASEAN）拡大外相会議で太平洋地域の協力問題が議題になると，中国政府はこの出来事を特に重視し，84年をアジア太平洋地域が新たな変動を迎えた年と位置付けた．政府見解を受け，国内でもアジア太平洋地域の協力が広く議論されるようになった．そして，85年 3 月にバンコクで開かれた第 41 回国連アジア太平洋経済社会委員会（ESCAP）で，中国政府は「アジア太平洋地域の一員として積極的に地域の経済協力を支持し，これに参加する」との公式見解を表明した．

同時期に，中国国内では GATT を含めた国際貿易組織における台湾と香港の取り扱いについての議論がなされており，GATT への正式加盟申請（1986年 7 月）までに一応結論が得られた．これはいわゆる「一国二制度」構想である．この「一国二制度」の可能性を模索する試みはアジア開発銀行（ADB）や APEC などの多国間組織への中国，香港，台湾の同時加盟につながる大きな一歩であったといえよう．

1984 年 12 月に，97 年 7 月 1 日に香港が中国に返還されることに関する中英共同声明が出された．イギリスに武力によって強奪された植民地が中国に返還されることは，中国の誇りを取り戻し，屈辱の百年に終止符を打つことを意味し，中国共産党にとっては輝かしい事績となった．しかし返還交渉そのものは

3. 西側諸国の主導する国際秩序への参入　　133

決して容易いものではなく，そこで中国が打ち出したのは「一国二制度」である．つまり，香港は中国に返還されるが，大陸では社会主義，香港では資本主義制度を維持する．具体的には，返還後の香港は対外的には独立した関税区で，独自に国際貿易関連の組織や協定に加盟でき，さらに経済，貿易，金融のみならず海運，通信，観光，文化，スポーツなどの分野において独自に世界各国，地域・国際組織との関係を維持できる．香港は中国の一つの地方でありながら，準国家性の性格も有している（倉田 2010，10-13）．この「一国二制度」はさらにマカオにも適用され，87 年 4 月に，99 年 12 月 20 日にマカオが中国に返還されることが中国とポルトガルの間で合意された．

　「一国二制度」のもとでは，中国への返還後も香港は「中国香港」の名義でGATT に残ることになり，そして 1986 年 9 月に中国は台湾（チャイニーズ・タイペイ）とともに太平洋経済協力会議（PECC）の会議に参加したのである．

　1988 年 3 月に中国は対外開放する地域を長江の北側の山東半島，遼東半島，環渤海地域などまで範囲を広げ，中国の沿海地域を基本的に対外的に開放することに踏み切った．この政策にはアジア太平洋地域における雁行型発展モデルに参入し，労働集約型産業を中国に移転させる狙いがあった．

　1980 年代後半，西太平洋地域で各国の相互依存度は著しい高まりを見せ，韓国，台湾，香港，シンガポールといった新興工業経済地域（NIEs）の台頭に続き，ASEAN 諸国への投資や ASEAN 諸国間の貿易も急増した．当時，資本，モノの流れは，日本の資本，中間財，技術，設備がまず NIEs に，次にASEAN に流れ，これらの地域で製品が生産され，完成品の一部が日本やアメリカに輸出されるという循環になっていた．これは「雁行型発展モデル」と呼ばれていたが，中国は日本を頂点とする東アジアの国際分業ネットワークの中に中国の沿海地域も参入すれば，日本の資本，技術，設備で生産し，日本に輸出するという沿海地域の成長パターンが出来上がると考えた．

　そしてこの戦略の下で，中国はアジア太平洋地域協力へさらに積極的に参加するようになり，1991 年 11 月に台湾（チャイニーズ・タイペイ）と香港とともに APEC への同時加盟を果たすのである．

おわりに

　1980 年代において，中国は日米欧との連携を基軸に，中国カードの重みを利用した是々非々主義外交を展開した．そして 80 年代を通じて形成された「独立自主の対外政策」は二つの原則を礎とした．その一つは，対外政策は経済発展に寄与するという原則であり，もう一つは「非同盟原則」である．

　イデオロギーにとらわれない全方位外交により，中国はソ連との関係改善を図る一方，西側諸国を含めた世界の多くの国々との間で安全保障，経済，教育，文化などさまざまな分野における協力関係を強化し，1990 年代以降のグローバル・プレゼンス向上のための下地を確実に築き上げた．他方において，中国の対外政策における発展途上国の重要性がこの時期に相対的に低下したことは否めない．

　1980 年代の中国の対外政策のプロセスは，まさに西側の主導する国際秩序への全面的参加のプロセスであった．そしてこの時期において，西側先進国も既存の国際秩序へ中国を取り込む必要性を認識し，制度化された自由主義的な原則，規範，ルールを中国が受け入れるよう促した．こうしたなか，中国は国連安保理常任理事国としての大国のスタンスに立脚しつつ，自国を発展途上国と位置付け自国の経済発展に必要な資金を調達した．

　自国の経済発展を最優先に，中国は 1980 年代に先進国から資金，技術，ノウハウを獲得する目的で多国間協力を推進した．そして当時の中国の経済発展戦略が「アジア太平洋」という戦略的概念に立脚していたことも特徴的であった．こうした経済発展戦略から出発する対外戦略はアメリカや日本などの西側諸国との関係強化につながり，また周辺アジア諸国との連携強化に基づくものであった．

　1980 年代後半において，ソ連のペレストロイカ，東欧の民主化の波が押し寄せるなか，アジアでも権威主義体制であった台湾や韓国が民主化に向かった．他方，経済改革と対外開放を推し進める中国では，民主化運動が挫折し，党による政治改革も頓挫した．86 年 12 月に全国の大学に広がった大学生による民主化要求運動が鎮圧され，学生運動に寛容な姿勢を示した胡耀邦もこれにより

87年1月に失脚した．その後，趙紫陽新総書記の主導の下で政治改革が提起されたが，これも89年6月の天安門事件で挫折することになる．

　1989年にベルリンの壁が崩れ，続いてソ連が崩壊し（91年12月），冷戦も終結する．民主化の波がグローバルな広がりを見せるなか，中国は強権政治の道を選択していく．天安門事件を契機に中国を取り巻く国際環境は一変し，厳しい国際環境に直面した中国は，これまでの対外政策の変更を迫られることとなるのである．

（青山瑠妙）

第6章
国際的孤立からの脱却と冷戦後世界への対応
（1989～1996年）

はじめに

　1989年の第二次天安門事件（以下，天安門事件）以降，中国は二重の国際的孤立に陥った．一つは，民主化運動を武力で弾圧した天安門事件に際して，西側諸国が中国に対して行った制裁による孤立であった．もう一つは，東欧の社会主義体制の解体とソ連の消滅によって，中国が世界で唯一の社会主義大国となったことによる孤立であった．89年から96年までの中国外交は，二重の国際的孤立からの脱却と冷戦後の世界への対応として展開されていった．

　この時期の中国の外交政策を強く規定したのは，「和平演変」への危機感であった．「和平演変」とは，資本主義勢力が社会主義国内の勢力と結託して，社会主義体制を平和的に転覆させることである．中国は，天安門事件や社会主義体制の崩壊を「和平演変」としてみなしたのである．

　天安門事件に対する西側諸国からの制裁は，中国経済にとって大きな打撃となった．また，改革開放に否定的な中国共産党内の勢力は，西側の自由主義に中国が追従したことを天安門事件の起因と見なし，計画経済の維持と重視を強

調した．1989年から90年代初頭，改革開放をめぐり，中国は社会主義なのか，それとも資本主義なのか，という大きな論争が中国共産党内でおき，統制経済を復活させようとする勢力が強まると，中国の経済成長は停滞していった．

天安門事件で国際的に孤立した中国は，1989〜1991年，特にアジアを重視する全方位外交を展開した．国際的孤立からの脱却を図るとともに，中国は，総合国力を増強するために経済発展を最重要課題とし，外交政策の目標を経済発展のための平和で安定した国際環境の確保に置いた．引き締め政策によって失速していた経済状況を打破しようと，92年，鄧小平は「南巡講話」で大胆な対外開放の拡大と加速を呼びかけた．南巡講話とは，92年1月から2月にかけて，鄧小平が中国南方の諸都市を視察し，経済改革と対外開放を大胆に加速するよう呼びかけた一連の行動を指す．改革開放の継続と経済建設の加速を重視した中国は，同年10月，第14回全国代表大会（第14回党大会）において，「社会主義市場経済体制」の確立を提起し，計画経済をめぐる議論に終止符が打たれたことにより，再び目指ましい経済発展に突き進んでいった．

中国共産党が一党独裁を維持し「和平演変」を防ぐために，共産主義のイデオロギーに代わって採用したのが，「愛国主義」であった．1990年代前半，中国は国内政策と外交政策の両面において，国家と国民の統一と中国共産党政権の正統性確保のために，「愛国主義教育」を強化した．高められた中華ナショナリズムは，国内のみならず対外行動にも強く表出されるようになった．また，軍事力増強をともなう対外強硬路線へ向かった中国は，主権や海洋権益をめぐる対外行動でもナショナリズムを強調するようになった．

初の本省人総統の李登輝が台湾の民主化を推し進めると，「台湾独立」を警戒した中国は，1995年から96年にかけて台湾近海で軍事演習を繰り返した．軍事衝突を懸念したアメリカは，インディペンデンスなどの空母を派遣し中国を牽制した（第三次台湾海峡危機）．これに対して中国はアメリカによる「内政干渉」と批判した．

1. 天安門事件と冷戦の終焉による国際的孤立への危機感

(1) 天安門事件の影響

　中国を取り巻く国際環境は，1989年6月の天安門事件によって，厳しい状況に一変した．89年の天安門事件とは，改革開放がもたらした深刻な社会矛盾を背景に，民主化や公正を求めた学生や知識人や一般市民らによる抗議活動を，中国共産党内の保守系指導勢力が武力で制圧した事件である．

　流血の惨事となった天安門事件を，国際社会とりわけアメリカをはじめとする西側資本主義諸国は，人権弾圧と見なし，中国を厳しく批判した．

　アメリカ政府は，天安門事件当日に，国務省内に調査チームを設置した．また，ジョージ・H. W. ブッシュ大統領は，事件翌日にホワイトハウスで緊急記者会見を開き，アメリカ政府として中国へ抗議するために，政府間および民間ベースの武器輸出停止，米中間の軍部指導者の相互訪問停止などからなる制裁方針を発表した．同時に，ブッシュ大統領は，民主化運動を強く支持し，中国当局の強硬措置を批判した．イギリス政府は，事件の2日後，中国に対する武器禁輸と中英両国間の接触を全面的に凍結すると発表した．そのなかには同年秋に予定されていたチャールズ皇太子とダイアナ妃の訪中取り消しも含まれた．6月7日には，フランス政府とオランダ政府が駐中国大使館縮小や高官交流の停止などの対中国外交関係凍結を公表した．同日，スペイン政府も高官レベルでの接触停止を公表した．6月12日には，カナダ政府が駐中国大使の召還を発表した．

　このような西側諸国からの厳しい制裁に対して，中国政府は「外国政府の内政干渉と圧力」として強く反発した．特に，反体制知識人として著名な物理学者の方励之とその妻である李淑嫻がアメリカ大使館へ避難したことが明らかになった6月8日以降，中国外交部はアメリカの駐中国大使を呼び，中国に対する内政干渉だと厳しく抗議するとともに，中国メディアも激しい批判を展開した．中国当局は，天安門広場でのデモに参加した活動家らの検挙を全国各地で始め，同月12日には，4月15日から6月4日に至る一連の社会混乱に思想的影響を与えたとして「反革命扇動」の容疑で方励之夫妻に逮捕状を出した．

140 　第 6 章　国際的孤立からの脱却と冷戦後世界への対応（1989～1996 年）

　アメリカ政府は同月 20 日，対中国制裁措置第二弾として，政府高官交流の停止と，世界銀行など国際金融機関による対中国融資の延期要請を発表した．アメリカが制裁第二弾に踏み切ると，制裁に慎重であった日本政府も，翌日，第三次円借款など新規対中経済協力について当面協議を見合わせざるをえないとの見解を公式に明らかにした．

　中国は，一般人や逃亡中の学生リーダーなどへの見せしめとするかのごとく，また同時に，外国による対中国制裁措置を顧みないことを制裁国へ示すがごとく，アメリカによる制裁第二弾が発表されてからおよそ半日しか経たないうちに，天安門事件への抗議として上海で列車を焼き討ちした 3 被告を死刑判決直後に銃殺した．中国外交部は翌 22 日の定例会見で，アメリカの制裁第二弾について，「アメリカ政府の内政干渉と圧力に断固として反対する」と猛反発した．

　上海での 3 被告を含めて 27 人にも及ぶ死刑が 21～22 日の 2 日間で執行されたことを新華社が報道すると，西側諸国の中国に対する批判は一層強く厳しいものとなった．フランス政府は 3 被告の死刑後，直ちに対中関係の凍結を実施した．オーストリア政府は 22 日に中国駐在大使召還を発表した．また，欧州共同体（EC）は同月末に開催された首脳会議で対中国制裁を討議することになるとの声明を出した．これを受けて，欧州理事会は，中国に対する人権問題の喚起や武器禁輸，閣僚級協議の凍結，文化事業・科学技術事業の削減などを規定した「中国に関する宣言」を採択した．その結果，EC・中国間のさまざまな交流や協議枠組みが途絶えることとなった．

　かくして西側諸国との政府レベル協議はほとんど開かれなくなり，政府首脳間の相互訪問も次々と中止されていった．カナダは，6 月 30 日に，調印済みの三つのプロジェクトへの援助協力停止，事件で調印を延期した開発援助 4 プロジェクトの凍結継続などを盛り込んだ 10 項目の制裁措置を公表した．

　とはいえ，アメリカをはじめとする国際社会は，中国の国際的な孤立を望まなかった．中ソ和解のなかで中国を孤立化させれば，中国をソ連サイドに追いやることになってしまう．また，カンボジア和平問題など，アジア地域の平和や安定をめぐり中国が役割を果たすことが期待されていた．アメリカ下院で中国政府に対する追加制裁案の提出が模索されていたさなかの 6 月 29 日，ジェ

ームズ・ベーカー国務長官は人権問題だけがアメリカ外交の唯一の原則ではないと語り，アメリカ政府としては中国に対する追加制裁実施に反対の立場であることを明らかにした．

中国側も，強硬な対外姿勢を見せたりアメリカを批判したりする一方で，訪中していたパキスタンやインドネシアなどの友好国の要人との会談において，中国の改革開放政策と平和共存五原則に基づく外交路線に変化がないことを繰り返し表明し続けた．

このようななか，フランスで先進国首脳会議（アルシュ・サミット）が7月14日から16日まで開催された．アルシュ・サミットを前に，日本政府は，改革開放を進める中国が国際社会で占める地位，特にアジア太平洋地域で果たすべき役割の重要性を説き，中国を国際的に孤立させることのないよう慎重な対応をとるようにサミット参加国に要請した．サミットでは，中国を非難する「政治宣言」が採択され，政府高官の交流停止などの制裁措置が確認されるとともに，世銀の中国向け新規融資審査の延期が合意された．その一方で，新たな対中国制裁は「政治宣言」や「経済宣言」に盛り込まれることなく，中国政府が国際的孤立を避けるような条件作りをすべきであるとの一文が「政治宣言」に盛り込まれた．

サミット閉会翌日の『人民日報』は，一面に掲載した社説で，西側諸国の価値観で中国を批判するのは内政干渉であり，受け入れられない，と反発した．同社説は，中国を国際社会の外に孤立させるような近視眼的な行為は，世界の平和と安定に害があるばかりか，西側諸国の利益にならないと主張し，中国に対する国際社会からの制裁解除を訴えた．

(2) 冷戦終焉と湾岸戦争による危機感の高まり

中国外交が直面した危機は，天安門事件による国際的な孤立ばかりではなかった．この頃始まった欧州の政変も，中国外交に大きなインパクトを及ぼした．同じ1989年の「東欧革命」の波，ベルリンの壁の開放，マルタ会談による冷戦終結宣言，翌90年の東西ドイツ統一，そして91年の経済相互援助会議（COMECON）やワルシャワ条約機構の解体，ソ連消滅に続くあっけない共産主義体制の崩壊は，中国を世界で唯一の社会主義大国にした．冷戦終焉による

142　第6章　国際的孤立からの脱却と冷戦後世界への対応（1989～1996年）

国際秩序の流動化は，中国指導部の危機感を高め，中国外交の方向性について中国共産党に再検討を迫ることになった．

　その背景の一つには，「和平演変」に対する中国共産党の危機感があった．「和平演変」とは，資本主義勢力が社会主義国内の勢力と結託して社会主義体制を平和的に転覆させることである．鄧小平は，天安門事件を「国際的な大気候」（和平演変）と「国内的な小気候」（ブルジョワ自由化）によってもたらされたものと認識していた．

　また，1989年から91年にかけての社会主義陣営の崩壊の衝撃は，「和平演変」の危険がゴルバチョフの改革（ペレストロイカ）に始まる資本主義陣営との経済関係からもたらされていたことを，中国指導部に危惧させた．

　さらに，1990年2月にソ連で多党制や大統領制の導入が検討されると，ソ連や東欧の情勢変化に関する中国共産党指導部における論争は，一元的な共産党独裁の政治体制維持にとって一層深刻な問題として展開されていった．東欧諸国で共産党が政権の放棄を余儀なくされていくと，中国共産党中央は，東欧・ソ連の民主化をも，西側による「和平演変」とみなし，危機感をもってとらえるようになった．同年3月に開催された中国共産党第13期中央委員会第6回全体会議（13期6中全会）において，中国共産党中央としてのゴルバチョフ改革に対する基本的評価を決定すると，中国共産党は「和平演変」批判のキャンペーンを展開した．この13期6中全会では，国際関係について，中・米・ソの「大三角形」，中・米・ソ・西欧・日本の多角関係を処理し，第三世界の国との友好協力関係を発展させ，積極的な外交活動によって制裁を打破して，国際的な孤立から脱却しなければならない，という議論も展開された（矢吹1991，64-72）．

　1990年9月11日にアメリカのブッシュ大統領が連邦議会における演説で，民主主義と市場経済に基づく冷戦後秩序のモデル形成を目指す「新世界秩序論」を唱えると，同月の国連総会演説で銭其琛は主権平等と相互内政不干渉を核心とする「国際政治経済新秩序」を強調した（『人民日報』1990年9月29日）．「国際政治経済新秩序」とは，88年12月に鄧小平が説いた領土・主権の相互尊重，相互不可侵，内政不干渉，平等互恵，平和共存の5項目からなる「平和共存五原則」を基盤にして形成する新たな国際秩序の枠組みである．当時，江

沢民も，西側諸国との関係を発展させるにあたり，相互内政不干渉を含む平和共存五原則の堅持を強調した．西側諸国が社会主義大国である中国の国際上の，特に第三世界における役割を無視することはできないと訴え（江沢民 2006, 134-137），東西イデオロギー闘争から中国を切り離し，発展途上地域における中国の役割の重要性を訴えていった．

1990 年 8 月のイラクによるクウェート侵攻は，西側諸国を国連安全保障理事会常任理事国である中国との関係改善に向かわせた．しかし同時に，91 年 1 月の湾岸戦争における「砂漠の嵐作戦」でアメリカの圧倒的な軍事力と技術力を見せつけられ，かつ自国の「総合国力」の弱さを認識させられ，中国が社会主義陣営のリーダーに立とうと勇み立つ中国共産党内の保守派勢力を，鄧小平は「二十四文字指示」で戒めたのである．「二十四文字指示」とは，「冷静観察（冷静に観察し），穏住陣脚（前線を固め），沈着応付（落ち着いて対処し），韜光養晦（目立たず力を蓄え），善於守拙（出しゃばらず），絶不当頭（決して先頭に立たない）」の 24 文字である．

湾岸戦争は，中国軍にハイテク化や軍事戦略の見直しを迫ることになった（浅野 2007, 250-260）．その一方で，国際的孤立や湾岸戦争で危機感を高めた中国は，周辺諸国との善隣外交や途上国との連帯や協力の強化を重視していくのであった．

(3) 経済の低迷と改革開放停滞の危機

天安門事件に対する西側先進諸国からの制裁は，中国経済を大きな試練に立たせることになった．1980 年代の中国は，政治や政策の不安定さや，投資環境の未整備などがリスクとなって，外資を呼び込むことに大きな成果を出せずにいた．88 年から引き締め政策が施行されていたことに続き，天安門事件をめぐる制裁で，外国投資は頓挫してしまった．当時の中国は，労働力は豊富であったものの，技術や資本が不足しており，それらを外資に頼っていた．

この頃，天安門事件や欧州における社会主義体制の崩壊を目の当たりにして，中国では計画経済を重視する保守派勢力が巻き返した．保守派勢力の台頭を背景に，改革開放が政策転換されるかもしれないと懸念した外資が，プロジェクトを停止したり中国から撤退したりする流れが加速した．そのため，中国では

経済成長が停滞してしまった.

　改革開放に否定的な中国共産党内の勢力は，西側の自由主義に中国が追従したことを天安門事件の起因と見なしていた．また，彼らはソ連や東欧の瓦解も，ゴルバチョフの改革（ペレストロイカ）が西側の価値体系に依存したことの結果としてとらえていた．改革開放に否定的な中国共産党中央の保守派勢力は，改革開放路線を批判し，計画経済の維持と重視を強調した．こうして，1989年から90年代初頭，改革開放をめぐる方向性について，大きな論争が中国共産党内でおきた．中国は社会主義なのか，それとも資本主義なのかという論争である（いわゆる「姓社姓資論争」）.

　中国の社会主義現代化建設と経済発展には，西側陣営を含む対外開放が欠かせなかった．そこで鄧小平が選んだのが，改革開放のさらなる発展と拡大であった．保守派に対する批判を込めて改革開放を鼓舞した鄧小平の言葉は，1991年の春節（旧正月）にあたる2月15日以降，中国共産党上海委員会の機関誌『解放日報』において，「皇甫平」の署名による評論として連載された．また，鄧小平は，上海で改革の辣腕をふるっていた朱鎔基を副総理に任命した.

　しかし，同年7月にワルシャワ条約機構が解体され，翌8月にソ連におけるクーデターが失敗すると，中国共産党内の保守派勢力が再び台頭し，引き締め政策を採った中国経済は失速していった.

2. 国際的孤立からの脱却

(1) アジア重視の全方位外交

　国際的に孤立した中国は，特にアジアを重視した全方位外交を展開していった．国際的孤立からの脱却を図るとともに，中国は，総合国力を増強するために経済発展を最重要課題とし，外交政策の目標を経済発展のための平和で安定した周辺の国際環境の確保に置いた．中国自身も積極的な外交攻勢に出たが，その一方で，当時のカンボジア情勢や朝鮮半島問題，湾岸危機やソ連の消滅などをめぐり，国連安保理常任理事国としての，また，地域大国としての中国からの協力を国際社会も必要としたのである.

　中国が欧米からの対中国制裁包囲網の「突破口」として積極的な外交攻勢を

展開したのは，まず，日本に対してであった（銭其琛 2003, 191-192）．当時の中国外交部長であった銭其琛は，彼の回顧録のなかで，1992 年 10 月の日本の天皇訪中の実現には，西側諸国が制裁として科していた中国指導者との交流禁止のブレークスルーとしたり，日本の国民から日中善隣外交への支持を得ようとするなど，中国側に「いくつもの戦略的な考え」があったことを明らかにしている（銭其琛 2003, 192）．中国の安定的な発展を重視していた日本は，中国と西欧諸国との関係改善のイニシアティブをとっていた．

東南アジアにおいては，中国は，1989 年 10 月にラオスと全面的に関係回復，90 年 8 月 8 日にインドネシアと正式に国交回復，同年 10 月 3 日にシンガポールと国交樹立，91 年 9 月 30 日にブルネイと国交樹立，同年 11 月にベトナムと関係正常化した．インドネシアとの関係正常化は，中国とシンガポールやブルネイとの国交樹立を牽引することになった．東南アジア諸国との関係改善は，中国の国際的孤立からの脱却への一手段となったのみならず，地域大国としての中国のプレゼンスを高めることにもなった．

また，中国は東南アジア諸国連合（ASEAN）と 1991 年 7 月に初の非公式外相会談を開催した．93 年 9 月には，ASEAN 事務局長が訪中し，中国は ASEAN の「協議パートナー」になった．また中国は，94 年 7 月に ASEAN 地域フォーラム（ARF）へ参加し，96 年 7 月には ASEAN の正式な対話国として ASEAN 拡大外相会議に初参加した．

積極的な ASEAN 外交には，台湾の「実用主義外交」に対抗し，南シナ海問題をめぐり台頭していた中国脅威論を緩和するねらいもあった．台湾の「実用主義外交」とは，「台湾に在る中華民国」の国際的認知を獲得しようとする李登輝政権下の外交である．1991 年 11 月には，中国は中国香港や台湾（チャイニーズ・タイペイ）とともにアジア太平洋経済協力（APEC）第 3 回会合から参加し，94 年 7 月には ARF に初回会合から参加した．96 年 7 月にジャカルタで開催された ARF では，中国は新規メンバーの加入要件を「主権国家」に限定させ，台湾の ARF 参加を阻止した．

中国は朝鮮半島政策でも大きく舵を切った．鄧小平は 1989 年 10 月に金日成に対して，韓国を承認せず「二つの朝鮮」を作らないと約束していた．しかし，90 年 9 月 30 日に韓国とソ連が国交を樹立すると，中国は朝鮮半島政策を転換

した．翌月 20 日，中国国際商会と大韓貿易振興公社が貿易事務所を相互開設することに合意し，91 年 1 月 30 日に大韓貿易振興公社駐北京代表部が北京に開設され，同年 4 月 9 日に中国国際商会駐ソウル代表処が開設された．中韓国交正常化をめぐる中国の外交政策は，単に二国間外交の調整だけでなく，アメリカや北朝鮮をはじめとする広範な外交政策の調整のもと転換されていった．その一つとして，北朝鮮と国交をもち韓国と経済関係を深めていた中国は，91 年 9 月 17 日の南北朝鮮国連同時加盟に大きな役割を果たした．そして，92 年 8 月 24 日には，中国は韓国と国交を樹立した．中韓国交正常化のプロセスで，中国は韓国に対して台湾との断交を求め，韓国はそれを受け入れた．中国は，アジアで唯一台湾と外交関係を有していた韓国と国交を樹立し，韓国に台湾と断交させることで，アジアにおける台湾の孤立化を図ったのである．

中東においても，中国はアラブ諸国の中で台湾を承認している唯一の国であったサウジアラビアと，1990 年 7 月 21 日に国交を樹立した．サウジアラビアが台湾との外交関係を中止したうえでのことであった．中国が 80 年代の武器移転で着実に関係を拡大させてきたサウジアラビアとの国交樹立の背景には，台湾との外交競争に加え，経済成長にともなって拡大するエネルギー資源の輸入を確保しようとした中国側のねらいがあった．

さらに中国は，1992 年 1 月 24 日，イスラエルとも国交を樹立した．天安門事件に対する西側の武器禁輸制裁後，イスラエルの中国に対する軍事協力ぶりは突出していたという（Bitzinger 1991, 33）．89 年の天安門事件に対する制裁として西側諸国からの武器・軍事技術移転が禁止されていたなか，中国はイスラエルとの軍事関係を発展させていった．

(2) 南巡講話を契機とするグローバル経済への参入

引き締め政策によって失速していった経済状況を打開するため，1992 年 1 月 18 日から 2 月 21 日にかけて，鄧小平は上海，武漢，深圳，珠海を視察して，大胆な対外開放の拡大と加速を呼びかけた．いわゆる「南巡講話」である．鄧小平は，中国は社会主義なのか，それとも資本主義なのかという論争を否定し，社会主義の目的を生産力の発展に据えた．鄧小平は，生産力の発展，総合国力の増強，人民の生活向上に有利な制度，という 3 点を社会主義的であるのか否

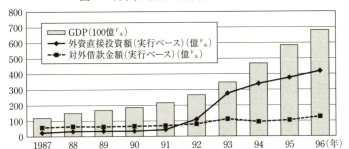

図1　外資導入概況と国内総生産（GDP）

出所：『中国統計年鑑』を参照して作成．

かの判断基準とすべきである，と強調した（中共中央文献編輯委員会1993, 370-383）．

南巡講話は，経済低迷に苦しんでいた地方から歓迎された．3月に開催された政治局中央会議で正式に認知されると，6月には，従来沿海地域に限定されていた対外開放を拡大するという指示が通達されることになった（天児2004, 302）．

こうして，中国共産党と中国政府は，改革開放の継続と経済建設の加速を重視するようになったのである．1992年10月には，中国共産党第14回党大会において，中国の改革開放の目指すべき目標として「社会主義市場経済体制」の確立が提起された．同報告において江沢民が用いた「中国の特色を持つ社会主義を建設する鄧小平同志の理論」（第15回党大会以降は「鄧小平理論」）という表現は，中国が社会主義をいかに建設し発展させるか，という問題への中国共産党の解答であった（馬立誠1998, 210）．

南巡講話を契機に，中国は，「特定経済開放区」を大幅に拡大した．1992年には，長江沿岸6港湾都市，内陸国境沿い13都市，内陸18省都・首府の開放を進め，保税区の設立を許可した．94年には蘇州工業区の設立を決定した．また，南巡講話を契機に，中国の地方都市による積極的な外資誘致競争が展開された．

この時期，外資導入に成功し，急速にグローバル経済に組み込まれた中国は，その恩恵を受けながら再び経済発展に突き進んでいった（図1を参照）．中国が国際的孤立から脱却できた主な要因の一つは，中国の目覚ましい経済成長であ

った.

　中国の経済成長にともない，欧米諸国は対中政策を見直していった.

　欧州では，1994年7月13日に欧州連合（EU）の欧州委員会が「新たなアジア戦略に向けて」と題する政策文書を公表した. 同文書では，中国を，開放的な市場経済に基づく世界貿易システムの中に組み込むべく，積極的な経済協力を最優先とする相手国の一つとして位置付けた. また，翌年7月5日には，EUは21世紀に向けた中国との長期的な関係を展望し提言するために，「中国・欧州関係の長期的政策」を公表した. 同文書は，以下3点に重点を置いていた. 第一に，中国を国際社会に組み込むために，世界的に重要な課題を協議する政治対話の拡大や，中国の世界貿易機関（WTO）加盟と市場経済への移行を支援すること. 第二に，中国国内の改革を促進するために，人権や市民社会を向上させ，環境や科学技術分野での協力を推進すること. 第三に，中国でのEUの経済活動や市場アクセスを改善し，人的交流を活性化すること.

　またアメリカでは，中国の人権問題や武器移転問題で中国に対して厳しい姿勢をみせていたビル・クリントンは，大統領に就くと，経済界からの圧力を受けて，中国に対してソフトな姿勢に転じていった. ブッシュ前政権の対中政策を批判していたクリントンが大統領選挙キャンペーン中の約束通り，1993年に一旦は中国の最恵国待遇と人権問題をリンクさせたものの，翌年には，アメリカの経済界や国防総省からの強い要求によって，最恵国待遇と人権問題が切り離されるようになった.

　経済のグローバル化が急速に進む時代に，中国は自らをグローバル経済に組み込ませていき，西側諸国もそれを後押ししたのである.

(3) ロシア・中央アジアへの接近

　天安門事件直前の1989年5月に実現したゴルバチョフ訪中で，中国とソ連は長年に亘る両国・両共産党間の関係を公式に正常化させた. 中ソの歴史的和解，米ソ冷戦の終結，ソ連の解体という出来事はアメリカにとっての中国の戦略的価値を下げることになった. しかし同時に，中国にとって北西部における外部脅威の後退と関係発展のチャンスでもあった. 中国は，西側へのカウンター・バランスとしてのロシア・中央アジア等に接近していったのである.

2. 国際的孤立からの脱却　　　149

　前章で見たように，1980年代に「三大障害」を解決して関係正常化を果た
した中国とソ連であったが，国境問題は未解決のままであった．そこで，89
年10月に第4回国境画定交渉を開催した中ソ両国は，翌11月に国境地帯の兵
力削減や安全保障の領域における信頼醸成について議論を開始し，90年4月
に国境地帯の兵力削減に合意した．91年5月16日には両国は東部国境線画定
協定に調印した．東部国境線画定協定により，69年に中ソが武力衝突したウ
スリー川の珍宝島（ダマンスキー島）は中国の帰属になった．東部国境線画定
協定調印翌日の5月17日には，両国は国境地帯における兵力削減とSu-27戦
闘機の対中輸出を含む一層の軍事協力の進展で合意した．

　ソ連解体直後の1991年12月28日には，中国政府は独立国家共同体（CIS）
を承認した．迅速な対応の背景にあったのは，7400kmにも及ぶ国境問題と新
疆問題であった．中国が旧ソ連と結んだすべての条約と協定をCISが継続し，
中ソ国境が以後に亘る唯一の中ロ国境になることをCIS側に確約させるねら
いが中国にはあった．また，90年4月の「バリン郷事件」をはじめ，新疆ウ
イグル自治区における反政府デモや武力衝突が続き，ソ連解体が新疆における
独立を求める気運を高めていた．そのため，新疆の独立勢力が中国と隣接する
中央アジア諸国のムスリムと連携しないように，それらの国々と経済協力など
の連携強化を図っていく必要が，中国側にあったのである．

　このような国境問題や新疆問題を含め，1991年から96年における中ロ関係
は，94年9月までの第一段階，96年4月までの第二段階，96年4月以降（中
ロ善隣友好協力条約に調印した2001年7月まで）の第三段階という3段階を
経て発展していった（王樹春2005, 29-38）．

　第一段階では，1992年12月18日，平和共存五原則に基づき相互に相手を
「友好国家」と規定する中ロ相互関係基礎共同宣言が調印された．同共同宣言
は80年に期限が切れた中ソ友好同盟相互援助条約に代わる中ロ間の基本文書
であった．李鵬総理とボリス・エリツィン大統領は同共同宣言において，国際
社会の中における新しい中ロ関係の位置づけを確認しあった．国連安保常任
理事国として中ロ両国が大きな責任を担っているという認識で一致するととも
に，国際問題に関する協力強化で合意した．

　第二段階では，1994年9月に中ロ関係が「友好関係」から一歩進んで，経

済，外交，軍事など広い分野にわたる「協力関係」を築くことを謳った「21世紀に向けた建設的パートナーシップ」を宣言した．「建設的パートナーシップ」とは，同月4日の銭其琛のモスクワにおける記者会見によると，同盟を意味するのではなく，平和共存五原則を基礎にする長期的な善隣友好関係を意味していた．両国は戦略ミサイルの照準を互いに外して核先制攻撃を放棄する協定にも調印した．こうして，核ミサイル配備で対峙してきた両国は，緊張関係から脱却することになった．また，同年6月に仮調印されていた中ロ西部国境線画定協定も江沢民が訪ロしていた9月に銭其琛外交部長とアンドレイ・コズイレフ外相によって正式に調印された．同協定によって中国西部55㎞の国境が最終的に定められ，中ロ間の国境が，東部のウスリー川流域を除いて，ほぼ画定された．

　第三段階では，1996年4月に中ロ両国政府が「21世紀に向けた戦略的協力パートナーシップ」を宣言した．中ロ両国が関係を格上げした背景の一つには，台湾問題や人権問題や核技術移転などをめぐり中国がアメリカと対立する一方で，ロシアはチェチェン問題や北大西洋条約機構（NATO）の「東方拡大」で欧米諸国を警戒していた点が挙げられる．中ロ共同声明は，チェチェン紛争について「ロシアの内政問題」と表明するとともに，「台湾は中国の不可分の領土の一部」と明記した．

　同月，中国はロシア・カザフスタン・キルギス・タジキスタンの4ヵ国と国境地域軍事信頼醸成措置協定（上海協定）を締結した．国境問題の交渉国が「中ソ2ヵ国」から「4（ロシア＋中央アジア3国）＋1（中国）」になったソ連崩壊当初，中国との交渉に否定的な3ヵ国をロシアが仲介し，1993年以降，「4＋1」は国境地帯の信頼醸成措置と国境画定問題に取り組んでいった．94年4月の李鵬による中央アジア（ウズベキスタン，トルクメニスタン，キルギス，タジキスタン）歴訪時には，中国は「新シルクロード構想」を含む経済協力方針や，善隣友好や平和共存，互恵や共同繁栄，内政不干渉，独立した主権の尊重の四つの基本方針を提唱した．中国にとって中央アジアは，とりわけ中国西部の安全保障に最も重要な外部地域である（高祖貴2005, 27）．中国西北部にはムスリムが多く，中央アジアが中国西北部の安全保障に及ぼす影響は小さくない（許嘉2003, 376）．94年に中国・カザフスタン国境協定が結ばれた際，李鵬

はヌルスルタン・ナザルバエフ大統領に，東トルキスタン・イスラム運動など
の民族分離主義を許さない，と表明させていた（『人民日報』1994年4月29日）.
「4+1」の会議は，96年に上海で首脳会談を開催し，翌97年の第2回首脳会
議以降，「上海ファイブ」の名で知られていくようになる.

3. 対外的な強硬姿勢の兆し

(1) 愛国主義教育とナショナリズムの表出

　1990年代半ばになると，中国は国内政策と外交政策の両面において，国家
と国民の統一と中国共産党政権の正統性確保のために，「統一」を強調する必
要に迫られるようになった．その背景には，ポスト鄧小平体制への移行期にお
ける江沢民指導体制への不安，アメリカ一極体制の「一超四強」（四強＝ロシ
ア，EU，日本，中国）下における米中関係への不安，経済発展による格差拡
大などの社会不満への不安等があった．対外関係では，中国は特にアメリカの
「覇権主義と強権政治」に対して警戒を強めた.

　そこで，この時期の中国においては，国民統合の手段として強化された「愛
国主義教育」によって，近代中国が列強から受けた「屈辱の歴史」が強調され，
高められたナショナリズムが国内のみならず対外的にも強く表出されるように
なっていった.

　天安門事件と冷戦終焉によって共産党の威信と共産主義への信頼が低下する
なかで，中国共産党の正統性を再確認しようとしたのが「愛国主義教育」であ
った．「愛国主義教育」は「反日教育」だけを目的にしているわけではない.
しかし，中国共産党の誕生を民族解放という歴史において強調する「愛国主義
教育」の結果として，中国の対日外交はナショナリズムを強く表出するものと
なった．日中国交正常化の20周年にあたる1992年の天皇訪中を日中友好のピ
ークに，日中関係はきしみ始めていった.

　戦後50周年の1995年には，日本が中国の核実験を批判して無償援助を凍結
すると，中国は「経済の政治化」であると激しく反発した．李鵬は，中国が放
棄した戦後賠償に比べれば日本からの無償援助や円借款は不十分であると日本
を批判した（『人民日報』1995年9月20日）.

図2 国防費の対前年度伸び率（％）

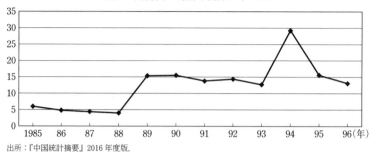

出所：『中国統計摘要』2016年度版.

(2) 積極的な軍備増強

　党と国家の分裂の危機に対応するために，江沢民は党総書記，国家主席，中央軍事委員会主席の人事を独占し，集団指導体制を人事と制度の両面で固めていった．また，冷戦終焉後唯一の超大国アメリカの「覇権主義と強権政治」への対応として，さらには，台湾独立の封じ込め策として，中国は軍備増強を積極的に推進していった．そこで，1989年から中国の軍事費は2桁の伸び率を続けていった．87年ならびに88年に4.4％であった軍事費の対前年度伸び率は，89年に15.4％（対GDP比1.5％），90年に15.5％（同1.6％），91年に13.8％（同1.5％），92年に14.4％（同1.4％），93年に12.7％（同1.2％），94年には29.3％（同1.1％），95年に15.6％（同1.1％），96年に13.1％（同1.0％）であった（図2を参照）．

　さらに中国は，主権と海洋権益を強く主張して，積極的な海洋進出に向かっていった．

　中国は，APEC加盟前の1991年から，APECの「南シナ海における潜在的紛争処理のためのワークショップ」にゲスト国として参加を始めた．92年2月には，中国はプラタス（東沙）諸島・パラセル（西沙）諸島・中沙諸島・スプラトリー（南沙）諸島を含む南シナ海の諸島や尖閣諸島までをも自国領として明記した領海及び接続水域法（領海法）を施行した．また，同年10月の第14回党大会における江沢民の政治報告は，国の領土，領空，領海の主権と海洋権益の防衛，祖国統一と安全の擁護を軍の担うべき使命として指摘した．95

年2月には，フィリピンも領有権を主張するスプラトリー諸島のミスチーフ礁で中国が建造物を構築したとフィリピン政府が発表したことで，現在に続くフィリピンとの軋轢が生じている．

　また，同1995年5月15日，8月17日，96年7月29日には，核拡散防止条約（NPT）無期限延長決定後から包括的核実験禁止条約（CTBT）採択前にかけ，中国は三度の駆け込み核実験を行った．

(3) 第三次台湾海峡危機

　1990年11月に台湾側に海峡交流基金会が，91年12月に中国側に海峡両岸協会が，それぞれ設けられた．民間団体である両会を通すことで，両政府間では接触しないという原則を崩さないまま，中台の指導部は交流することが可能になった．92年10月に香港で両機関の事務レベルでの会談が行われ，93年4月にはシンガポールで両機関のトップ会談が行われたことから，中台は対話に向かうかのように思われた．しかし，93年1月13日の中央軍事委員会拡大会議において，江沢民は，「当面の軍事闘争面の重点は，台湾で重大な『台湾独立』事変が発生するのを防止し，それが国家主権と領土保全に危害をもたらすのを防ぐことである」と語っていた．そこには，1988年に台湾で李登輝が本省人（＝台湾人）として初めて総統に就任して以来の中国指導部の危機感が示されていた．

　1991年2月，台湾の国家統一委員会は段階的かつ漸進的な統一を目指す「国家統一綱領」を採択した．「国家統一綱領」は，台湾と中国を対等な政治的実体とみなし，二つの地域が客観的事実として分裂状態にあり，両政府の統治がともに相手の地域に及んでいないことを明記していた．また，同年5月1日，李登輝は国共内戦状態を規定していた「反乱鎮定時期臨時条項」を廃止し，「台湾に在る中華民国」が「中国と対等な政治的実体」であると主張した．同条項は，48年当時，中華民国憲法で総統が行政院長よりも実権が弱かったため，国共内戦期（＝反乱鎮定時期）に総統の独裁的権力に法的根拠を与えた憲法付属条項である．同条項の廃止は，国民党が一方的に国共内戦を終結するという，大陸政策の大転換であった．これにより台湾の実効統治の範囲を中国全土ではなく，台湾・澎湖諸島・金門・馬祖に限定した．こうして，国民党の両

岸関係論は，両岸を二つの政治実体が分治するという「一つの中国，二つの政治実体」論に転じた．

また，李登輝政権が積極的に展開した「実用主義外交」は，中国共産党に危機感を抱かせた．1991年に「チャイニーズ・タイペイ」の名称でAPEC加盟を果たし，93年には国連復帰運動も開始した．また，李登輝政権は，中国へ過度な依存をしないよう台湾の投資を中国から東南アジアやラテンアメリカの諸国へ誘導しようと，「南向政策」を実施し，94年の旧正月にはフィリピン，インドネシア，タイへ「休暇外交」を行った．

李登輝が台湾の自立と国際化を推進するなか，1993年8月，中国政府は「台湾問題と中国の統一（台湾白書）」を公表した．その内容は，台湾が中国の不可分の一部であるという従来の主張を繰り返すものであった．これへの回答として，台湾は94年7月，「台湾海峡両岸関係説明書（大陸白書）」を公表した．同文書で，主権争いを一時棚上げにして，互いを政治的実体として認め合うことが，40年以上にわたる中台間のしこりをなくすために重要であると指摘した．

1995年1月30日，江沢民は台湾へ向けて8項目提案を公表した．いわゆる「江八点」である．「江八点」とは，①「一つの中国」原則のもと，中国の領土・主権の不可分，②台湾と外国との経済・文化の関係発展には不介入，「中国台北」の名称での国際機関への参加・台湾独立活動に反対，③両岸の平和的統一の交渉推進過程での両岸各党派代表の参加，④平和的統一実現への努力，中国人による中国人の不攻撃，中国の武力攻撃の対象は台湾同胞に対してではなく中国統一に干渉し台湾独立を画策する外国勢力，⑤三通（通航，通商，通信）の実現の加速，⑥中華民族文化の優れた伝統の継承，⑦両岸関係と平和統一についての意見交換，⑧両岸指導者の適切な資格での相互訪問と台湾問題の非国際化，である．

しかし，「江八点」への回答として，4月8日に李登輝が示したのは，①両岸分治の現実に立脚した中国統一の追求，②中華文化に基づく両岸交流の強化，③両岸経済・貿易の増進，相互利益・相互補完の関係発展，④両岸の平等な立場での機関参加，両岸指導者の自然な会談実現，⑤平和的紛争解決，⑥両岸による香港・マカオの繁栄維持と民主化促進，の6点であった．いわゆる「李六

3. 対外的な強硬姿勢の兆し　155

条」である.

「江八点」と「李六条」は, 大きく乖離したものであった.

「江八点」が示された翌月の 1995 年 2 月には, アメリカ共和党のニュート・ギングリッチ下院議長が, 訪米した国民党代表団との会談後, 記者団に対して, 中国と台湾が「二つの異なる政治的実体」であり, 台湾の国連復帰と李登輝の訪米を支持する, との考えを示していた. 民主党のクリントン政権はギングリッチの見解に反対を示したが, 前年の中間選挙で上院・下院とも共和党が過半数を制したアメリカ議会では, ジェシー・ヘルムズ上院外交委員長とベンジャミン・ギルマン下院外交委員長がともに親台湾派として知られていた人物で, 連邦議会から台湾寄りの政策を求める声が強まるとみられていた.

アメリカ上院は 5 月 9 日の本会議で, 李登輝の私的な訪米を許可するようクリントン大統領に対して求める決議を 97 対 1 の賛成多数で採択した. これをうけて, アメリカ国務省は 5 月 22 日, クリントン大統領が李登輝の非公式訪米を認めることを決定したと正式に発表した. また, アメリカの上院外交委員会は李登輝がロサンゼルスに到着した同じ日の 6 月 7 日, 政府に対して台湾の国連への復帰および WTO への加盟を支持するよう求める修正条項をそれぞれ賛成多数で承認し, 本会議に送付した.

反発した中国は, アメリカに対してミサイル技術管理レジーム（MTCR）と核協議に関する専門家協議の暫時中止, 李道豫駐米大使の召還, 遅浩田国防部長の訪米延期や両国間の次官級往来の一時中止を直ちに決定した.

6 月 7〜11 日に訪米した李登輝は, 6 月 26 日, 国連憲章調印 50 周年に合わせて台湾の国連復帰を世界に訴える声明を発表し, 中国を初めて従来の「中共」ではなく,「中華人民共和国」と正式名称で呼んだ. 8 月 8 日には, 中国の国連代表権問題に対する台湾の政治的立場を訴えた李登輝の書簡が, 国連の公式文書として各国に配布された. 同書簡は, 台湾と外交関係を持つニカラグア, ソロモン諸島の両国連大使が代理人として受け取り, ブトロス・ブトロス－ガリ国連事務総長に公式文書として各国へ配布するよう要請した.

中国側が反発して中台間の緊張が高まるなか, 1995 年 7〜8 月, 中国は台湾北方の東シナ海でミサイルの実弾演習を行った. 11 月には陸海空三軍合同の上陸演習を台湾海峡対岸の福建省で行い, 翌年 3 月の台湾総統の直接選挙の直

156　　　第6章　国際的孤立からの脱却と冷戦後世界への対応（1989〜1996年）

前には，ミサイル実弾演習と三軍合同演習を行った．

　アメリカ下院のアジア太平洋小委員会で証言したウィンストン・ロード国務次官補によれば，中国の軍事行動の目的は台湾の総統選挙と国際活動を牽制するだけであり，台湾への武力侵攻がないことを中国政府はアメリカ政府に対して事前に通告していた．しかし，アメリカは「台湾関係法」に基づき空母インディペンデンスを含む米軍艦隊を台湾近海に派遣するとともに，クリントン政権は，WTO加盟関連の交渉も絡ませながら様々なチャンネルを駆使し，中国政府に対する説得を重ねた．米軍の空母インディペンデンスが台湾東部の沖合に，イージス艦バンカーヒルが台湾南部沖合にそれぞれ配置され，空母ニミッツが台湾近海で待機するなか，中国は演習の終了を発表し，第三次台湾海峡危機は終息した．

　第三次台湾海峡危機の最中に開催された第8期全国人民代表大会（全人代）第4回会議では，李鵬が政治報告において「覇権主義と強権政治は世界を不安定にする根源である」という国際情勢認識を示した．また，中央軍事委員会副主席の張万年や劉華清，国防部長の遅浩田などの解放軍指導者らが，第三次台湾海峡危機における米軍の圧倒的な軍事能力を再認識し，軍の近代化を全力で強力に推進し，将来的には「覇権主義と強権政治」の圧力に対抗していくと表明した．

おわりに

　1989年から96年までの中国の外交政策は，「国際的な大気候」（和平演変）と「国内的な小気候」（ブルジョワ自由化）に対する強烈な危機感によって形成された．

　天安門事件による中国の国際的な孤立と，ソ連・東欧における社会主義体制の崩壊は，中国共産党内部の改革開放をめぐる路線闘争において，「和平演変」が経済領域からもたらされるという危惧を，中国指導部に抱かせることになった．中国は社会主義なのか資本主義なのかが議論されるなか，イデオロギーを優先させる保守派勢力の台頭に対して，鄧小平は改革開放の加速を訴えた「南巡講話」によって批判した．「南巡講話」を受けて全方位外交へ舵を切った中

国は，再び急速な経済発展に邁進し，クローバル経済に組み込まれていった．

　総合国力を増進させるために経済発展を最重要課題とし，外交政策の最重要課題を経済発展のための平和で安定的な国際環境づくりに置いた．

　ソ連の瓦解によって世界で唯一の社会主義大国になった中国は，その一方で，「覇権主義と強権政治」の圧力への対抗策や台湾独立の封じ込め策として，軍備増強を積極的に推進していった．また，主権と海洋権益を強く主張するなど，1990年代前半には対外的な強硬姿勢の兆しを見せ始めた．

　中国が引き起こした第三次台湾海峡危機は，中国の「砲艦外交」を世界中に喧伝することになった．そのような中国の強硬外交のイメージを薄めようとするかのように，1996年7月にARFで初めて銭其琛が提示したのが，次章で触れられる「新安全保障観」である（ただし，「新安全保障観」が公式に中国の外交文書に登場するのは97年の中ロ共同宣言以降である）．「相互信頼」「互恵」「平等」「協力」を四つの柱とする「新安全保障観」は，冷戦終焉によってアメリカの一極体制が築かれていく一方，アメリカ外交における中国の戦略的な位置づけが相対的に低下するなかで，中国脅威論を緩衝し，多国間協調外交の枠組みで中国の相対的な地位の向上を目指すものと言えよう．

（三船恵美）

第7章
地域大国からグローバル大国へ
（1996～2006年）

はじめに

　世紀の変わり目の中国外交は，グローバルな国際秩序への全面参加，および国際的プレゼンスの急上昇という二つの成果に彩られた．1997年7月に香港返還を成し遂げ，「百年の国辱」を雪いだ中国は，歴史的な長期交渉の末，2001年12月に世界貿易機関（WTO）への加盟を実現した．同年7月には北京市が2008年オリンピックの，2002年12月には上海市が2010年国際博覧会（万博）の招致に成功した．改革開放以降，外国投資の受け入れを成長の活力としてきた中国企業は，「走出去」（打って出ろ）という政府のかけ声の下，2000年代初頭から積極的に対外投資に乗り出していく．1996年から2006年の11年の間に，中国の名目国内総生産（GDP）は8920億米ドルから2兆7930億米ドルへと約3.1倍に拡大し，世界第3位のドイツに迫った．国防の近代化も進み，1996年に世界で第9位とされた中国の軍事支出は，2006年には第3位となり，第2位のイギリスに肉薄した．この間に多くの庶民が生活の豊かさを実感できるようになり，海外のモノや文化が身近に溢れ，「富強」の実現と

いう国家の目標は徐々に現実味を帯びてきた.

　中国は西側の自由主義経済システムの恩恵を最大限に享受して成長したが,
そうした国々が作り出した国際政治秩序には強い警戒心を抱き続けた. 冷戦後,
中国は世界の多極化を望み, アメリカ一国主義は回避したいと考えていたが,
自国は国連安全保障理事会の常任理事国として満足できる影響力を発揮できな
かった. 欧州では北大西洋条約機構 (NATO) が東方拡大し, 1999 年にコソ
ボ紛争, 2001 年にアフガニスタン紛争への介入を行い, アメリカのリーダー
シップの下で国連から距離を置いた独自行動を強めていた. アジア太平洋地域
でも同様に, 中国はアメリカが日本やオーストラリアなどとの同盟関係を使っ
て, 生き残った最大の社会主義国, 中国を封じ込めようとしているのではと憂
慮した. 1989 年の天安門事件, 95〜96 年の台湾海峡危機, それと並行した日
米安保再定義の動きなどを, 中国はアメリカの覇権的野心を裏付けるものと解
釈し, それを補佐する日本に反感を募らせ, カウンター・バランスとしてそれ
以外の国々との接近を図った. 逆にアメリカや日本は, 中国の急速な軍拡と海
上での不審な行動に警戒を強めた.

　1990 年代後半から 21 世紀初めにかけ, 中国はグローバル化の波に乗り, 対
話と協調の対外姿勢を熱心に打ち出し, 自国の対外関係を水平方向に大きく広
げた. しかし, 「富強」の実現という国家目標に向かって解き放たれた国内の
エネルギーは, 中国の対外政策を国際協調から徐々に逸脱させ始める. 国益が
錯綜し, 国際問題について国内からさまざまな観点が提起される中, 台湾をめ
ぐる緊張と軍の発言力の高まりを契機として, 中国共産党は主権や安全保障の
重要性を改めて強調し, 対外強硬路線に舵を切っていくのである.

1. アメリカ中心の国際秩序への懸念

(1) アメリカの同盟ネットワーク強化への警戒

　ソ連の崩壊によって, 冷戦期の国際的な二極対立は終わった. 新たな時代に
向け, 世界では潜在的な敵を集団の中に取り込んで信頼醸成を図り, 紛争を未
然に防止する協調的安全保障の手法が流行した. 中国も ASEAN 地域フォー
ラム (ARF) など多国間の国際枠組みでそうした考え方に触れ, 自らも新安

1. アメリカ中心の国際秩序への懸念　161

全保障観（第2節を参照）を提起して潮流に乗ろうとした.

　しかしその一方，中国は西側先進国が中国の封じ込めに動いているのではと勘ぐり続けた. その警戒心はアメリカの第三次台湾海峡危機への介入で一層深まり，中国は独立志向を強める台湾の民主化勢力とそれを支持する外部勢力が，中国の主権を揺るがし安全保障を脅かしているとみなした. 海峡危機直後の1996年4月に発表された日米安全保障共同宣言を，中国は両国の覇権追求宣言と認識した（高木2000, 11–16）. こうしてアジア太平洋地域においては，日米両国と中国が互いの動きを注視する新しい力の構図が徐々に明確化していく.

　実のところ，当時日米の協力関係が磐石だったわけでもないし，共同宣言が中国を念頭に練られたわけでもない. 冷戦後，存在意義が曖昧になっていた日米安保の役割を再定義し，地域の不安定・不確定要因に対処しようという動きは，1993年からの朝鮮半島危機をきっかけに始まった. 再定義のエッセンスは95年11月のクリントン大統領の来日で共同宣言として発表される予定だったが，訪問延期のため翌春に持ち越された. 日本政府は月末に，合わせて見直していた「防衛計画の大綱」だけを先に公表している（田中1997, 332–336）. しかも，沖縄では同年9月に少女暴行事件が発生して県民の基地負担への不満が爆発し，日米同盟は「漂流」と言われるような先行き不透明の状態にあった. だが，こうした中で中国が台湾に向けて軍事演習を展開し，台湾の民主主義の発展を武力で牽制しようとしたことで，日米はアジア太平洋地域の不安定性を再確認し，日米同盟に安定の重しとしての役割を期待するようになった（船橋1997, 327–439）.

　中国は1970年代には，ソ連に対抗するためNATOや日米同盟の役割に期待を寄せた. しかし中ソ関係が正常化し冷戦が終結すると，ロシアと共同で同盟は冷戦の遺物と主張するようになり，アメリカのグローバルな同盟網への反発を強めた. 97年9月，中国共産党第15回全国代表大会（第15回党大会）における報告で，江沢民は次のように述べている. 「冷戦思考は依然存在し，覇権主義と強権主義は今も世界の平和と安定を脅かす主な原因になっている. 軍事的なグループを拡大し軍事同盟を強化することは，平和の擁護や安全の保障には役立たない. ……世界はなお安寧ではない」. 日米両国が未だに同盟強化に固執するのは，中国をソ連に代わる新たな敵として選び出したためではと

中国は疑った.

　ただし，日米同盟に対する中国の反応はねじれていた．この党大会直後には新たな「日米防衛協力のための指針」（いわゆる「新ガイドライン」）が公表され，日米安保の適用対象が，日本の施政下にある領域で日本や在日米軍が武力攻撃を受けた場合から「周辺事態」へと広げられた．周辺事態とは両国の説明によれば，「日本の平和と安全に重要な影響を与える事態」で，地理的概念ではない．同盟の抑止効果を最大化するため，意図的な曖昧戦略がとられたのだった．中国は同盟の対象範囲が台湾海峡に広がったと解釈して反発したが，両国に対して異なる反応をとった．このとき外交部スポークスマンは，「特に歴史的原因により，日本が安全保障政策でいかなる方向性をとるかはアジアの隣国にとって非常に敏感な問題であり，日本が歴史の教訓を汲み取って，平和的な発展の道を堅持することを望んでいる」とコメントする一方，冷戦後に唯一の超大国となったアメリカへの言及は避けた（『人民日報』1997年9月25日）．日米の共同作業に対し，中国は批判の矛先を日本に絞り，現行の安全保障問題を過去の歴史問題に読み替えながら挑戦する姿勢を強めていく.

　世界の多極化への中国の期待に反し，アジア太平洋ではアメリカの圧倒的優位が世紀をまたいで継続した．2001年9月11日，史上例のない同時多発テロ（9.11事件）が発生すると，ジョージ・W.ブッシュ政権はその直後に「4年ごとの国防見直し（Quadrennial Defense Review: QDR）」を発表し，同盟関係や非同盟国とのパートナーシップの強化，および軍事における革命を図って非対称的脅威への対処を進めていく方針を明示した．アメリカのアフガニスタンでの対テロ戦争，それに続く対イラク戦争に際しては，日本やオーストラリアがこれまで以上の協力態勢をとり，韓国も派兵を決めた．中でも日本政府は，小泉純一郎首相の下でテロ対策特別措置法等を迅速に成立させ，イラクの国家再建にも積極的に関与した．日本は安全保障政策の見直しにも着手し，2003年6月には武力攻撃事態対処関連3法案を成立させ，12月には弾道ミサイル防衛システムの導入を決め，米軍とのよりスムーズな連携を実現した．アメリカの同盟国間の協力に向けた議論も深まり，2006年3月にはアメリカ，日本，オーストラリアの3ヵ国による閣僚級戦略対話が始動した．アジア太平洋におけるアメリカの同盟ネットワークは，冷戦の終焉を経て廃れるどころか，

むしろ新たな段階へと進化していた.

1989年の天安門事件以降, アメリカへの警戒を強めていた中国は, こうした状況を脅威とみなした. 中でも2003年にアメリカがイラクの大量破壊兵器保有を主張して武力攻撃に踏み切り, その国家秩序を壊滅させたことは衝撃であった. 中国は第三次台湾海峡危機以降, 有事の際に米軍を台湾海峡に寄せ付けないための「接近阻止・領域拒否 (A2/AD)」と呼ばれる軍事戦略を推進するようになる. そして自国の近海で地形や水温のデータ収集を急いで実戦準備を進め, ロシアから兵器輸入を強化して海軍装備やミサイルの近代化を急いだ (岩谷・杉浦・山口 2015, 108-110).

中国は自国の周辺環境に対する不安や焦りを, 対外的にはアメリカではなく日本に集中的にぶつけた. 日本がカンボジア国連平和維持活動 (PKO) 参加を契機に自国防衛力に課していた自主規制の緩和に動いたこと, 北朝鮮の脅威に対抗するためミサイル防衛に乗り出したことなどを, 中国のメディアは日本の「軍事大国」化の動きとして大々的に報じ続けた. 実際には, 日本の防衛費は2002年度をピークに減少に転じ (円ベース), 逆に中国の国防費は1989年以降一貫して毎年2桁増を記録していたため (公表額ベース), 2004年には両者がついに逆転していく. 中国が富国強兵策をとったことで, 東アジアの軍事バランスは2000年代前半には大きな地殻変動を迎えることになった (巻末の付図1を参照).

(2) 米中関係の不安定性とその制御

改革開放以降, 中国は自国の経済力の向上を最優先し, 西側先進国と積極的に結びついて市場経済を発展させた. 1990年代半ばの中国経済においては, 国有企業改革など体制転換に起因する難しい課題がなお山積していた. そのため, 安全保障面で日米と水面下のにらみ合いが始まっていても, 中国は両国を含む先進国経済との融合をなお強く望み, グローバル化への積極的な適応を打ち出して外資や先進技術の導入拡大を図った. 先進国側も中国のこうした姿勢を歓迎し, 安く良質な労働力を求めて中国に工場を移転し, WTO加盟による本格的開放を控えた巨大な中国市場に期待を高めた. 日米両国との安全保障上の対立と経済的相互依存の同時進行は, 中国の台頭の複雑性を象徴する現象だ

った.

　こうした構図の中で，中国にとって日米両国との関係は，最も重要で最もやっかいなものになった．特に日中関係は海洋問題と歴史認識問題で迷走した．中国は経済の面では日米との関係改善に向けて努力を続けたが，解放軍やメディアは両国への批判を継続・拡大し，国内社会の変化を受けて増幅したナショナリズムもこれに同調した．

　中国外交の中で対米関係の優先順位は最も高かった．だが天安門事件以降，アメリカ国内では中国の人権状況に対する批判の声が収まらず，両国のわだかまりは長く続いた．アメリカではイランやパキスタンに対する中国の核・ミサイル技術提供に批判が集まり，中国は自国のWTO加盟に対するアメリカの消極姿勢に失望した．1996年には中国で日米の対中政策を批判する『ノーと言える中国』（宋強他著）がベストセラーとなり，アメリカでも翌年初めに『やがて中国との闘いが始まる』（リチャード・バーンスタイン，ロマ・マンロー著）が刊行され反響を呼んだ．

　成立当初，中国の人権状況に批判的だったクリントン政権は，「関与政策」の旗印の下，徐々に中国との経済的結びつきを強める現実路線に転換した．1997年10月から11月には江沢民の正式訪米が実現した．中国国家主席として12年ぶりのこの訪問は，中国政府が天安門事件のダメージから脱却するための最後の禊であった．江は大国外交の幕開けを意識し，真珠湾に立ち寄って米中共闘の歴史を強調した後，晩餐会で楽器を奏でてソフトなイメージを演出した．さらにワシントンでは米中共同声明で「建設的戦略的パートナーシップ」に向けた協力関係の拡大を確認し，アメリカから首脳相互訪問の定期化などの合意を取り付けた．

　続く翌年6月から7月のクリントン訪中は，中国外交の成功を世界に印象付けた．中国は北京大学における大統領の講演の国内生中継を許可して自国の自由化をアピールし，首脳会談では大統領から「台湾の独立，『一つの中国，一つの台湾』，台湾の国際機関加盟」のいずれも支持しないという「三つのノー」を引き出した．このとき大統領が同盟国に立ち寄らず，訪中だけに1週間を割いたことは，日本では「ジャパン・パッシング」と揶揄された．

　ただしその後も，アメリカ下院で中国による軍事技術窃取の疑いが報告され

るなど，両国関係の不安定要因は絶えなかった．1999 年 4 月には朱鎔基総理が中国の WTO 加盟に関する大幅譲歩案を持ってアメリカ入りしたが，アメリカが設定したハードルはなお高かった．その直後の 5 月 7 日，ベオグラード空爆に参加していた米軍機が中国の大使館を「誤爆」し，中国人記者 3 名が死亡した．もとより NATO 軍のコソボ紛争介入に反対していた中国はこれを意図的攻撃と認定し，政府は全国各地で学生の反米デモの組織化を黙認した．民衆の反米ナショナリズムが高まる中，朱に代わってアメリカとの WTO 加盟交渉を担った江沢民は，11 月にようやく合意を妥結させ，WTO 加盟に向けた最大の障害を乗り越えた（中居 2007，203-206）．

　国際社会からの排除を恐れる中国にとって，2000 年のアメリカ大統領選挙は悪夢だった．クリントン政権の対中政策を批判する共和党のジョージ・W.ブッシュ候補が，中国は「戦略的パートナー」ではなく「戦略的競争相手」だと主張して選挙戦を戦い，勝利を収めたのである．ブッシュの勝利により，米中関係には冬の時代の到来が予想された．しかも新政権の立ち上げからほどない 2001 年 4 月には，アメリカの EP-3 偵察機が南シナ海上で中国の F-8 戦闘機と空中衝突し，中国側搭乗員が墜落死した（海南島事件）．事件が起きたのは中国の領空外で，アメリカが冷戦期から監視などを行ってきた公空だったが，中国がかねて他国の軍事活動に強く反対を唱えていた自国の排他的経済水域（EEZ）の上だった．米中関係は国際法に対する解釈の違いもあって一気に緊張し，海南島に不時着した EP-3 の乗員や機体の返還をめぐって紛糾した．ただし，中国政府は米中対立の本格化を危惧して大衆の反米デモを封じ込め，事態の収束を図った（この事件は長期的には中国に，領空付近に飛来してくる外国機の排除には防空識別圏（ADIZ）の設定が有用と認識させた）．

　アメリカとの対立への危機感は，9.11 事件の発生によって急速に緩和に向かうことになる．アメリカが「テロとの戦い」を掲げてアルカイダの追跡を始め，中国とのグローバルな協力関係を切望したからである．中国はこれを歓迎し，積極的な対応を示してアメリカの対中敵視政策を変えようとした．北京はアメリカのアフガニスタン攻撃に向けた国連決議に賛成票を投じ，パキスタンに特使を送って米パ両国を仲介した．アメリカのイラク攻撃には賛同しなかったが，並行して北朝鮮の核問題をめぐる六者会合を立ち上げ，アメリカが中東

問題に注力できるよう側面支援した．ワシントンもまた，中国領内の東トルキスタン・イスラム運動をテロ組織に認定して独立運動の封じ込めに協力し，海南島事件以降凍結されていた米中軍事交流を 2002 年中に再開し，2004 年 2 月には中国に軍事ホットラインの開設を提案した．同年 3 月の台湾の総統選挙は大幅にもつれたが，アメリカは両岸の間で中国寄りの立場を崩さなかった．中国は国際問題でアメリカの協力者となることで，二国間関係の不安定要因を制御していった．

(3)「海洋」と「歴史」できしむ日中関係

　対照的に，広範な共通利益を抱えながらも，日中両国のきしみは隣国としての関係性の中で増幅し続けた．特に争点となったのは海洋問題と歴史認識問題である．ここでは海洋問題の前提として，まず中国と国連海洋法条約（UNCLOS）との関わりを概観しておこう．

　UNCLOS は 1994 年に国際的に発効し，96 年に中国もこれを批准した（韓国，日本も同年）．UNCLOS が沿岸国に EEZ や大陸棚などの設定を認めたことで，隣接する関係国には協議によってその境界を画定する義務が生じた．それまで公海とされていた水域で，新たな国際課題が浮上することになった．

　近代史において，中国を侵略した列強のほとんどは海からやって来た．そのため中国は安全保障の観点から海の問題を捉える傾向が強く，これは中国のUNCLOS への対応を強く拘束していくことになる．第一に，中国は，沿岸国に「主権的権利」（生物・非生物資源に対する権利であり主権ではない）が認められた EEZ や大陸棚などの管轄海域を，領海と合わせて「海洋国土」や「青色領土（藍色領土）」などと呼び，外国の軍事活動を制限しようとした．第二に，自国の管轄海域を主張するにあたり，中国は法的整合性を棚上げして，解放軍の戦略概念である第一列島線までの海域確保を目指した．中国は 2000年末，ベトナムと沿岸基線の長さの比率でトンキン湾の面積をほぼ等分して領海画定を達成していた．だが南シナ海ではその大半を覆う九段線内の海域をすべて主張し，九段線の法的属性は明言しなかった（2014 年からは「歴史的権利線」という新しい概念主張を正式に展開（高之国・賈兵兵 2014））．東シナ海では日本側の等距離中間線論に反対して海底地形を重視すべきという議論を展

開し，沖縄トラフを「大陸棚」の外縁として，やはりその大半の海域を要求した．そして海底地形が中国側に不利な韓国との交渉では，黄海に接する陸地の面積や住民人口の大きさを考慮すべきと主張した（益尾 2013, 49）．中国が広大な「海洋国土」を主張したことで，そのほぼ 5 割が他国との係争海域となり（斉連明・張祥国・李暁冬 2013, 117），中国は潜在的な対立の火種を多く抱え込むことになった（巻末の付図 2・3 を参照）．

さて UNCLOS の下，中国が日本に対して東シナ海の「大陸棚」全体を確保しようとすれば，その上に存在する尖閣諸島（「釣魚島」）の帰属は決定的な重要性を持つ．1992 年の領海及び接続水域法（領海法）で初めて「釣魚島」を自国領と規定した中国は，94 年には自国の科学調査船をその領海すれすれの海域に投入し始め，春には領海にも進入した（『読売新聞』1996 年 9 月 4 日）．中国の動きに反応した日本の民間団体「日本青年社」は，96 年 7 月 15 日に尖閣諸島の北小島に第二灯台を建設した．偶然ながら，続く 29 日には橋本龍太郎首相が自分の誕生日に靖国神社を私的参拝した．これ以降，中国は日本が対中侵略を十分に反省していないと主張し，その歴史観を激烈に批判するようになる．8 月以降，中国への返還を翌年に控える香港で「保釣運動」（釣魚島を守る運動）が盛り上がり，代表的な運動家が翌月，尖閣諸島最大の魚釣島の近海で溺死すると，中国政府は香港とのナショナリズムの共通性を意識しながら「釣魚島」の領有権を主張する国内宣伝を 70 年代以降初めて解禁した．97 年 1 月に日本で「自虐史観」の克服を目指す「新しい歴史教科書をつくる会」が立ち上がると，中国はこれを大々的に報道した．日中経済の相互依存関係が加速度的に深まるこのころ，愛国主義教育の影響も加わり，中国では日本の歴史認識は間違っているというイメージが民衆に浸透し，反日感情が急激に膨張した．

日中関係の不安定化を懸念した両国政府の当局者たちは，1998 年の江沢民国家主席の来日に際し，「平和と発展のための友好協力パートナーシップ」を立ち上げ，実務協力を重層的に進めて関係改善を図ろうとした．しかしこのとき，江の対日批判はむしろピークに達した．彼の訪日は本来 9 月に予定されていたが，長江の洪水発生で 11 月に延期された．その間の 10 月に韓国の金大中大統領が日本を訪問し，両国は日本の植民地支配への「お詫び」を盛り込んだ共同宣言を発表した．江は日中共同宣言でも日本の中国侵略への「お詫び」を

表明するよう要求したが，日本側は中国には過去の文書で謝罪済みと受け入れず，小渕恵三首相が口頭で侵略への反省を述べるに留めた．来日した江は，宮中晩餐会を含むあらゆる場所で日本の歴史認識を痛烈に批判し続けた．これは多くの日本人に高圧的な印象を与え，中国へのネガティブな印象を広めた（江口 2012, 327-331）．

　江沢民来日の反省を踏まえ，当局者たちは関係改善にさらなる努力を払った．先進国として最も早く中国との交渉妥結を打ち出した日本側の側面支援もあって，中国の WTO 加盟は間近に迫り，両国経済のさらなる融合は確実な趨勢だった．1999 年 7 月には小渕首相の訪中，2000 年 10 月には朱鎔基総理の来日が行われ，双方は東アジア地域協力の多国間枠組みなども活用しながら協力関係を拡大しようとした．しかし，人的交流の急増に伴って民間レベルの摩擦も拡大し，双方のナショナリズムを刺激するような個別の問題の発生は後を絶たなかった．中国はそのたびに「歴史」に言及し，日本は「歴史」を外交カードとして使う中国を冷めた目で眺めるようになった．政治と経済が逆行する日中関係を，中国の研究者たちはずばり「政冷経熱」と表現した．

　新世紀を迎えてからの日中関係は，どちらの側から見るかで全く違ったものになった．中国側にとって，日中関係の根本的問題は日本の歴史認識であった．2001 年 3 月の自民党総裁選では小泉純一郎が靖国神社参拝を公約に掲げて当選し，首相に就任した．小泉は「中国脅威論」は取らない，日本の対外侵略の歴史は反省すると明言したが，2006 年までの在任中，毎年不定期に靖国神社への参拝を繰り返した．

　A 級戦犯が合祀される靖国神社への日本の首相の参拝を，多くの中国人は日本が歴史を反省せずに右傾化を続けている証とみなし，適切な対処策を講じられない中国政府を軟弱と糾弾した．2005 年春，日本が国連安保理の常任理事国入りの希望を正式に表明すると，中国各地で大規模な反対デモが展開され，個人所有の日本車が無差別に破壊される社会現象が起きた．それまで知名度の低かった「釣魚島」が中国でよく知られるようになったのもこのころである．日中首脳の相互訪問は 2001 年 10 月の小泉訪中以降途絶えていたが，2005 年 4 月に国際会議の場で小泉・胡錦濤（国家主席）会談が行われたのを最後に，中国政府は多国間の場でも日本との首脳・閣僚レベルの交流を停止した．

他方，日本から見れば，日中関係の停滞の原因は中国の海洋への野心であり，歴史認識問題はその覆いに過ぎなかった．UNCLOS 批准後，日中両国は東シナ海の EEZ・大陸棚の画定交渉を試みたが，中国の過大な要求に日本側は短期間での妥結は不可能と判断し，暫定措置として日中新漁業協定の締結を提案した．両国は 1997 年 11 月には合意に達したが，中国はその批准を 2 年以上引き伸ばして日本側にさらなる譲歩を迫り，新たに入会水域として中間水域が設定された．

これに前後して 1996 年 9 月上旬，中国の科学調査船 2 隻が尖閣諸島の領海に何度も進入し，海洋調査を継続した（平松 2002, 95-97）．中国の調査船は 97 年 4 月，98 年 4 月にもそれぞれ複数回の進入を繰り返した（第 11 管区海上保安本部 2012, 3）．日本政府は東シナ海で活発化する中国の科学調査船の活動に懸念を強め，高位レベルの働きかけを通して 2001 年 2 月に日中相互事前通報枠組みを成立させたが，中国側は必ずしも遵守しなかった．同年 12 月には東シナ海の日本の EEZ で，日本の海上保安庁の停船命令に従わず追跡された不審船（のちに北朝鮮の密輸船と判明）が逃走し，中国側の EEZ で自爆自沈する事件が起きた．1999 年 9 月に海上法執行機関として国家海洋局の下に設立されていた中国海監総隊は，日本側の法執行を問題視し，同海域で 9 ヵ月間の高度警戒活動を展開した（中国海監総隊 2010?, 75-76）．2004 年 3 月には中国人活動家 7 名が尖閣諸島に上陸し，日本側によって逮捕・送還された．

こうした中，それまで日中間の具体的な問題を控えめにしか公表しなかった日本政府も，2004 年 6 月には中国が東シナ海の中間線沿いの中国側海域でガス田開発に着手したことを明らかにし，日本側に帰すべき資源が中国に吸い取られる可能性があると指摘した（春暁ガス田（巻末の付図 2 を参照））．中国は日本側の地下構造データ提供の求めに応じず，日本側が独自調査に乗り出すと，公船を派遣し自国権益を主張して日本側を強く牽制した．日本側は同鉱区を「白樺」と名付けた．双方のメディアのナショナリスティックな報道も加わり，東シナ海をめぐる状況はにわかに対立の様相を強めた．

2000 年代に入ると，米中関係が制御され中国もまた国際協調路線を推進したため，中国の対外関係は全体的にはかなり良好に推移した．しかし日本との政治関係は，世論を巻き込みながら悪化の一途をたどった．

2. 国際協調の推進

(1)「平和的台頭」と国際協調

1990年代後半から2000年代前半にかけ，中国経済は目覚ましい飛躍を遂げた．1996年に世界第7位だった中国の名目GDPは，2006年までにイタリア，フランス，イギリスを抜いて世界第4位に浮上した．1997年夏にはアジア通貨危機が発生したが，中国が受けたダメージは限定的だった．世界的なITブームに乗った日米台の投資を受け，WTO加盟を大きなステップとして，中国は「世界の工場」へと急成長していく．

このころ中国政府は，諸外国と信頼醸成を図って対話を強調し，国際問題の解決に積極的に取り組む国際協調姿勢をとった．そして，伝統的な二国間外交に加えて多国間外交を展開し，複数の国際的な対話枠組みを主体的に立ち上げた．これらの変化は，中国が国際社会のルールや規範を学習したことでもたらされたと指摘された（Johnston 2008）．1950年代後半の平和共存外交を彷彿とさせるこうした姿勢を，研究者は「新外交」と呼び（Kerr, Harris, and Qin 2008），国際社会もおおむね好意的に受け止めた．

中国の協調的な対外姿勢は，世界に認められる大国になるという国家の宿願を意識したものだった．超大国・アメリカとの力の差はなお歴然としていたが，中国が世界有数の大国に「復活」する日が近いことを，指導者も国民も敏感に感じ取っていた．その道筋は国内議論の焦点となり，多くの学者は中国のケースの特殊性を強調した．すなわち，過去の大国は勃興に際して既存の覇者との間に必ず大きな戦争を引き起こしてきたが，列強の侵略を経験してきた中国は道義性が高く，また現在では経済的相互依存の深化のため戦争が起きればどの国も巨大な損失を被る．そのため中国は強権的になりようがなく，中国の大国化にあたって世界平和は維持される，というのである．アジア通貨危機の後には，中国が人民元を切り下げなかったことが危機拡大を防いだと各国に賞賛された．中国の専門家は，冷戦後の国際社会に適した新安全保障観（本節（2）を参照）に基づき，中国は国際社会の「責任ある大国」としてさらに建設的役割を果たしていかねばならない，複雑な国際関係の中でどの国にもウィン・ウィ

ンとなる解決を探っていかねばならない，と議論に花を咲かせた．

こうした大国論を初めて組織的に検討したのが，中共中央党校常務副校長で，胡錦濤のブレーンとされた鄭必堅だった．彼は2003年11月のボアオ・アジア・フォーラムで「平和的台頭」論を提起し，中国は経済発展のために安定した周辺環境を必要としており，国際協調を図りながら台頭するため国際秩序の脅威にならない，と主張した．胡錦濤政権は国際社会の反応を踏まえ，2004年8月までにこれを「平和的発展」論へと修正し，さらに2005年4月には異なる文明間の調和的共存を目指す「和諧世界」論も提起した．このように，中国国内の大国論はかなり理想主義的な色彩を帯びながら，中国政府の協調的な外交努力を実際に後押しした．しかし2000年代後半，中国の国際的プレゼンスの拡大に伴い，国内の議論は徐々に力の論理を肯定する方向へと変容し，中国の対外行動も変化することになる．

(2) 二国間対話の進展

中国の協調外交の中でまず目覚ましい成果を挙げたのは，「周辺外交」と呼ばれる近隣諸国との関係であった．1990年代半ば，中国は自国をとりまく国際環境の厳しさを認識し，近隣諸国との関係改善を本格化させた（青山2013a，48-51）．

かつて敵対していたロシアとの関係の安定化は，中国の自信の拠りどころになった．冷戦終結後，中ロ両国はアメリカ中心の国際秩序への違和感を共有した．1996年4月のエリツィン大統領の訪中に際し，両国は共同宣言で「21世紀に向けた戦略的協力パートナーシップ」の構築を約束した．1年後の江沢民国家主席の訪ロでは，さらに「世界の多極化と国際新秩序構築」を訴える共同宣言が採択された．この中で両国は，「冷戦思考」を捨て，国家間の分岐と紛争を平和的な方法で解決し，相互信頼や協調を重視する新安全保障観を確立していくべきと，初めて公式に具体的に主張した．両国は同盟を結ぶ可能性は否定しながらも信頼醸成を軸に政治的結束を打ち出し，ロシアは台湾やチベットの問題で，中国はチェチェンなどの問題で，ともに相手国への支持を明確にした．2001年7月に締結された中ロ善隣友好協力条約では，両国は国連安保理を中心に国際秩序の維持を図っていくことを約束した．二国間の長年の懸案だ

った国境画定作業も進展し，両国は首脳レベルの頻繁な往来を経て，2004 年10 月の中ロ東部国境補充協定ですべての国境線について合意に達した．

1990 年代半ば以降，両国間で大型の兵器売買契約が交わされたことは特筆すべきである．中国はロシアから，Su–30 戦闘機，キロ級潜水艦，ソブレメンヌイ級駆逐艦などを次々と購入した．天安門事件以降，中国は西側から兵器を調達することができなくなったが，ロシアからの技術導入によって飛躍的な国防近代化を実現した．またソ連から独立したウクライナより，98 年にソ連製空母ワリャーグを購入して改造に着手した（これは 2012 年 9 月に中国初の空母，遼寧として就航する）．

ソ連から独立して日の浅い中央アジア諸国との関係も，1996 年ごろには安定した．中国はロシアの仲介でカザフスタン，ウズベキスタンなどと首脳レベルの往来を活発化させ，各国とバランスのとれた関係構築を目指した．そして国境問題，水資源の問題，中国人移住者の問題などの懸案事項を解決しながら，資源や経済面での協力を進め，次項で後述する上海協力機構（SCO）の設立につなげた（岩下 2009）．

1990 年代後半，東南アジアでは東南アジア諸国連合（ASEAN）が現在の10 ヵ国体制に向けて拡大しつつあった．中国はかつて交戦したベトナムとの関係改善を進め，ASEAN 全体との関係強化の呼び水とした．ここでも国境問題が障害となったが，97 年 7 月のド・ムオイ共産党書記長の訪中の際，両国は 99 年末までに陸上国境を，2000 年末までにトンキン湾の領海を画定する方針を定めた．中国側の交渉責任者を務めた唐家璇外交部長によれば，その「交渉の密度の高さは，中国外交史上，唯一無二」で，特に中国にとって初の事例となる海上境界の画定が難航したが，両国は期日どおりに合意に達した（唐家璇 2009，249，262）．2000 年 12 月のチャン・ドゥック・ルオン国家主席の訪中では両党・両国の全面的協力方針が確認され，それ以降，中越両国は生き残った社会主義国どうしとして，党・国・軍の三つのチャンネルで重層的な協力を進めた．

ASEAN 各国の中では，ミスチーフ礁事件の影響でフィリピンの中国脅威論が最も激しかった．江沢民は 1996 年 11 月に同国を訪問し，「争いを棚上げして共同開発する」方針で合意し，南シナ海問題の平和的解決を提案した．アジ

2. 国際協調の推進

ア通貨危機後，中国は各国とハイレベルの往来を重ねるようになり，2000年末までに全ASEAN加盟国とそれぞれ二国間関係強化に向けた包括的文書を調印した．「南シナ海行動宣言」（本節（3）を参照）締結後の2004年9月からは，中越比3ヵ国の石油会社が南シナ海の地震に関する共同研究に着手するほど信頼醸成が進んだ．

1992年の国交樹立以降，中韓関係は経済を基軸に急速に拡大した．98年11月には金大中大統領が中国を初訪問し，国防相の相互訪問も始まった．2000年代に入ると中国の大学には韓国人留学生が溢れ，音楽やテレビドラマの「韓流」が中国で社会ブーム化し，両国の親近感は高まった．しかし対照的に中朝関係は冷ややかだった．北朝鮮では1990年代後半に大規模な自然災害が相次ぎ，難民化した人々が国境を越えて中国に押し寄せた．2000年5月，金正日労働党総書記・国防委員会委員長の初訪中でようやく両国のトップレベルの往来が復活し，2001年9月には中国の指導者として11年ぶりに江沢民総書記が訪朝した．中朝関係の再構築は，中国が2003年以降，北朝鮮の核問題の解決に乗り出す前提条件を整えた．なお一見順調な中韓関係にも，このころ日中関係に似た難問が浮上していた．1993年に平壌近郊で伝説の建国王，檀君の「遺骨」が「発見」され，南北朝鮮では自分たちをユーラシア文明の祖と見る歴史ナショナリズムが高まった．ところが2002年に中国で「東北工程」という歴史研究プロジェクトが組まれ，それが檀君朝鮮に連なるとされる高句麗を中国の少数民族政権に位置付けたことが報じられると，中韓の間で外交問題に発展した．その後，問題の沈静化が図られたが，韓国ではなお中国と朝鮮半島の境界線に対する不満がくすぶっている．

インドとの関係は，1996年12月の江沢民の訪問で好転したように見えたが，98年5月半ばにアタル・ビハリ・バジパイ新政権が中国の脅威を理由とする二度の核実験を行い，核保有を宣言した．これは中国の度重なる核実験への反応でもあったが，月末にはインドに警戒感を持つパキスタンが，おそらく中国から技術支援を受けて核実験に踏み切り，核の連鎖が現実となった．中国はインドと安全保障対話や賢人フォーラムを開催して関係緩和を推し進めた．2003年6月にはインド首相として10年ぶりにバジパイの訪中が実現し，両国は平和的な問題解決と新型関係の構築で合意した．バジパイの訪中直前には，イン

ドがチベットの中国帰属を正式承認する代わりに，中国はインドのシッキム併合（1975年）を認めている．2005年4月の温家宝総理の訪印にあたり，両国は「戦略的協力パートナーシップ」の構築で合意し，国境問題の解決のための政治的な指導原則を確認し，実効支配線の相互尊重を約束した．緊張緩和が実現したことで，2000年に29億米ドルだった両国の貿易額は，2006年に249億米ドルへと急拡大した．

　この時期にはまた，中国の対外的努力は周辺外交の範囲を超え，グローバルな展開をみせるようになった．経済を紐帯とする遠方の国々との関係構築は，中国の政治力向上にも貢献した．

　西欧諸国は改革開放初期から中国への技術移転に積極的で，中国が1979年から96年に海外と結んだ技術導入契約金額のうち，約49％は欧州連合（EU）加盟国とのものであった（中華人民共和国外交部政策研究室1997，447）．人権意識の高い先進国でありながら，国際問題でときにアメリカと異なる立場を取り，政治と実務とを切り離す傾向が強い西欧諸国との関係改善は，中国の産業構造や科学技術力の高度化に資する．97年7月にはイギリスからの香港返還，99年12月にはポルトガルからのマカオ返還が実現し，双方の関係改善の機運は熟した．

　1990年代半ば以降，中国はハイレベル往来を頻繁に実現しながら，ビジネス，科学技術，文化教育，人権・司法などの多方面で西欧諸国との対話を強化した．例えばフランスが台湾と武器売却契約を結ぶと，これに反発しつつも同国に外交攻勢を仕掛けている．97年5月にはジャック・シラク大統領が企業家ともども訪中し，中仏「全面的パートナーシップ」の構築を約束した．このころ技術供給先としてだけでなく貿易相手国，投資先としての中国の魅力が拡大したことで，ドイツを筆頭に西欧諸国も中国にチャンスを見いだし，協力姿勢を打ち出していった（青山・天児2015，73）．2001年5月にはEUが4文書を発表して中国との関係拡大措置を講じ，2003年10月には中国も初の対EU政策文書を発表して，双方は「包括的戦略パートナーシップ」の構築で合意した．2001年にはフランスとドイツで「中国文化ウィーク」「アジア太平洋ウィーク」が開かれ，秋には中国の海軍艦隊が初めて欧州各国に寄港した．2002年末には，商業運転で世界最速となる上海リニアモーターカーがドイツの技術で

2. 国際協調の推進

開通し，前後して中国によるエアバス機の大型購入契約も相次いだ．

発展途上国との関係も，この時期に急速に広がりを見せた．西側諸国との異質性を再認識した中国にとり，発展途上国間の「南南協力」の推進はアメリカを中心とする現行の国際秩序への異議申し立ての意味があった．しかも 1990 年代，台湾では李登輝政権が「実用主義外交」を展開し（松田 2009, 156），対外援助などを活用してアフリカやラテンアメリカ，オセアニアの約 30 ヵ国と外交関係を維持・拡大していたため，その切り崩しも重視された．「走出去」政策も加わり，中国は経済力をテコにこれらの国々と新たな関係構築を進めた．

アフリカとの関係強化のきっかけは台湾問題であった．1996 年 1 月，セネガルが台湾と外交関係を再開すると，5 月には中国国家主席として初めて江沢民がアフリカを訪問し，ケニア，エチオピアなど 5 ヵ国を訪れて無償援助等を約束し，対アフリカ 5 項目方針を示してその「全天候型友人」になることを誓った．中国は 98 年元旦，台湾承認国の中で最大の経済規模を誇った南アフリカの切り崩しに成功し，それ以降も各国と頻繁に首脳外交を繰り返した．

教育や医療の面で，中国のアフリカ支援の歴史は長い．1994 年，中国は対外援助方式を改革し，優遇借款やプロジェクト協力を実施し，アフリカと中国の企業合弁を促すことで現地の経済発展に外的刺激を与える政策に転じた．中国政府は発展のためのノウハウ提供を進め，98 年以降，アフリカ諸国の外交スタッフの研修，さらには経済管理スタッフの養成を引き受け始めた．中国の研修クラスに参加したアフリカ人は，2005 年だけで 4000 人以上に及んだ（中華人民共和国外交部政策研究室 2006, 32）．1995 年に中国石油天然ガス総公司（CNPC，現・中国石油天然ガス集団公司）がスーダンのダルフールで初めて石油採掘権を獲得したのを皮切りに，中国企業もビジネスの新天地を求めてアフリカ進出に乗りだし，2000 年代にはアフリカからの資源輸入が急拡大した．

アメリカの影響が強いラテンアメリカでは，中国の影は伝統的には薄かった．だが 1996 年以降，中国はここでもブラジルの鉄鉱石，ベネズエラの石油，メキシコの農業などへの対外投資に乗り出している．また，中国はラテンアメリカ諸国と軍事交流や技術協力を行ってきたが，このころには軍人どうしの接触が頻繁化した．早くも 97 年春には，中国海軍艦隊の編隊がメキシコ等 3 ヵ国を訪問している．99 年 10 月には中国とブラジルが共同開発した「地球資源衛

星」1 号が長征ロケットで打ち上げられ，4 年後には 2 号が続いた．中国にとって，これは先進国による衛星技術の独占を打ち破る「南南協力」の理想形であった．2000 年代に入ると，中国は大豆や鉱物，鋼材，ブラジルの小型ジェット機などの輸入を拡大して貿易構造の改善を図り，2005 年には中国にとって二番目の自由貿易協定（FTA）をチリと締結した（対 ASEAN に次ぐ）．

　経済的な結びつきの強化と並行して，中国とラテンアメリカ諸国は国連やアジア太平洋経済協力（APEC）の場を活用して対話を拡大し，国際問題への共通認識を育んだ．1990 年代末には各国が台湾問題や人権問題で中国の立場に支持を表明するようになった．2004 年には 5 月にブラジルのルイス・イナシオ・ルーラ・ダ・シルバ大統領が中国を公式訪問し，11 月には胡錦濤国家主席がブラジルなど 4 ヵ国を訪れた．中国とブラジルは発展途上国の代表として歩み寄りを強め，ドーハ・ラウンド，G20，国連貿易開発会議（UNCTAD），APEC，アジア中南米協力フォーラムなどで協調行動をとり始めた．中国は，台湾の外交攻勢の封じ込めや資源獲得の経済ニーズを端緒として，発展途上国の代表として他国との結びつきを強化し，21 世紀初めまでに世界の隅々で活動を活発化させた．

(3) 多国間外交の始動

　中国は伝統的に二国間の外交交渉を好んできたが，ARF への参加をきっかけに，多国間の対話の枠組みの中で各国との協調を深めることに自信をつけた．1991 年から参加していた APEC にもより積極的に関わるようになり，96 年からはアジア欧州会議（ASEM），97 年からは ASEAN＋3（日中韓）の各種東アジア地域協力，99 年からは日中韓首脳会議，さらに 2005 年からは東アジアサミット（EAS）に，それぞれ立ち上げから参加した．国連をはじめ国際組織の限界が指摘される中，各種の国際問題に有効に対処するため，特定の地域や集団に特化した多国間枠組みの構築は世界的にも流行していた．

　中国は，多国間外交の経験がまだ浅い 1996 年 4 月に，自らのイニシアティブで初の多国間枠組みの構築に着手した．このとき中国は，ロシア，そして旧ソ連から独立したカザフスタン，キルギス，タジキスタンを上海に招き，国境紛争に関する信頼協定を結んだ．ソ連解体後，これらの地域では情勢が不安定

化し，イスラム原理主義の影響が拡大していたため，国境を越えた反テロ協力のニーズが高まっていた．当初，「上海ファイブ」と呼ばれたこのグループは，2001 年 6 月にウズベキスタンを招き入れて SCO となり，北京に常設事務局を置く正式な多国間組織となった．2002 年 10 月には中国が建国後初めて，外国軍（キルギス軍）と国境付近で反テロ共同軍事演習を行い，翌年 8 月にはウズベキスタンを除く SCO 5 ヵ国がカザフスタン東部および中国の新疆で多国間軍事演習を実施し信頼醸成を図った（青山 2013，132）．2002 年にはもう一つの常設組織，地域対テロ機構もビシュケクで設立され，2004 年にタシケントに移設された．アメリカが 9.11 事件後に独自路線を強めていただけに，中ロ両国による多国間協力の推進は国際政治上の注目を集めた．

　中国外交の次の目玉として打ち出されたのが，中国・ASEAN 協力の進展，および北朝鮮の核問題をめぐる六者会合の開催である．1997 年夏のアジア通貨危機を契機に，90 年代末には ASEAN＋3 の 13 ヵ国（ASEAN 加盟見込み国を含む）の間で東アジア地域協力が急速に深まった．ただし，中国は当初，域内協力にきわめて慎重だった．危機の直後に日本が提唱したアジア通貨基金（AMF）設立は中国の消極姿勢もあって進まず，域内協力は二国間通貨スワップをベースとするチェンマイ・イニシアティブ（2000 年）のレベルに留まった．金大中大統領の提案で 1999 年 10 月に始まった東アジア・ビジョン・グループ（EAVG）の第 1 回会合では，「東アジア共同体（East Asian Community）」の形成を目指そうという全体意見に対し，主権の重要性を強調する中国代表が頑強に抵抗した．最終的に，「Community」の頭文字を小文字にして一般名詞化し，欧州共同体（European Community: EC，EU の前身）のようなしっかりした地域統合体は目指さないとする妥協案が採用されたほどだった．

　ところが中国は，翌年から地域協力に対する態度を急変させていく．2000 年 11 月の中国・ASEAN 首脳会議で，朱鎔基総理がのちの中国・ASEAN 自由貿易圏（ACFTA）設立につながる提案を行ったのである（益尾 2012，361-365）．また，その設立が合意された 2002 年 11 月には，中国と ASEAN 諸国は法的拘束力を持たない「南シナ海行動宣言」を発表し，南シナ海問題で武力による威嚇を排し，対話による問題解決を進めると約束した．翌年 10 月，中

国はインドとともに，ASEAN 域外国として初めて東南アジア友好協力条約（TAC）を調印した．さらに 2004 年 11 月からは，広西チワン族自治区南寧で毎年，中国・ASEAN 博覧会を ASEAN 諸国と共催し，経済交流の拡大を図った．

　中国が経済を基軸に多くの分野で ASEAN 諸国との協力を進めたことで，ASEAN 諸国の中国脅威論は一時期，下火になった．ただし，それまで東アジアの経済協力をリードしてきたのが域内経済大国の日本だっただけに，EAS のメンバーシップや経済協力の枠組みをめぐり，日中は次第に主導権争いを展開することになった．

　中国が北朝鮮をめぐる六者会合の枠組み構築に動いたことは，国際社会を驚かせた．1990 年代の北朝鮮核危機に際し，中国の関与はかなり消極的だった．しかし，2002 年 10 月に核危機が再燃すると，翌月に発足した胡錦濤政権はこれを対米関係改善の機会と捉え，シャトル外交を展開して 2003 年 8 月に六者会合を立ち上げ，その議長国となった．周辺諸国は北朝鮮の瀬戸際外交への対応に苦慮してきたため，中国が国際的な責任を意識し対話枠組みの構築に尽力したことを高く評価した．実際中国国内でも，これを将来的に北東アジアの安全保障機構に発展させていければという希望があり，2005 年 9 月に六者会合初の共同声明が採択されると期待は高まった．しかし，翌年 10 月に北朝鮮が弾道ミサイルを発射し核実験を強行したため，中国の努力は水泡に帰していった．

　こうして中国は，国境を接する三方面の地域に対して多国間外交のイニシアティブをとった．この経験を踏まえ，中国はそれ以外の地域に対しても，代表的地域機構との対話を重視し，経済関係の発展をテコとして関係構築に乗り出した．こうした「チャイナ＋マルチ」の枠組みが進展したことで，1990 年代後半以降，中国外交のグローバル化は急速に進んだ（青山・天児 2015, 67-122）．

　代表的な例がアフリカである．中国はアフリカ諸国の自立性模索の動きを評価し，1998 年にはアフリカ統一機構（OAU）の首脳会議に特別ゲストとして初参加していた．中国は OAU からアフリカ連合（AU）への改組の流れに寄り添い，2000 年 10 月には北京でアフリカの国家元首 4 名，閣僚級代表 45 名を集めた第 1 回中国・アフリカ協力フォーラム（FOCAC）を開催し，国際政

治経済新秩序や経済協力の問題を話し合った．FOCAC は中国・アフリカ間の協力を推進する重要なプラットフォームとして成長し，2003 年 12 月のアジスアベバ会議で双方の協力深化に向けたアクションプランが採択された．

9.11 事件後のアメリカの単独行動を懸念する中国は，アラブ諸国にも接近した．2004 年 1 月の胡錦濤国家主席のエジプト訪問に際しては，アラブ連盟との連携を強化する形で中国・アラブ諸国協力フォーラムを設立した．その際，やはりアクションプランが採択され，中国はイスラム諸国をめぐる国際問題への関与姿勢を示した．

ラテンアメリカとの間では，中国は 1997 年に南部共同市場（メルコスール）との対話を始め，翌年にはカリブ開発銀行（CDB）の域外メンバーに就任し，2004 年からは米州機構（OAS）と関係を強化した．南アジアとは，2005 年 11 月に域内 8 ヵ国が参加する南アジア地域協力連合（SAARC）のオブザーバーとなった．太平洋の島嶼国とも，2006 年 4 月に中国・太平洋島嶼国経済発展協力フォーラムを設立している．こうした地域別の枠組みに加え，中国は 2001 年 2 月には海南島のボアオで，「アジア版ダボス会議」と呼ばれるボアオ・アジア・フォーラムの設立大会を開催した．この会議は翌年から毎年，世界の政界，財界，学界の第一人者を集めて開催されることになる．

多国間枠組みの主体的立ち上げと運営を通して，中国は国際政治の大国としての経験を着実に蓄積した．特に発展途上国とのパイプは太くなり，新興国の代表としての中国の地位は固まった．

3. 国際協調からの逸脱

(1) 国内における外交アクターの多様化

2001 年 12 月，中国は交渉 15 年の末に WTO 加盟を達成した．これによって中国経済の国際的なプレゼンスは急上昇し，輸出入総額は翌年から 2008 年までほぼ毎年 20％以上の伸びを記録した．2001 年に世界第 6 位だった輸出総額は，イギリス，フランス，日本，アメリカ，ドイツをごぼう抜きして 2009 年には第 1 位になった．2000 年代半ばには貿易黒字が膨れ上がり，中国は市場としても投資元としても世界の期待を背負うようになる．世界経済に占める中

国のウェイトは飛躍的に高まり，多くの国が中国を最も有望な経済パートナーとして位置付けるようになった．中国人の悲願であった大国化は，基本的に達成されたのである．

ただし急速なグローバル化による国内環境の変容に伴い，対外関係をめぐる国内バランスの統制は取りにくくなった．国内事情と海外事情が密接化した結果，中国の外交は外交部や中国共産党中央対外連絡部（中連部）など伝統的な対外部門だけが担うものではなくなった．その他の国務院組織，傘下の国有企業，全国各地の経済発展に責任を負う省レベルの地方政府，共産党内の軍や宣伝部門といった多様な組織が，いずれも対外関係に密接に関わり，発言力を拡大した．パソコンや携帯電話が普及する中で，インターネットやマイクロブログに表出される世論の影響力も高まり，政府はその動向を無視できなくなった（ヤーコブソン・ノックス 2011）．

この時期の中国外交の特徴として，経済面から対外関係に関与するアクターが急増したことが挙げられる．改革開放以降，中国は経済発展に奉仕する外交を目指し，安定的な周辺環境の構築に励んできた．ただし，世界の中で中国経済の比重が高まったことで，その経済政策の一挙一動が世界に影響を与え始める．ところが，それまで対外関係に無縁だった経済アクターは独自の考慮に基づき，外交部が推進する国際協調の枠にとらわれない対外行動を続けた．

典型的なのは石油・資源産業をめぐる状況である．1990 年代後半の中国では，WTO 加盟に伴う外資参入を見据え，国内経済体制改革が喫緊の課題であった．98 年 3 月には石油や資源などを包括的に取り扱う国土資源部が誕生し，続く 99 年には国有企業が軍事工業，電力，石油石化などの基幹産業に集約された．2001 年 3 月に発表された第十次五ヵ年計画が「走出去」戦略を打ち出すと，国土資源部は傘下の石油・資源関連の国有企業に積極的な対外進出を期待した．

エネルギーや原料の安定的供給は，中国経済の継続的発展に不可欠だった．2000 年ごろには中国企業が大挙して海外の油田や鉱山の探査・開発に参入し，1 件あたり 10 億米ドルを超える大型契約を結ぶようになる．当時，好条件の油田はすでに世界の石油メジャーが押さえていたため，中国はソマリアやスーダン，アンゴラ，イラン，ベネズエラなど，アメリカが外交上の懸念国として

いる国，内戦が激しく政情が安定しない国に多く投資した（堀井 2007，246）．そのため中国の対外投資は，現地の政権に資金を流し，停戦や政情安定化を妨げているという国際的批判を招いた．豊かな外貨は先進国にも向けられ，2005年6月には中国海洋石油総公司（CNOOC）がアメリカの石油企業ユノカルに現金185億ドルで買収を提案した．これはアメリカ政府の反対で不成立に終わったが話題を呼んだ．同年10月には，CNPC がカナダを本拠地とするペトロカザフスタンを42億ドルで買収した．

　資源を渇望する中国の姿勢が，周辺諸国との対外関係にも影響した．東シナ海の日中間ガス田問題は前述したとおりである（第1節を参照）．同じく2004年中には，ミャンマーと雲南省をまたぐ石油・ガスのパイプライン建設計画も動き出した（李晨陽・呉磊・瞿健文 2004）．これは有事の際，敵対勢力によるマラッカ海峡封鎖のリスクを軽減する目的だったが，国際的にはミャンマーの軍事独裁政権と中国との怪しい結びつきの象徴とみなされた．同じころ，中国はロシアや中央アジア諸国ともパイプラインの建設交渉を進めた．

　国務院の中の各組織も，それぞれの職責の範囲で対外関係への関与を急拡大した．例えば2003年の機構改革で誕生した商務部は，FTA 締結が外交の目玉となり貿易摩擦が頻発する中で，日常的に国際問題を取り扱うようになった．その他にも，例えば中国が隣国との経済協力のため国境をまたぐ交通網を整えようとすれば，道路や鉄道の案件審査にあたる国家発展改革委員会や財政部，鉄道部などの意見が重視された．中国と世界とが様々なレベルで関係を緊密化したため，国務院内のほぼすべての組織が，なんらかの形で対外関係の当事者になった．

　中央政府ばかりでなく，省レベルの地方政府の役割の大きさは中国の対外関係の特色である．地方政府は外交権を持たないが，各地の経済発展に責任を負い，経済面では大きな裁量を与えられている．2000年3月の全国人民代表大会（全人代）で西部大開発が正式に提起され，発展戦略の重点が沿海から内陸に移ると，低開発地域の地方政府は新たな経済振興策の立ち上げを競った．例えば広西チワン族自治区や雲南省は，東南アジアの隣国との協力関係を加速することで，中央からの支持を獲得し発展を有利に進めようと争った（益尾 2011）．寧夏回族自治区はイスラム教徒のネットワークをアピールし，イスラ

ム諸国との経済関係の窓口として国内の地位を確立した．中国の経済的プレゼンスの拡大により，世界と結びつく国内アクターが全国で急増・多様化し，それらの間の関係も複雑化した．

　並行してこの時期，軍隊も対外問題への発言力を強めた．冷戦後，世界的に信頼醸成が図られ，軍の対外交流は急増した．人民解放軍も1998年から2年ごとに国防白書を公表し，透明性の拡大に努力した．しかし同時に軍は，その意向を尊重する指導部や富国強兵を望む世論の後押しを受け，ハードな軍事力の拡張にも邁進した．95〜96年の台湾海峡危機以降，軍は台湾の独立に警鐘を鳴らしながら，その活動範囲を世界に広げ，99年11月の神舟1号の打ち上げで宇宙にも進出を果たした．

　特に目覚ましかったのは海軍の拡張である．中国海軍は1990年代には東シナ海全域で活動を強化し，2000年代になると西太平洋への進出を図るようになった．その過程でときに危険な行動をとり，2004年11月には中国の原子力潜水艦が日本の領海で潜水航行を行い，2006年10月には沖縄近海で別のソン級潜水艦が米空母キティホークに接近し浮上する事件が起きた．さらに，外交部が海軍から事件の情報提供を受けていないケースがしばしば発覚し，党組織である解放軍と政府組織である外交部の横の連携の悪さが露呈した．対外関係における外交部の地位の低下は否めず，関係国は中国の対外行動の意図や危機管理能力に懸念を抱いた．

　グローバル化が社会に浸透したことで，対外関係をめぐる国家と社会の関係も流動化した．人口が多く低開発な中国を祖国とする人々にとって，先進国並みの自己実現は極めて難しく，国際秩序は極めて不平等にみえる．冷戦終結後，共産党が愛国心を煽る教育や宣伝を行ったことは，人々の国際社会への不満，そしてナショナリズムに火を点した．人々は対外問題について自分で考え，様々な意見を持つようになり，1990年代末にはインターネット上でそれを交換し始めた．

　ネット世論は中国共産党にとって諸刃の剣となった．「世論の圧力」は西側諸国への外交ツールとして有用だったが，経済格差の広がりによって社会不満が鬱積する中で，ときに批判の矛先は当局に向かった．選挙という手続きを踏まずに政権を維持してきた共産党政権は，このころ世論動向を非常に気にかけ

るようになり，状況によって統制とガス抜きを使い分けていく（Weiss 2014）．例えば中国当局は 1999 年のコソボ紛争や 2005 年の日本の国連安保理常任理事国入り問題ではデモの組織化を容認したが，2001 年の海南島事件ではこれを厳しく取り締まった．2003 年前半に重症急性呼吸器症候群（SARS）が発生し，パニックが全土に広がると，当局は情報公開に力を入れる一方，ブログやSNS を含む世論統制の強化に乗り出した．

　世論と対外政策の関係性を象徴するのが対日関係である．1990 年代後半，当局は日本の歴史認識を批判するため，日本に関する国内の情報を制御し，日本の軍事大国化を喧伝して国内の危機感を煽った．ナショナリズムを刺激された若者たちはインターネットで激しい日本批判を始め，日本との関係改善を求める中国政府の姿勢をも糾弾した．これに対し，2002 年末ごろから一部の学者や記者が「対日新思考」を唱え，政府は世論をうまく誘導して日本と建設的関係を築くべきと主張した．しかし小泉首相の靖国神社参拝もあってネット上の対日世論はむしろ炎上し，当局は日本との関係改善策をますます講じられなくなった．国家間の問題に国内世論を利用しようとしたことで，当局が逆に世論に拘束され，外交的な選択肢が狭まる悪循環が続いた．

　興味深いのは，国内世論の役割に目覚めた中国当局が，世界の対中世論にも働きかけを強めたことである．2001 年 10 月の全国対外宣伝工作会議は中国に有利な国際世論の創出を訴え，パブリック・ディプロマシーの強化を打ち出した．党中央宣伝部の下，中国は外国メディアへの情報発信，中国メディアの海外進出，文化交流を用いた対外広報に精を出すようになった．その中で，2002 年には教育部の下で海外中国語普及機構の開設が企画され，2004 年 3 月に「孔子学院」が誕生した．孔子学院は海外の大学等と連携し，中国語教育を活用した文化発信を担っていく．小規模な「孔子教室」を含めると，2006 年 7 月までに世界 36 ヵ国で 80 ヵ所が開講された（青山 2007, 438-445）．

　中国はグローバル化に積極的に適応し，2000 年代にはその国内社会と世界とが様々な分野で重層的に結びつくようになった．中国外交が包摂するイシューや対外関係者の数は加速度的に膨れ上がり，国益の優先順位は不明確化し，対外関係をめぐる国内の利害は錯綜した．外交部や対外問題の専門家は国際協調を掲げたが，中国の諸アクターの活発な行動はとてもその枠に納まらなかっ

た．党中央は依然，中国の対外政策の決定権を握り，全体の統率を目指したが，一部の指導者が対外関係を総合的に監督し制御することは不可能であった．他方で国際社会の方は，大国化した中国から相反するメッセージが次々と発されることに戸惑い，その意図への疑念を強めた．

(2) 国家主権・安全保障の優先

　中国が1990年代後半から2000年代にかけて進めた協調外交は，穏健で建設的なイメージを育み，少なくとも当時は国際社会でその評価を高めた．しかし中国は，2000年代後半には対外姿勢を徐々に硬化させ，特に海洋の領有権問題で強硬な姿勢をとっていく（第8章を参照）．対外政策の分水嶺は2006年8月の中央外事工作会議だったとみられる．この会議では胡錦濤国家主席が，「対外工作は，……国家主権，安全保障，発展の利益の擁護に資するものでなければならない」と発言し，改革開放以降，経済発展のためとしてきた外交目的の上に，国家主権と安全保障の擁護を位置付けた．胡はさらに次のように続けている．「対外工作は，……国家利益の擁護を最高の基準とする方針を堅持しなければならない．国家利益の中で最も大切なのは，発展の利益と安全保障の利益だ」「我々は対外工作のイニシアティブを拡大していくべきだ……．できることを行っていく［有所作為］ときの基礎は，国家利益を擁護し発展させることの上に置くべきだ……．特に核心的利益，重要利益，一般的利益を区別し把握することに注意し，……核心的利益については，旗印を鮮明にし，原則を堅持し，寸分の妥協も許さず，ますます擁護を貫徹していくべきだ」（胡錦濤2016，508，509，518-519）．胡はここで，発展の利益と安全保障の利益を「核心的利益」と呼んでその擁護の貫徹を打ち出し，それに向けた新たな対外行動を呼びかけたのである．

　中国がグローバル大国への跳躍を実現する中で打ち出したこの政策転換は，中国外交史の観点から見れば，「独立自主の対外政策」の提起以降で最も重要性の高いものと考えられる．しかし現時点で，その詳しい経緯や背景については分析が進んでいない．一般論で言えば，このとき中国が改めて国家主権の擁護を強調したのには，台湾問題との関連性が指摘される．台湾を中国の不可分な一部と見る中国当局は，民主化で自立性を強める台湾に手を焼いていた．台

3. 国際協調からの逸脱 185

湾では 1999 年 7 月には，任期終了間近の李登輝総統が台湾と大陸中国とは特殊な国と国との関係と述べて「二国論」を唱え，2000 年 3 月の総統選挙では民主進歩党で独立志向の強い陳水扁が当選した．2003 年には住民投票法制定の動きが起き，国家の形態も住民投票で問うてはどうかという議論に発展した．2004 年 3 月の総統選挙に向け，陳水扁は台湾初の住民投票の同日実施を発表して勢力挽回を図り，法律が許すギリギリの範囲で両岸関係に関する設問を設定した．陳は選挙前日に狙撃され，同情票を得て僅差で辛勝した．陳の扇動的な姿勢はアメリカが両岸の一方的「現状変更の試み」に反対を表明したほどで，中国当局にとっては極めて深刻だった．解放軍は台湾独立への対応策を真剣に検討し，翌年 3 月に採択した反国家分裂法で「国家の主権と領土保全を守る」ための武力行使を合法化した．

　一連の過程を通し，中国で国家主権や領土保全への意識が高まったのは間違いない．ただし，このときアメリカは両岸問題に不介入の姿勢をとり，反テロ戦争遂行で余力もなく，危機が米中対立に発展する可能性はまずなかった．すなわち，台湾独立への危機感は，対外政策として「安全保障の利益」を擁護すべきという主張と直接結びつかない．ここで注目されるのは，胡錦濤と軍および江沢民派との関係をめぐる国内政治である．

　いうまでもなく，軍隊の本務は国家主権の擁護と国家安全保障の確保である．胡は 2002 年 11 月に中国共産党総書記となったが，穏健なイメージの強い彼は，総書記が兼任するはずの中央軍事委員会主席に 2 年近く就任できなかった．その間に台湾の独立志向が加速し，胡に対する国内の批判は高まった．台湾総統選挙が翌月に迫る 2004 年 2 月，胡は中央政治局の第 10 回集団学習で，「国家の主権と安全保障を首位に置き，国家の主権と領土保全をしっかりと擁護し，国家安全保障と根本利益をしっかりと擁護しなければならない」と発言し，7月にも同様の点を繰り返している．胡は 9 月にようやく軍事委員会主席への就任が認められたが，その中央軍事委員会拡大会議の場でもさらに，「強烈な歴史的使命感と政治的責任感を持ち，常に国家の主権と安全保障を首位において」活動した前任の江沢民国家主席の功績を称えた（『人民日報』2004 年 2 月 25日，7 月 25 日，9 月 21 日）．当時胡は軍人のプレゼンスがあるときにのみこうした発言を繰り返していた．主権および安全保障の擁護の貫徹は，中国の対外関

係が複雑化しその優先順位が不明確になる中で，現職の軍事委員会主席・江沢民あるいは解放軍が，軍事委員会主席就任を控えた胡錦濤に課した条件だったと考えられる．

　中国はさらにこのころ，自国にとって譲歩不可能な利益の存在を他者に主張する際，「核心的利益」という表現を用い始めた．その最初の公的使用例は2003年1月で，唐家璇外交部長がニューヨークでコリン・パウエル国務長官に対し，台湾問題の重要性を強調する際に使った．上述のように胡錦濤は2004年2月に「根本利益」という表現を用いたが，9月の中央軍事委員会拡大会議の直後から，指導部は「核心的利益」という用語を統一的に使うようになった（趙宏偉2011，273）．2006年8月の中央外事工作会議で「国家主権，安全保障，発展の利益」の擁護が等しく外交目的に位置付けられると，翌月には李肇星外交部長がスピーチで初めて，国家安全保障を国家主権と並ぶ「核心的利益」に列挙した．同年中にはまた，台湾ばかりでなくチベットや新疆も「核心的利益」に入るという中国指導部の発言が相次ぎ，「核心的利益」の対象範囲は拡大傾向をみせた（Swaine 2010, 3-4）．

　軍の本務である主権および安全保障の擁護が対外政策の要に位置付けられたことで，軍，およびその周辺の強硬派は勢い付いたであろう．しかも，実際には中身の曖昧なそうした概念が譲歩不可能な核心的利益と呼ばれるようになったことで，外交交渉による国際問題の解決は，国内政治上極めて困難になった．一定の責任ある立場にある人々が，いずれかの問題を中国の「核心的利益」と呼ぶなら，国内の担当者たちは，国際的な考慮を後回しにしてその全体を絶対に守り抜かねばならない．これにより，あたかも毛沢東時代の中国が二重外交を行い，1950年代の平和共存外交の努力をイデオロギー重視の革命外交で相殺したのと同じ状態が生じた．つまり，グローバル大国への跳躍をにらむ中国は，国際協調で大きな成功を収めながらも，国家の主権と安全保障を最大限に死守しようという対外強硬路線を同時に肯定し，結果として対外的自己矛盾を深めていくのである．

おわりに

　中国の経済的繁栄は，政治的には中国共産党が 1970 年代末以降，西側先進国の開かれた自由貿易体制を活用しながら経済発展に尽力した成果であった．改革開放の「総設計師」鄧小平は，文化大革命で弱体化した党の権威を立て直すため，経済建設を進め国民生活を向上させることで，国内における中国共産党の正統性を確保しようとした．89 年の天安門事件で中国の政治改革の希望が潰えると，彼は 92 年の南巡講話で経済発展の継続を訴え，党に対する人民の支持を再び取り付けた．改革開放以降の中国共産党にとって，経済発展はその一党独裁体制を堅持するための最も有効なツールであった．

　こうした統治のあり方は，冷戦終結後の中国の対外政策に，対照的な二つの性格を与えていた．中国共産党は確かに，中国の順調な経済発展のため，西側先進国をはじめとする諸外国との平和的で安定的な関係発展を望み，その実現に真摯に努力した．1990 年代後半以降，諸外国は中国の協調的で建設的な対外姿勢を賞賛した．しかし同時に，冷戦終結後も生き残った最大の社会主義国の執政党として，中国共産党は党の存続と統治体制の維持を最も重視した．そして天安門事件で中国を制裁した西側先進国が政権転覆を試みてくることを警戒し，自国を取り巻く安全保障環境を憂いて軍事力の増強に励み，外敵の存在を強調してナショナリズムの高揚を図った．中国は，自国の発展のため国際的な経済的相互依存関係を活用したが，その対外認識の根底には力を信奉する現実主義的性格が色濃く残っていた．

　だが，中国をめぐる国際環境の厳しさについては，評価の分かれるところであろう．2006 年にその GDP は世界第 4 位に達し，中国は世界の工場として国際社会に欠かせない存在になっていた．その基本的な主権問題にあえて挑戦し，中国の安全保障を脅かそうとする勢力が存在したであろうか．もし国際環境に恵まれていなかったとしたら，中国の経済発展は実現したのだろうか．1990 年代半ば以降，中国は国際的な信頼醸成に力を入れたが，それはもっぱら自国の対外イメージの向上と情報収集のためであり，自らが西側先進国に全幅の信頼を寄せることはなかった．「百年の国恥」によって刻まれ，天安門事

件で再燃した西側中心の国際社会への不信感は，大国として世界的に台頭し尊重されるようになった中国を，物理的にも心理的にも過度な防衛体制に駆り立てていったようにみえるのである．

（益尾知佐子）

第8章
グローバル大国としての模索
（2006〜2012年）

はじめに

　2006年から2012年にかけての中国は，多くの華々しい成果を達成し，大国としての台頭を世界に印象づけた．胡錦濤政権は2007年10月の中国共産党第17回全国代表大会（第17回党大会）で，「小康社会の全面的建設」（そこそこ満足できる水準の社会の建設）を目標に掲げ，成長率一辺倒の発展戦略を転じて持続性や質を重視する総合的な目標を打ち出した．2008年8月には北京オリンピックの開幕式がきらびやかに開催された．2010年に中国の国内総生産（GDP）は日本を抜いて世界第2位となり，2012年9月には中国初の空母・遼寧が正式に就航した．

　しかし，中国の大国化の過程で，中国と国際社会との軋轢は顕著になった．中国人の対外認識には，欧米列強と日本帝国主義の侵略を受け，独立達成後も長い間不平等な扱いを受けてきた記憶が深く刻まれていた．めまぐるしく変化する国内社会において統治の正統性を問われた共産党は，国難に立ち向かう存在として自己をアピールし続けた．西側諸国が形成した自由主義経済体制の恩

恵を受けて大国化した中国は，その実現とともに，豊かな国力を安全保障上の不安の解消に用いるようになる．ところが，そうした行動は周辺国の安全保障環境を悪化させ，海洋を主な舞台として，関係国の連鎖的反発を呼び込んでいくことになる．

2000年代前半の国際協調策が功を奏し，中国をめぐる国際環境は当初かなり良好であった．2007年12月にアメリカのピュー研究所が発表した調査結果によれば，中国を肯定的に評価する国は世界の47ヵ国・地域のうち37ヵ国・地域に上り，これはアメリカの25ヵ国・地域を上回った．世界金融危機が始まると，中国は新興国の代表として先進国に世界の金融ガバナンスの改善を訴え，多くの発展途上国の共感を集めた．

だが，主権と国家安全保障の擁護を盛り込んだ2006年の対外政策転換，そして国内のナショナリズムの高まりを受け，中国の対外関係のバランスは徐々に崩れ始める．中国が管轄権を主張する「海洋国土」で，国家海洋局の海監船や漁業局の漁政船が実効支配力を誇示し始めたとき，それまで国際協調を推進してきた指導者も外交部もこうした動きを食い止めなかった．国際的な係争の存在を棚上げして実効支配圏の拡大を図る中国に対し，南シナ海と東シナ海を挟んで向かい合う近隣国の姿勢はいっせいに硬化した．東アジアでは，中国のリスクを相殺するためにアメリカを地域に繋ぎ止めようとする力学が働き，2011年にはアメリカのアジア太平洋リバランス戦略が立ち上がる．中国が西側先進国を含む各国に経済力をちらつかせながら声高に自国の要求を主張したことで，国際的にも中国への懸念が広がった．2011年7月のピュー研究所の調査では，世界の22ヵ国中15ヵ国が，中国はアメリカの超大国としての地位にすでに，あるいは将来的に取って代わるとみなし，その一方でアメリカより中国を6％も否定的に評価するという結果が出た．新旧二つの国際勢力を代表する米中両国が，経済的には分かち難く依存しあいながら，政治・安全保障の面で反発を強める構図が浮かび上がってきた．

1. 協調と対立のはざまで

(1) 北京オリンピックに向けた協調姿勢の継続

　2008年8月の北京オリンピックで大国としての世界デビューを目指す中国は，自らの対外環境に強い関心を注いだ．2004年の台湾総統選挙をめぐる混乱の記憶はまだ新しく，有事に台湾を支援する可能性のあるアメリカ，そして日本の動向への関心は強かった．世界貿易機関（WTO）加盟からわずか5年後の2006年に，中国の貿易総額は3倍増となり，その国際的重要性は着実に向上したが，そのGDPはまだアメリカの約5分の1（21%），日本の約3分の2（63%）で，両国はまだ仰ぎ見る存在だった．中でもアメリカの軍事的優位は明白であった．

　ただしアメリカの方は，中国が急速な軍拡でアジア太平洋地域のパワー・バランスをつき崩していたことを，緊急性の高い課題と認識していた．アメリカは2006年2月に「4年ごとの国防見直し」（QDR 2006）を発表し，テロリストへの備えとともに，自国にとって協力的にも敵対的にもなり得る「戦略的分岐点にいる国」への対応を優先事項に挙げ，中国をその筆頭に位置づけた．QDR 2006は中国が万一「責任あるステークホルダー（利害共有者）」へと成長しない場合に備え，太平洋における軍事プレゼンスの増強，中国の接近阻止・領域拒否（A2/AD）能力の向上を踏まえた部隊の再配備，同盟国との協力と軍事統合の推進を打ち出した．米軍は空母6隻と潜水艦部隊のうち60%の太平洋への配置を決め，グアム島の基地機能拡張に着手した．

　加えて，アメリカの同盟関係にも順調な発展がみられた．同年5月，沖縄に残留する米海兵隊基地を普天間から辺野古に移転するロードマップが発表され，日米間のしこりの除去が目指された．2008年9月には横須賀に，初の原子力空母ジョージ・ワシントンが配備された．アメリカの同盟国やパートナー国の横の連携強化も進められた．2007年3月には日豪安全保障共同宣言が発表され，初の日豪外務・防衛閣僚会議「2＋2」が開かれた．世界最大の民主主義国であるインドと日米豪の協力も推進され，2008年10月には日印安全保障共同宣言が発表された．中国にとって，これらは自らの台頭を阻害する警戒すべき

動きであった.

しかし中国はなお,アメリカとの協調を欲していた.2000年代後半に入り,米中関係の当初の争点は経済問題だった.中国の世界の工場としての役割が急拡大したため,アメリカや欧州連合(EU)は対中貿易赤字の急増を問題視し,中国が為替操作やダンピングを行っていると批判し始めた.2006年12月には二国間協調の枠組みとして米中戦略経済対話が立ち上がった.中国はアメリカの知的財産権の保護要求に応じて海賊版CD,DVDの摘発などに力を入れ,2007年11月には軍事当局者間のホットライン設置も合意された.

地域の懸案である北朝鮮の核問題は,米中両国の距離を縮めた.北朝鮮は2006年7月に弾道ミサイルを発射し,10月には初の核実験を強行した.その後の国連安全保障理事会では,中国も初めて北朝鮮への非軍事制裁措置に踏み切っている.中国は米朝間の調整役を務め,12月には議長国として六者会合の再開を実現した.翌年2月,六者会合は初の合意文書を採択し,北朝鮮の核施設閉鎖と国際原子力機関(IAEA)の査察受け入れ,米朝・日朝の国交樹立交渉入りなどを約束した.ただし,北朝鮮の凍結海外資金の返還をめぐって六者会合の開催は難航し,2008年12月を最後に開かれなくなった.

このように中国はアメリカに協力姿勢をとったが,一部の問題でさや当ては続いた.2007年10月には,前月にアメリカ議会の黄金勲章を受章したダライ・ラマ14世がブッシュ大統領と会談した.アメリカは中台間の軍事不均衡を懸念し,翌月には台湾に防空用のパトリオット・ミサイル(PAC-2)改良型を売却することを発表した.11月,中国は報復として米空母キティホークの香港寄港を拒否し,対するアメリカも空母に台湾海峡を通過させた.ただし,2008年3月の台湾総統選挙で国民党の馬英九が当選し,中国が長く求めていた「三通」が実現に向かったため,中台間の緊張は大幅に低下した.

日中関係もしばしの雪解けを迎えた.2006年9月には小泉純一郎首相が退任した.後継となった安倍晋三首相は,中国との関係改善を求める経済界の声に押され,就任直後の10月に日本の首相として7年ぶりの公式訪中を実現した.両国は「戦略的互恵関係」の構築,東シナ海の共同開発,有識者による歴史共同研究の立ち上げなどで合意した.翌年4月には温家宝総理も日本を訪問し,国会演説で日本政府は過去の侵略につき何度も「深い反省とお詫び」を表

1. 協調と対立のはざまで　　193

明したと言及した．防衛交流も進展し，8 月には曹剛川国防部長が来日した．

　安倍が約 1 年で退陣すると，次の福田康夫首相には中国から高い期待が寄せられた．2007 年 11 月には中国の艦船として初めてミサイル駆逐艦・深圳が日本に寄港した．12 月には経済関連の大臣が多数参加するハイレベル経済対話も始まった．同年末には中国製冷凍ギョーザ中毒事件が発生し，日本社会の対中不信は再び高まったが，両国政府はそれでも関係改善を推し進め，2008 年 5 月には中国国家主席として 10 年ぶりに胡錦濤が来日した．両国は「『戦略的互恵関係』の包括的推進に関する日中共同声明」に調印した．胡の帰国直後に発生した四川大地震では，中国政府は初めて海外からの人的支援の受け入れを決断し，日本の国際緊急援助隊に真っ先に門戸を開いた．日本隊は生存者救出にはいたらなかったが，隊員が整列して犠牲者に黙禱を捧げる一枚の写真が中国のメディアで繰り返し使われ，中国人の対日イメージは一時的にせよ大幅に好転した．翌月，両国政府は東シナ海の 2 ヵ所で春暁／白樺を含むガス田の開発を協力して進めることを発表し，難題を乗り越えていく意欲を見せた．

　日米以外の国々との関係は，2000 年代前半の国際協調策の基盤の上に順調に拡大した．上海協力機構（SCO）の中では信頼醸成の進展が顕著だった．2006 年 9 月には建国後初めて海外で人民解放軍が外国軍（タジキスタン軍）と共同軍事演習を行った．中国はロシアとも 2005 年 8 月に大規模な共同軍事演習を実施していたが，これは 2007 年 8 月には SCO 全加盟国の参加を集める「平和の使命 2007」に拡大され，その後恒例化した．同月，地域安全保障条約とエネルギー協力を柱とするビシュケク宣言が採択され，SCO は安全保障だけではなく経済協力にも力を入れ始めた．組織の安定化に伴ってメンバー枠拡大も議論され，2004 年にモンゴルが最初のオブザーバー国になったのを皮切りに，翌年にはインド，パキスタン，イランが続いた．2008 年 8 月のドゥシャンベ・サミットでは，中国の影響力の下，政情不安定な国に対する内政不干渉の原則が打ち出された（青山 2013a, 130–137）．

　東南アジア諸国連合（ASEAN）を筆頭に，周辺諸国との関係改善では経済面の協力が目を引いた．中国・ASEAN 自由貿易圏（ACFTA）の枠組みの下，双方は 2004 年に「商品貿易協定」と「紛争解決メカニズム協定」，2007 年に「サービス貿易協定」，2009 年に「投資協定」を結んだ．中国は後発性の高い

ASEAN 新規加盟 4 ヵ国には 2005 年から一方的に関税を引き下げて優遇し，原加盟 6 ヵ国との間でも 2010 年の ACFTA 完成年までに 9 割の品目で双方向ゼロ関税を実施することとした．2006 年 10 月には広西チワン族自治区南寧で中国・ASEAN 特別サミットが開かれた．広西政府は汎北部湾経済協力圏構想を立ち上げて自主的に陸上・海上の交通・物流インフラネットワークを整備し（益尾 2011），雲南省もこれに続いた．ビザ手続きの簡素化も進み，商機を求める中国商人たちが東南アジアに積極的に進出した．

中印関係も劇的に改善した．マンモハン・シン首相の下，インドは 2000 年代半ばには高成長期を迎え，双方の貿易額は毎年数十％増を記録し，特に中国からインドへの輸出が急増した．2005 年 4 月に結ばれた「平和と繁栄に向けた戦略的協力パートナーシップ」をベースに，2006 年 11 月には 10 年ぶりに中国国家主席の訪印が実現した．同年 7 月には，1962 年の中印国境紛争以降閉じられていたヒマラヤ山脈のナツラ峠で国境貿易が復活した．経済関係の緊密化，人的往来の急増，そして国境問題の安定的管理によって，インド側の対中警戒心は大幅に低下した．

ACFTA 構築を成功事例として，中国は経済枠組みの新規構築に自信を抱いた．北京は 2005 年 11 月にチリと，2006 年 11 月にパキスタンと，さらに 2008 年 4 月には初めて先進国のニュージーランドと，10 月にはシンガポールと自由貿易協定（FTA）を結び，貿易自由化の旗を振った．ただし，その熱心さは周辺国の警戒も呼んだ．東アジア地域協力の枠組みの中で自由貿易圏の設立が議論されるようになると，中国が ASEAN＋3（日中韓）の 13 ヵ国をメンバーとする東アジア自由貿易圏（EAFTA）の構築を提唱したのに対し，日本は 2007 年ごろから東アジア包括的経済連携（CEPEA）の構想を唱え，EAFTA にオーストラリア，ニュージーランド，インドを加えた高度な連携枠組みの構築を主張した．両者の対立が一段落つくのは，日本が経済的にさらに高度な環太平洋パートナーシップ（TPP）を目指してアメリカなどとの交渉入りを表明し，中国がやむをえず CEPEA をベースとする東アジア地域包括的経済連携（RCEP）案を受け入れる 2011 年である．

2000 年代の後半に入ると，中国とアフリカ諸国との接近も顕著になった．2006 年 11 月には「中国・アフリカ協力フォーラム北京サミット」が開催され，

アフリカ53ヵ国のうち中国と外交関係のある全48ヵ国から，35名の現職国家元首を含む首脳級指導者が一堂に会した．ここでは胡錦濤が中国とアフリカの「新しい戦略的関係」の構築を提唱し，中国政府は借款・援助の大規模拡大と債務免除を打ち出し，中国企業とアフリカの政府・企業の間で総額19億ドルの協力協定が締結された．中国のアフリカ接近は資源獲得目的が顕著で，欧米からは「新植民地主義」などと揶揄された．だが，欧米諸国が見向きもしなかった地域に中国企業が次々と商談を持ち込んだことは，アフリカ側ではおおむね高く評価された．中国とアフリカ諸国の関係は双方向に発展し，商業都市である広東省広州や浙江省義烏には，2000年代の後半までにアフリカ人商人の集住する比較的大きなコミュニティができた（Bodomo 2012, 1-102）．

　中国はラテンアメリカとも経済関係の強化を図り，2008年11月には初めて双方の関係に関する政策文書を発表し，発展途上国間の全面的協力の推進を唱えた．

　中国の以上のような国際協調策は，北京オリンピックを強く意識していた．ただし，当局がその成功に必死になればなるほど，国内の反政府勢力もオリンピックの価値に注目した．2008年3月半ばには，2年前の青蔵鉄道開通以降，急速に進む現代化と漢化に不満を鬱積させていたチベット族の間で大規模暴動が発生した．同月下旬には新疆でも当局の弾圧に反対する女性のデモが発生し，翌年にかけてウイグル族の反政府運動が活発化した．こうした趨勢の中，聖火リレーは混乱の極みとなる．五大陸を回り始めてほどないフランスで，チベット独立派や中国の人権状況を問題視する勢力から，度重なる抗議と妨害を受けるようになったのである．危機感を覚えた中国人留学生や中国系住人は，聖火を守ろうと各国の沿道に押し寄せ，妨害派とトーチを奪い合った．平和の祭典開催のため，聖火ルートの変更や短縮が繰り返され，逮捕者の続出する異様なリレーが世界を一周した．しかし中国政府の懸命の努力により，北京オリンピックそのものは史上最多の視聴者を引きつけながら成功裏に幕を閉じた．

(2) 海洋をめぐる緊張の高まり

　中国政府の国際協調策にもかかわらず，2006年ごろには安全保障面で米中の緊張が再び高まり始めた．アメリカが問題視したのは，海洋など新たな領域

への中国の勢力範囲の拡大だった．米国防総省は5月に発表したレポートで，「中国の空海軍力の改善は台湾を超えた海域をにらんでいる」と初めて明確に指摘した．さらに，中国海軍が自分たちの活動範囲として「第一列島線」「第二列島線」という用語を使い始めていることを紹介しながら，中国は自国の海岸から約1600 km離れた第二列島線の外，すなわち西太平洋の広い領域にわたって敵の排除能力を持とうとしていると分析した（秋田2008, 63-64；Office of the Secretary of Defense 2006, 14-17）（巻末の付図3を参照）．

　中国の活動範囲はインド洋にも広がっていた．7月には米陸軍戦略大学から，『真珠の首飾り』と題する報告書が発表された．これは中国がインドの首元の真珠玉をつなぐように，インド洋に面した小国の港湾と空港にアクセスを確保していると指摘し，中国はシーレーンの強化によってペルシャ湾までを影響下に置こうとしていると分析した（Pehrson 2006）．中でもミャンマーのシットウェ港，パキスタンのグワダル港などの建設には国際的な関心が向けられた．2008年にソマリア沖の海賊が国際問題化すると，年末には中国も護衛活動に参加し，2010年1月以降は補給のためアデン湾のジブチの利用を開始した（ジブチではのちの2016年に，中国初の海外基地の建造が始まる）．

　中国の軍事力は宇宙にも進出し，2007年1月には衛星攻撃兵器（ASAT）実験が実施された．中国が老朽化した自国の気象衛星をミサイルで撃ち落としたのである．先進国の軍事作戦は衛星情報を使って展開されるため，この行動は各国の強い警戒を呼んだ．

　こうした中で，中国の影響力の拡張が最も著しかったのは，中国が管轄権を主張する南シナ海や東シナ海などの海域だった．米軍は第二次世界大戦後，太平洋の隅々で活動しており，中国は自国の海岸に迫るそのプレゼンスが自分たちを脅かしていると考えてきた．中国は自国の台頭を意識しながら，海洋大国としてのその歴史を強調し，周辺海域を「取り戻す」ことを安全保障上の優先課題に位置付けるようになっていく．2006年10月には，中国の潜水艦が沖縄海域を航行中のキティホークの射程距離に接近する事件が起きた．2007年3月には，中国が通常型空母（4万8000トン）に加え，9万3000トンの巨大な原子力空母を建造計画中と伝えられた．原子力空母は拡張中の海南島基地に配備され，南シナ海ににらみをきかすと予想された．同年中にはまた，射程

8000 km の弾道ミサイル「巨波 2」を 10 基ほど搭載可能なジン級原子力潜水艦の配備が確認された.

　しかし,まだアメリカとの実力差の大きい中国にとって,米中の軍事対立は絶対に避けるべき課題だった.2000 年代半ば以降,海軍に代わって近海での活動を活発化させていくのが,海上法執行機関の中国海監総隊(国家海洋局)や中国漁政(農業部漁業局)である.国際海域では中国海軍が国際法に沿って合法的に活動範囲の拡大を図り,中国に帰すべき海の上では国内行政の一環として中国海監総隊や中国漁政が海上法執行を強化するという分業が図られた.それによって中国は,紛争当事国ではない米軍の干渉を避けながら,係争海域で弱小相手国の影響力を削ぐことができたのである(Masuo 2015).

　周辺諸国を驚かせたのが,中国公船による係争海域でのパトロールである.前章で述べたように,2006 年 8 月の中央外事工作会議では国家主権や安全保障の擁護が中国の外交目的に列挙されたが,その前月,中国海監総隊は東シナ海における定期的な権益擁護パトロール制度を立ち上げていた.同様の制度は,2007 年 2 月には黄海と南シナ海北部海域(パラセル諸島海域を含む)について,12 月には南シナ海南部海域(スプラトリー諸島やスカボロー礁海域を含む)についても始まった.海監にやや遅れ,中国漁政も 2009 年 3 月から係争海域におけるパトロール活動を定期化した(飯田 2013, 114-115, 158-159).このころ中国は,南シナ海問題の他の当事国が,その支配下にある島を開発したり,2009 年 5 月の国際的な大陸棚延伸申請期限に向け海洋調査を進めたりしたことに焦燥感を募らせていた(桂恒彬 2011, 41-43, 89-90).

　中国の行動の変化が最も早くからみられたのは,韓国との間である.黄海において,中国は韓国と蘇岩礁(韓国名:離於島)という暗礁周辺で排他的経済水域(EEZ)の管轄権を争っている.韓国は 1990 年代後半以降,この暗礁上に海洋科学基地を建設し自国権益を主張した.これに対し,中国は 2005 年中に海洋監視用航空機による監視活動に着手し,同年中に 5 回,活動を実行した(『聯合ニュース』2006 年 9 月 13 日).韓国海洋警察庁によれば,中国は 2007 年以降,蘇岩礁付近への公船派遣を開始し,同年中は 5 回,2008 年は 2 回,2009 年は 9 回と船の投入を続けた(海洋警察庁 2011, 28).

　西太平洋やインド洋につながる南シナ海は,水深が深く海底地形が複雑で潜

水艦の活動に適し，かつ豊かな石油資源が埋蔵されているといわれる．中国に
とってその「権益擁護」は優先度の高い課題であった．中でも中国は，自国と
の管轄権主張の重複海域が最も広く，しかも近年石油の輸出国として「わが南
シナ海の利益の狂った略奪者」となっているベトナムへの対処を緊急課題と認
識した．2007年5月から7月にかけ，胡錦濤総書記から直接指示を受けた中
国海監総隊は，まずベトナムの大陸棚延伸申請を阻止するため，南シナ海中西
部でベトナムのための調査を実施していたロシア船に対して妨害活動を展開し，
ロシアに協力合意を解除させた．次に，（おそらくは通常ベトナムが操業して
いた）パラセル諸島の周辺海域に石油探査船を投入し，警戒のため集まってき
たベトナム公船に対し，大きさで勝る海監船が五度にわたって計画的な体当た
り攻撃を仕掛けた（桂恒彬 2011, 89-96）．ベトナム当局はこの事件を公表しな
かったが，同国内では様々な噂が飛び交った．11月に中国国務院が南シナ海
の九段線を覆う三沙市の新設を承認したと海外メディアが報じ，中国が同海域
で大規模な軍事演習を行うと，翌月，ベトナムの学生たちはハノイとホーチミ
ンで2週間にわたって反中デモを行い，当局も初めてそれを黙認した．ベトナ
ム紙によれば，2005年1月から2010年10月にかけ，中国に拿捕された漁船
は63隻，漁民は725名に及んだ（Fravel 2011, 305）．中国に警戒感を高めたベ
トナムは，恩讐を越えてアメリカに急接近し，2008年6月にはグエン・タ
ン・ズン首相が訪米し，アメリカと政治・安全保障・国防の分野で「新たな対
話システム」を構築することに合意した．南シナ海の東部と南部の一部水域で
中国との主張が重複するフィリピンでも，2008年ごろから中国公船の示威行
動に警戒が高まった．

　中国は2007年以降，東シナ海各所でも「定期パトロール」を進めたが，
EEZは公海でもあり「航行の自由」が認められるため，日本政府はその行動
を問題視しなかった．ところが2008年12月8日，ASEAN+3の枠組みから
独立した初の日中韓首脳会談が福岡で開催される直前に，中国のパトロール船
が突然，尖閣諸島の領海に初めて進入した．中国の行動に警戒を強めた海上保
安庁は，尖閣諸島周辺に巡視船を常時貼り付けることになり，島をめぐる緊張
は一気にレベルアップした．

　こうしたなか，2002年の「南シナ海行動宣言」の有効性を疑問視した

ASEAN 各国は，2000 年代末になると域外大国であるアメリカとの対話の強化に努め，中国の勢力拡張を懸念するアメリカも積極的に応じるようになった．日米両国も中国の海洋活動に関する意見交換を緊密化した．こうして，中国の主権と安全保障を守る目的で実施された定期パトロールは，中国の外部環境を急激に悪化させていくことになる．

2.「韜光養晦」の終焉

(1) 世界金融危機の衝撃

　北京オリンピックの熱狂も冷めやらぬ 2008 年 9 月，米リーマン・ブラザーズの経営破綻をきっかけに世界金融危機が発生し，先進国を中心に世界的に広がった．これは中国が WTO に加盟して初めてのグローバルな経済危機だった．波及を恐れた中国政府は金融緩和に転じ，インフラ建設と不動産開発を中心とする 4 兆元（当時のレートで 57 兆円）の大規模景気刺激策を発動して内需拡大を図った．世界全体が冷え込む中，中国経済だけが翌年までに順調に V 字回復を遂げ，先進国の不安定な財政を底支えした．

　この金融危機は先進国と新興国の力関係の大きな転機となるが，その前兆は同年 7 月にすでに現れていた．ジュネーブで開かれた WTO の閣僚会議が中印とアメリカの対立で決裂し，2001 年からの多角的貿易交渉（ドーハ・ラウンド）が挫折したのである．アメリカは自国の農業維持のため，国内では農家に多額の補助金を出して大規模生産を奨励しつつ，他国には一律に農産物の市場開放を強く求めた．だが自国に農家の自殺問題を抱えるインドがセーフガード発動要件をめぐって反発し，中国もそれに同調してアメリカと激しい論戦を展開した．グローバルな貿易自由化は行き詰まり，これ以降，経済交渉の重心は国家間，あるいは地域の FTA に移っていった．

　世界金融危機が深刻化していた 2008 年 11 月には，G20 首脳会議（金融サミット）が初めて開かれた．欧州は新興国に国際通貨基金（IMF）の拠出金増大を働きかけ，中国を筆頭とする新興国側は，先進国の金融ガバナンスのずさんさを批判して世界経済における自分たちの発言権拡大を求めた．外貨の潤沢な中国は，同年 9 月に米国債の保有高ですでに世界一になっていた．それま

で中国政府の為替操作を非難し，人民元切り上げの圧力をかけてきた先進国は，中国の財政出動を歓迎し，中国が元本の割り込みを恐れて自国債を売却しないよう要請する側に回った．中国国内では，国内に貧困層を抱える中国が，なぜ大きなリスクを背負って先進国経済を支える必要があるのかと不満が高まった．2009年には中国で，政府の対米協調姿勢を批判し軍事力強化を主張する『不機嫌な中国』（宋暁軍他著）がベストセラーになっていく．

　こうした中で，中国の態度は如実に変化し，先進国により明白に自国の要求を提示するようになった．ダライ・ラマの2008年12月の欧州訪問と各国指導者との会見を警戒した中国は，11月末に突然，やはり12月に予定されていた第11回中国・EU首脳会談の延期を通告した．翌年1月から欧州5ヵ国を訪問した温家宝総理は，欧州への経済協力を掲げ，先進国のチベット問題批判を封じ込めた．さらには，ニコラ・サルコジ大統領がダライ・ラマと会見したフランスを訪問対象から外し，欧州企業との商談会でも同国企業を除外した．中仏関係の修復は，2009年4月に胡錦濤と大統領が会談してからとなる．5月，ようやく開催された中国・EU首脳会談で温家宝は，対中武器禁輸の解除と中国の市場経済国（Market Economy Status: MES）としての地位認定をEUに強く求めた．WTO加盟に際して中国はMESと認定されなかったため，他国は中国に対して簡単に反ダンピング関税を発動できた．しかしEUは中国をMESと認定せず，しかも中国の生産力が財政出動で過剰化したため，その後数年間，中国の鉄鋼やソーラーパネルの輸出をめぐって双方の通商紛争は過熱した．

　中国は批判の矛先を，国際経済秩序における先進国の中心性の問題に向けるようになった．2009年3月，中国人民銀行の周小川行長は，価値の不安定な米ドルを基軸通貨にしておくのは長期的に限界があるとし，国際通貨システムの改革の必要性に触れた．翌月に開かれた第2回G20サミットで，中国はIMFへの400億ドルの拠出を発表し，世界金融の安定のため米ドル以外の基軸通貨の準備を提案した．中国はこれ以降，人民元の国際化を重要な政策課題に掲げていく．このころになると多くの発展途上国からは，他国に民主化や情報の透明性や人権重視を義務付けようとする「ワシントン・コンセンサス」よりも，国家主導の権威主義体制の下で効率的に迅速な経済成長を達成する「北

京コンセンサス」の方が，発展モデルとして途上国のニーズにかなっていると
いう声が挙がった（ハルパー 2011）．

　先進国への異議申し立てにあたり，中国は発展途上国・新興国との連携を強
調した．SCO の呼びかけでアフガニスタン問題特別国際会議が 2009 年 3 月に
開かれると，中国は 5 年間で 7500 万ドルの無償援助を表明した．翌月のボア
オ・アジア・フォーラムでも，中国は ASEAN 域内のインフラ建設のため経
済支援策を提示した．ロシアとも長年の交渉の末に 4 月に石油分野の協力協定
がまとまり，6 月の胡錦濤訪ロでは両国が共同してアメリカのミサイル防衛計
画に反対を唱えた．このとき，初の BRICs（ブラジル，ロシア，インド，中
国）首脳会議もロシアで開催され，新興四大国が世界金融危機，G20 サミッ
ト，食糧安全保障，気候変動などのグローバルな課題について意見交換した．
この枠組みは 2011 年 4 月の北京会議で南アフリカを加えた BRICS 体制へと
発展していく．並行して中国は発展途上国への対外援助も急拡大させた．2011
年 4 月に初めて公開された中国の対外援助白書によると，2004 年から 2009 年
に中国の対外援助額は毎年平均 29.4% 増大した．2010 年 8 月の全国援外工作
会議の前後に援助方式の改革も進み，政府部門間の協調が強化され，人と人と
の交流が重視されるようになった（白雲真 2016，16-17，38-61）．2014 年 7 月の
白書は，2010 年から 2012 年にかけて中国が 894 億元の対外援助を実施したこ
と，国内で発展途上国の研修生 4 万 9000 人を受け入れ，中国の青年ボランテ
ィア 7000 名を 60 ヵ国余に派遣したことなどを伝えた．

　2009 年 12 月にコペンハーゲンで開かれた国連気候変動枠組条約第 15 回締
約国会議（COP15）は，先進国対新興国の対立を象徴した．急激な温暖化に
歯止めをかけるため，1997 年の京都議定書で二酸化炭素の排出削減義務を負
わなかった新興国に，新たに義務を課すことが会議の焦点であった．ところが
新興国は，先進国のこれまでの排出が温暖化の原因だとして不満を爆発させた．
中でも中国は削減の自主性を主張し，国際的な検証団の自国への受け入れを拒
否した．すると今度はアメリカが中国の不参加を理由に不同意を表明し，各国
の行動に法的拘束力を課せなくなった．世界的な合意形成を目指していた国々
は，交渉のキャスティングボートを握った中国に批判を集中させた．

　以上のような展開は，既存の国際秩序を率いてきたアメリカと，新興国を代

表する中国とが，新たな世界秩序の形成を担う時代の到来を予期させた．2009年7月にはワシントンで初の米中戦略・経済対話が開かれた．両国の4人の大臣級指導者が，二国間およびグローバルな課題を定期的に話し合う場を設けたことを，各国メディアは米中の「G2」体制の始動と騒いだ．

しかし実際には米中協力の道のりは遠く，中国では既得権益に固執するアメリカへの反感が広がった．IMFは2010年12月の総務会で，加盟国の出資額を全体として倍増させ，その中で新興国および途上国の出資比率を6%以上引き上げる歴史的改革案を承認した．これが実施されれば，世界の金融ガバナンスはより実態を反映するものになり，中国の出資比率は4%から6.39%に浮上して世界第2位の日本に肉薄する予定だった．しかし，国際金融の世界では出資比率が組織内での発言権に直結するため，自国の影響力の低下を懸念するアメリカ議会は自国に求められた新しい歳出法案を可決しなかった．アメリカの事実上の拒否権発動により，この改革案はその後5年間棚ざらしされた．中国は世界経済秩序の安定に大きな責任を負いながら，国際金融の中心的組織で発言権を拡大することができなかったのである．この経験は中国を，新たな金融機関の立ち上げという方向に駆り立てていく．

(2) 強硬姿勢への転換

中国のGDPは，2010年には日本を抜いて世界第2位に浮上した．急速に経済力をつけた中国は，2009年ごろから様々な分野で強硬な対外行動を展開した．これは一般的に，2009年7月の第11回駐外使節会議で対外政策をめぐる政策転換が行われたためとされる．そこでは胡錦濤が，「韜光養晦」（目立たず力を蓄えよ）という鄧小平の遺訓を修正し，「堅持韜光養晦，積極有所作為」（目立たず力を蓄えながらも，できることは積極的に行え）という新たな方針を打ち出したという．直後から中国の対外問題専門家の間では，「韜光養晦」の継続や政策重点の置き方をめぐって議論が白熱した（増田2013，88-91）．ほぼ同時に，特に地域の海洋問題で中国の実力行使が目立つようになり，関係国は中国が対外政策を転換したと認識した．

中国の軍事力の拡張は順調に続いていた．2009年6月にはストックホルム国際平和研究所が，中国の前年の軍事費が849億ドルに達し，初めて世界第2

位になったと発表した．これに先立ち3月には，海南島沖の公海上で音響デー
タ収集にあたっていた米海軍調査船インペッカブルを，中国の海軍情報収集艦，
海監船，漁政船，トロール漁船など5隻が自国の管轄権を主張しながら取り囲
み進路妨害した．2001年の海南島事件に続き，領域をめぐる国際法上の見解
の違いが軍事衝突につながる可能性が憂慮された．2009年12月には『中国国
防報』が，全長5000kmおよび「地下の万里の長城」と称される核ミサイ
ル貯蔵庫を公開し，中国の核大国ぶりをアピールした．

　ここに来て，アジアの対立の焦点として注目を集めたのが南シナ海である．
2010年3月には戴秉国国務委員が，訪中したジェームズ・スタインバーグ米
国務副長官らに，「南シナ海は中国の核心的利益」と発言した．それまで中国
は，問題が譲歩不可能であることを対外的に主張する場合に「核心的利益」と
いう言葉を使っていた．周辺国と領有権をめぐる係争が存在する南シナ海をそ
う呼ぶことは，中国が問題の国際的性質を事実上否定し，これを台湾やチベッ
トのような絶対死守の領域に位置付け直したことを暗示した．

　その直後から南シナ海における中国の行動は目に見えて強硬化した．おりし
も中国とASEANの間では，2010年元旦に始動したACFTAによって経済的
一体化が加速していた．しかし4月以降，中国の漁政船は自国漁船の保護と他
国漁船の違法操業取り締まりを掲げ，南シナ海を頻繁にパトロールし始めた．
4500トンの排水量を持つ退役軍艦，漁政311のプレゼンスは，周辺弱小国に
とっては脅迫に等しかった．過去に問題が起きていなかった係争国との間でも
急激に緊張が高まり，同月にはスプラトリー諸島で漁政311とマレーシアの駆
逐艦2隻が砲口を向け合った．4月から5月にかけ，中国の海監船2隻がマレ
ーシアの国営石油企業のガス田海域に進入し，海南島から1800km，ボルネオ
島から80kmのジェームズ暗礁のサンゴの上に「中国最南端」と書かれた標
識を設置した．6月にはインドネシアのナツナ諸島付近で，中国漁船を拿捕し
たインドネシアの巡視船に漁政船が重機関銃の照準を合わせて威嚇し，漁船を
奪還した．9月にはパラセル諸島の周辺海域でベトナム漁船が中国当局に拿捕
され，乗組員9名が拘束された．こうした示威活動は解放軍の威を借りて行わ
れ，南シナ海では3月から4月にかけて中国海軍6隻が3週間の訓練を行い，
7月には多兵種による大規模合同実弾演習を実施した．

中国にとって計算違いだったのは，中国の意図を憂慮した関係国がアメリカを地域に引き留めようと動き，アメリカもそれに呼応したことである．中国に比べ国力で劣る東南アジア諸国は，急激に拡大する北京の強大な力を相殺するためにワシントンとの関係を強化する，いわゆる対中ヘッジ戦略に乗り出した．2010年7月のASEAN地域フォーラム（ARF）外相会談では，南シナ海の領有権問題をめぐって多国間協議の開催を求めるASEANと，二国間の問題解決を主張する中国とが激しく対立した．会議に参加していたヒラリー・クリントン国務長官は「南シナ海の航行の自由はアメリカの国家利益」と発言し，各国に領有権主張の法的根拠を明確にするよう求めた．同年9月には第2回アメリカ・ASEAN首脳会議が開かれ，双方は包括的な関係強化を約束した．8月には米越両国がダナン沖で初の合同演習を行い，2011年2月にはマレーシアも，米日韓などが毎年東南アジア地域で開催する合同軍事演習「コブラ・ゴールド」に初参加した．

　海の問題をめぐって，日中関係も2009年9月に誕生した民主党政権の下で急転回した．民主党代表の鳩山由紀夫は先行する衆議院選挙中，日米中の関係は正三角形が望ましいと発言し，米軍普天間基地の県外移設を沖縄県民に約束していた．民主党が勝利して政権を握ると，沖縄では基地反対運動が盛り上がりをみせ，日米同盟の雲行きが怪しくなった．そうした中，2010年4月には，東海艦隊10隻の遠洋航海訓練を監視していた海上自衛隊の護衛艦に，中国側のヘリコプターが異常接近した．艦隊は太平洋に進出し，中国がかねて国連海洋法条約（UNCLOS）上の島としての地位に疑義を呈していた日本の沖ノ鳥島を一周した．沖縄の混乱の末，鳩山は普天間の県外移設を諦め，混乱の責任を取る形で6月に辞任した．

　2010年9月には，日本の対中認識の大きな転機となる漁船衝突事件が起きた．7日，海上保安庁が尖閣諸島の久場島の領海内で操業していた中国のトロール漁船を取り締まろうとしたところ，漁船は逃走を試み，その過程で日本側巡視船2隻に体当たりした．日本側が国内法に沿って船長を公務執行妨害で逮捕・勾留すると，中国は春暁／白樺ガス田に掘削作業用のドリルを搬入した．日本の対中依存度が高いレアアースの通関作業は止まり，中国人観光客の日本渡航は制限され，さらには河北省の軍事管理区域をたまたま撮影した日本人会

2.「韜光養晦」の終焉　205

社員が拘束された．ニューヨークを訪れていた温家宝総理は 21 日，船長が釈放されなければさらなる対抗措置をとると主張した．船長はついに釈放され，25 日，中国に帰国した．これ以降，中国は漁政船を尖閣諸島付近の領海内に派遣し「漁業監視」を行うようになった．

　この事件によって日本では，南シナ海同様，米軍の抑止力が弱まればすぐに東シナ海の安定も損なわれるという認識が広まった．10 月には香港紙が，中国指導部は今年初めまでに南シナ海と並んで東シナ海をも「核心的利益」に格上げしていたと報じた．これ以降，日本政府は防衛政策を見直しながら，アメリカばかりでなく ASEAN 諸国とも連携強化を図ることになる．

　2010 年中には他にも，中国の強硬な対外姿勢を国際的に印象づける出来事が相次いだ．1989 年に天安門広場でのデモに参加し，2008 年には民主化を求める「零八憲章」を起草して投獄されていた劉暁波がノーベル平和賞の候補者になっていると噂されると，2010 年 6 月以降，中国政府は平和賞を選考するノルウェーに圧力をかけた．10 月に劉の受賞が発表されると，中国政府はその家族を軟禁し，各国政府に授賞式への不参加を求め，ノルウェーとの FTA 交渉を停止し，同国からのサケに実質的禁輸措置を発動した．ギリシャの財政破綻をきっかけに欧州ソブリン危機が深まると，中国は EU の支援要請をいなしながら，ギリシャの経済混乱に乗じてアテネ郊外のピレウス港に対外進出した（同港は 2016 年に中国に完全売却されることになる）．朝鮮半島をめぐっては，2010 年 3 月に韓国哨戒艦・天安（チョナン）の沈没事件，11 月には北朝鮮の延坪島（ヨンピョンド）攻撃が起き緊張が続いた．いずれの事件後も米韓合同軍事演習が行われ，中国はジョージ・ワシントンの黄海での展開に反対したが，北朝鮮の脅威の拡大には対応策を示さなかった．延坪島事件後，中国は自国が議長国を務める六者会合の緊急開催を示唆して国連安保理の緊急会議に協力せず，ロシアとともに共同声明の発表に反対した．

　ただし，政治・安全保障の分野でこうした対外強硬策をとっていた間にも，中国は経済を紐帯として周辺国と互恵関係を発展させる政策を継続していた．2008 年末には中国のイニシアティブの下で昆明とバンコクを結ぶ幹線道路が開通し，大メコン圏（GMS）開発の枠組みの中で中国と東南アジアとの連結性が強化された．2009 年には国務院が中ロ朝三国国境に近い図們江地帯の開

発プロジェクトを承認し，2010 年末には金正日政権に協力する形で北朝鮮の羅先経済特区への投資も始まった．同年 5 月の新疆工作座談会では，新疆ウイグル自治区を中央アジア等に開放された橋頭堡として発展させる方針が再確認された．12 月には戴秉国が論文を発表し，中国の発展は平和的な国際環境なしに達成できず，中国はこれまでと同じように平和的発展の道を歩むと主張した．

3. 地域覇権をめぐる競争

(1) アメリカのアジア太平洋リバランス戦略の始動

　世界金融危機以降，中国は既存の国際秩序に様々な問題提起を行う一方，自らが管轄権を主張する「海洋国土」では実力を行使して自国の実効統治の確立・拡張を図った．これに対して近隣諸国は，中国がリードするかもしれない新たな地域秩序の不透明性・不確定性を憂慮し，国際規範の重要性を訴え，アメリカおよび近隣諸国間のネットワークを整え，将来の可能性に備えようとした．

　異なる価値観の対立という観点からすれば，新旧二つの勢力の競争関係には，冷戦期の米ソのイデオロギー対立に似た側面があった．しかし問題を複雑にしたのは，政治的に一党独裁を続けながら，経済的には自由貿易を掲げる中国の二面性であった．冷戦期の米ソ対立と異なり，二つの勢力は経済的には互いに分かち難く結びつきながら，政治・安全保障の分野で対立を深めた．こうしたゲームにおいては，大国も中小国も，相手との決定的な関係断絶や戦争は避けながら，自国の主権や権益，そして社会経済秩序を確保していこうとした．ゆえに対立の最前線となった南シナ海と東シナ海では，戦争に拡大しない程度の低烈度の紛争が，長期に亘って続くことになった．

　アメリカは中国の台頭を意識しながら，地域のパワー・バランスの維持に努めた．バラク・オバマ政権は 2010 年 1 月に台湾への武器売却を実施した．翌月に発表された QDR 2010 は，近い将来のイラクとアフガニスタンでの戦闘終結を前提に，今後数十年間にわたり北東アジアに米軍戦力を維持するとした．親中的な政策をとっていたオーストラリアの第一次ケビン・ラッド政権も，

3. 地域覇権をめぐる競争　　207

2010 年に入ると，同じくアメリカの同盟国である日本との関係強化を進めた．
5 月，日豪の「2＋2」では物品役務相互提供協定（ACSA）が結ばれ，両国は
実質的に同盟に近い関係を構築していく．朝鮮半島の情勢が緊張したため，韓
国も防衛面では日本との関係強化に転じ，7 月の米韓合同海軍演習と 12 月の
日米共同統合演習には海上自衛隊と韓国海軍の幹部がそれぞれオブザーバー参
加した．2011 年に入ると日韓両国は軍事情報包括保護協定（GSOMIA）や
ACSA の締結に向けた協議を進めた（GSOMIA は 2016 年に締結）．

　アメリカはまた，多国間組織を通してアジア太平洋地域の安全保障への関与
を強めた．2010 年 5 月にハノイで開かれた ASEAN 国防相会合（ADMM）
では，日本，中国，アメリカなど八つの域外国を加えた拡大 ASEAN 国防相
会合（ADMM プラス）の開催が決まり，10 月に第 1 回会合が実施された．
同月の東アジアサミット（EAS）には議長国ベトナムの特別ゲストとして米
ロの外相が参加し，両国は翌年から正式メンバーに昇格することが決まった．
翌年 11 月，バリで開かれた EAS には，オバマ大統領が自ら出席した．

　2011 年 3 月 11 日に発生した東日本大震災は，日米同盟の強靭性を内外に示
した．このとき，自衛隊と在日米軍は初めて共同作戦を実行し，緊密に協力し
て災害救援に当たった．米軍は空母ロナルド・レーガンのほか 2 万人を被災地
に派遣し，特殊作戦空挺部隊と海兵隊が津波で壊滅した仙台空港の滑走路をわ
ずか 3 時間で使用可能にした．尖閣漁船衝突事件の後のこの出来事は，米中両
国の対照的なイメージを多くの日本人の中に刻み，日本外交には日米同盟とい
う選択肢しかないと訴える効果を持った．

　同じころ，中国の海洋進出はますます顕著になった．2011 年 3 月に発表さ
れた国防白書は，国防目的の一つに海洋権益の保護を掲げた．2009 年末に公
布された海島保護法に基づき，2011 年中には第一期海島保護長期計画（海島
保護規劃）の策定が進められ，国務院と軍の協調の下でスプラトリー 7 島礁の
埋め立てなどが方向付けられた（益尾 2017）．尖閣漁船衝突事件後，東シナ海
では中国軍機の活動が活発化し，2011 年 3 月には 2 機が尖閣諸島の領空から
約 50 km の距離に接近した．

　南シナ海における中国の活動はより高圧的だった．6 月には海南島付近で中
国海軍が海監船などとの共同訓練を行い，周辺国に実力差をみせつけた．フィ

リピンとの間では，2月には中国海軍艦船がスプラトリー海域で操業していた同国漁船を威嚇射撃し，3月には中国の哨戒艇2隻がリード堆付近で同国の石油探査船を妨害した（巻末の付図2を参照）．ベトナムへの行動はさらに露骨だった．5月，ベトナムの資源調査船が中部ニャチャン沖120 km（海南島から600 km）の海域で作業を行っていたところ，高速で近づいてきた中国の公船が突然ケーブルを切断し，作業を妨害した．同様の事件は翌月も繰り返され，ベトナムでは7月にかけて毎週，市民が反中デモを展開した．7月のASEAN・中国外相会議では「南シナ海行動宣言」の実効性を高めるガイドラインが承認されたが，ASEANが法的拘束力のある「行動規範」の11月までの策定を提案すると中国は拒否した．8月，中国が旧ソ連製の自国空母ワリャーグ（のちの遼寧）の試験航海を実施すると，アメリカは南シナ海に展開していた空母ジョージ・ワシントンにベトナムの軍・政府関係者を招待した．

　アメリカを中心とする国々と中国との安全保障上の対立は，地域の他のイシューにも波及を始めた．第一に，二つの勢力の間を小刻みに渡り歩く中小国が出現した．まず注目されたのは，中国と海洋紛争のないミャンマーが中国と距離を取り始めたことである．1988年以降，同国の軍事政権は欧米からの経済制裁を受け，世界的に孤立する中で中国への傾斜を強めた．しかし2011年9月，民主化を進めるテイン・セイン政権は突然，中国と共同建設を進めていた総額36億ドルのミッソン・ダム工事の中止を発表した．発電量の9割が中国に供給されるこの計画を，ミャンマー国民は中国による旧軍事政権買収の産物とみなし，不満を強めていた．これ以降，日本やアメリカは積極的にミャンマーの民主化支援に乗り出し，同国では劇的な対外開放が進んだ．米中対立による地域秩序の流動化は，中小国により多くの国際的チャンスを提供した．

　第二に，二つの勢力間の対立は経済分野での競争に飛び火した．2010年以降，アメリカはアジア太平洋経済協力（APEC）を母体とするTPPへの参加を表明し，高度な経済自由化を目指す方針を明らかにした．尖閣漁船衝突事件を経て，日本の民主党政権もこれを前向きに考慮するようになり，2011年11月には正式に交渉参加を表明した．これを契機にベトナム，カナダなども姿勢を転じ，安全保障の面でアメリカと立場の近い国々が経済的にも結びつきを強める流れが加速した．TPPは中国の参加を否定してはいなかったが，その自

由化レベルは中国にはハードルが高すぎた．新たな経済枠組みからの排除を恐れた中国は，同月，何年も対立してきた EAFTA 問題で妥協し，RCEP の締結をめぐる話し合いを始めた．中国はさらに日中韓 FTA にも秋波を送り，アメリカが参加する APEC ではなく，東アジア地域協力を基軸として経済的な紐帯を強化していこうとした．こうしてアジア太平洋では，新たな自由貿易枠組みをめぐる動きが活発化していく．

中国の海洋進出が未来の地域秩序をめぐるうねりを生み出していく中，2011年 11 月にはオバマ大統領がオーストラリア議会で演説を行い，「アジア太平洋リバランス」戦略を正式に打ち出した．クリントン国務長官が同月の『フォーリン・ポリシー』誌に寄稿した論文によれば，新戦略はアジアの成長のダイナミズムを吸収するため，同盟関係と非軍事的手段を総動員してルールに依拠した地域秩序や世界秩序を形成していく試みだった（森 2013，61-68）．これにより，アメリカは中東に傾斜していた国防資源のアジア太平洋地域への再配置をすすめていく．米豪首脳会談では，2014 年までにオーストラリア北部ダーウィンの空軍基地に米海兵隊 2500 名を配置することも決まった．

中国はアメリカのリバランス戦略に強く反発した．中国の多くの識者は，リバランス戦略はアメリカが中国の成長を封じ込める意図で 2011 年に突然発動したものと解釈し，中国の平和的な意図が世界では理解されていないと嘆き，中国はもっと対外宣伝に力を入れていかねばならないと議論した．中国の海上行動に驚き，警戒を強めていた関係国との間で，国際情勢への認知ギャップは広がる一方であった．

(2)「海洋国土」での衝突

2012 年，中国経済は世界の GDP の 11.5％ を占め，世界第 1 位のアメリカの約半分（日本の 1.3 倍）にまで成長した．中国政府は国内経済のソフトランディングを目指し，3 月には GDP 成長率の目標値を 7.5％ に引き下げ，それまでの高成長一辺倒から持続可能な安定成長方針に舵を切った．

中国は対外的には引き続き国際協調を掲げた．2 月には秋に総書記就任を控えた習近平が国家副主席としてアメリカを公式訪問し，米中協力パートナーシップを 21 世紀の「新型大国関係」に育んでいこうと呼びかけた．5 月には胡

錦濤も米中戦略・経済対話で同様のスピーチを行い，米中両国は衝突せず対抗せず，相互に尊重しゼロサム思考を捨てていくべきだと訴えた．総書記に就任すると，習近平はアメリカに「新型大国関係」の構築を重ねて呼びかけていくことになる．中国はグローバル・ガバナンスへの貢献も意識した．6月にはG20サミットで，欧州危機の克服のためIMFへの430億ドルの増資を発表し，「国連持続可能な開発会議（リオ＋20）」では途上国に環境対策として600万ドルの支援と環境関連の技術・人材提供を約束した．

　ただし，次世代のポストをめぐる党内闘争が激化する中で，主権や領有権に関連する海洋問題では，中国の対外的柔軟性は著しく失われていった．指導者のレベルでは，ライバルに揚げ足を取られないため，対外問題で「愛国」的な立場を貫くことが政治的に最も安全だったと言える．また主権や国家安全保障の擁護を任務とする中国海軍や国家海洋局も，職責貫徹をアピールして組織の利益拡大に励もうとした．同年秋まで，中国をめぐる海の緊張は歯止めなく高まり続けた．

　まず4月8日には，ルソン島の沖合約200kmにあるスカボロー礁で，フィリピン海軍の偵察機が中国漁船8隻の「違法」操業を確認し，同国最大のフリゲート艦が現場に派遣された．しかしそこに中国の海監船2隻が登場し，漁船の拿捕を妨害した．フリゲート艦と海監船は10週間に亘ってにらみ合うこととなり，事件は連日，両国のメディアで大々的に報じられた．中国は周辺に海軍艦艇を派遣し，フィリピン産バナナに事実上の禁輸措置をとり，自国民の団体旅行も差し止めた．フィリピン側の主張によれば，5月ごろには事態を重く見たアメリカが介入し，領有権問題の解決まで双方がスカボロー礁から立ちのくことが決まった．そのためフィリピンはフリゲート艦を引き揚げたが，中国はそのままスカボロー礁に居座り続け，周辺海域でフィリピン漁船の操業を厳しく排除するようになった．1994年のミスチーフ礁に続き，マニラはまたも実効支配圏を中国に奪われ，直後には外交交渉による問題解決に希望を繋いだが，中国がスカボロー礁に永久に留まる方針を明らかにしたことでそれも途絶えた（2013年になるとフィリピン政府は，南シナ海問題で中国を常設仲裁裁判所（PCA）に訴える対抗策を打ち出していく）．

　南シナ海の海底資源をめぐる緊張も新たな段階を迎えた．UNCLOSに基づ

いて自国の海洋権益を整理していたベトナムは，2012年6月，スプラトリー諸島やパラセル諸島の領有権を盛り込んだ海洋法を採択した．中国の外交部や全国人民代表大会（全人代）は即日，抗議声明と抗議書簡を発出し，民政部は南シナ海を囲む三沙市の新設を公式に発表した．2日後には中国海洋石油総公司（CNOOC）が，南シナ海で新たに9ヵ所の石油ガス鉱区を設け対外開放すると発表した．これはベトナムの中部から南部の沖合にあり，すでにベトナムの国営企業が外国企業と契約を結んで開発を進めていた海域だった．中国の所作に驚いたフィリピンは，前年に中国哨戒艇から妨害を受けていたパラワン島沖の石油ガス鉱区につき，翌月，開発に向けた入札実施を発表して中国を牽制した（JPEC 2012）．

　南シナ海問題にならんで，9月には尖閣諸島問題もエスカレートした．2010年の漁船衝突事件で中国への警戒と民主党政権への不信を強めた石原慎太郎東京都知事は，2012年4月にアメリカで，東京都として民間の所有者から尖閣三島を買い取り開発していく計画を発表した．日中関係の不安定化を懸念した野田佳彦政権は，国として三島を買い上げる案を検討したが，7月にはこれが「国有化」計画としてメディアにスクープされた．8月15日に香港等の活動家7名が尖閣諸島に上陸し，その様子が中国で生中継されると，中国では反日的な気運が盛り上がった．

　9月10日，中国政府は「釣魚島」の領海基線を宣告した．翌日，日本政府は尖閣諸島を私人から買い上げ，所有者の土地登記を変更した．これ以降，中国当局は国内外で未曾有の反日宣伝を展開し，18日の柳条湖事件記念日まで全国各地で数万人を誘導して反日運動に投入し，その一部が暴徒化して日系企業の工場や商店を暴力的に破壊するのを黙認した．この間，日本企業が受けた損害額は数十億円から百億円に上った．中国はさらに，1970年代に日中間に成立した「問題を棚上げし，後で話し合う」という「コンセンサス」を日本が一方的に破ったという説を展開し，それを口実に自国公船が2008年から行ってきた尖閣諸島の領海進入を恒常化させ，準軍事力を動員して日本の実効支配に力で挑戦した．ただし，日本外務省の記録で合意の存在は確認できず，中国政府も関連資料を公開しなかった．しかも，中国側がしばしば合意の証人とする張香山は中国共産党中央対外連絡部（中連部）の幹部で，外交交渉には参加

していなかった.

2012年の海洋紛争を経て, 中国では世論の海への関心がかつてなく高まった. これにより,「海洋国土」を守り抜くことは, もはや中国指導部にとって内政上の課題になったと言えよう.「国有化」事件直後, 中国共産党中央には海洋権益工作領導小組が設立された. だが中国社会の安定成長のためには, 自国をとりまく国際環境の是正も早急に対応が必要な問題になっていた. 中国の強硬姿勢は周辺海洋諸国の警戒をよび, 将来的な米中対立のリスクを増幅させていたからである. 習近平新政権は発足後,「海洋国土」における断固たる姿勢は維持しながら, 比較的良好に推移していた発展途上国や陸上隣国との関係を足がかりに, 豊かな経済力を用いて建設的な対外イメージの再建を目指していくのである.

おわりに

2000年代半ばに比較的良好な対外関係を謳歌していた中国は, その後半には自らの選択によって自国を厳しい国際環境に追い込んでいった. 既存の国際秩序への異議申し立てを強めたことで, 中国は周辺諸国との緊張を高め, 2000年代前半の国際協調によって蓄積した国際的な評判を低下させた.

海洋をめぐる極度の緊張は, 国内的には非常に重たい課題を残した. 共産党への信頼が揺らぐ中, 当局が自国の主張の正当性を国民に過度にアピールし, 実効支配圏を力で拡張して国民からの支持回復に努めたことは, 外交交渉によって相手国と海洋境界画定を実現する可能性を極度に狭めた. 多くの国民は, 東シナ海問題でも南シナ海問題でも諸外国に妥協を許してはならないと考えるようになった. 政府は国内政治上, 関係国に対して断固とした姿勢をとらざるを得なくなり, 次の段階では南シナ海7島礁の大規模な埋め立てに着手し, フィリピンが起こした仲裁裁判の判決を拒否して,「ルールに基づく国際秩序」を支持する国々との対立を深めていくのである.

ただし, 中国と周辺国との物理的な緊張は, 主に「海洋国土」とその上空で発生しており, 関係国の数は限定され, 中国がこの問題によって国際社会から完全に孤立したわけではない. むしろ世界的には, 西側先進国に有利になるよ

うに設計された国際秩序に不公平感を抱く人々は多く，中国の問題提起を歓迎する国は少なくない．先進国の中でも，中国との結びつきを強化し，その経済的活力を自国に取り込みたいと考える国は多い．そして中国自身も，責任ある大国としてのアピールのため，建設的な国際イニシアティブの立ち上げに熱心である．

　圧倒的な覇権国が存在しない冷戦後のパワー・バランスの中で，米中に代表される新旧二つの勢力のうちどちらが求心力を獲得していくのかは，結局のところそのどちらから得る利益の方が大きいと他の国々が判断していくかによるのだろう．アジア太平洋はそうした国際的な秩序競争の最前線に位置付けられる．本章が取り上げた 2012 年までの段階では，この地域のほとんどの国は中国との関係を維持しながらアメリカとの連携の強化に着手しており，国家間関係の流動化と複雑化が始まっていた．各国の対外関係が目に見えて活発化したことで，ポスト冷戦期の地域秩序の形成に向けたうねりが姿を現しはじめた．現段階で未来の地域秩序の輪郭はまだはっきりとしないが，中国の対外行動のあり方は，二つの勢力への諸外国の対応を決める重要な変数になっていくであろう．

（益尾知佐子）

終 章　中国外交のゆくえ

　ナポレオンはかつてこう語った.「中国は『眠れる獅子』.眠らせておこう.
目を覚ませば,世界を震撼させるだろう」.

　そして今,習近平はいう.「中国という獅子は目覚めたが,これは平和で親
しみやすい,文明的な獅子だ」.

　間違いなく,中国は「目覚めた」.改革開放の約40年の間,中国は目覚ま
しい経済成長を遂げた.いまの中国は世界の多くの国にとって最大の貿易相手国
であり,2010年に日本を追い抜いて世界第2位の経済規模,2016年に世界第
2位の対外投資国となった.経済大国への躍進を背景に,中国のプレゼンスは
グローバルに伸張しており,超大国へと邁進している.

　台頭する中国は既存の国際秩序にどのような影響を与えるのか？　この難問
に対する答えは中国外交のゆくえに対する探究と深くかかわっている.

1. 変容する国際情勢

　第二次世界大戦後に構築された欧米主導の国際秩序に,大きなうねりが押し
寄せてきているように見える.今日の世界情勢は刻一刻と変化しており,極め
て流動的となってきている.

　これまでの世界秩序を牽引してきたアメリカやイギリスをはじめとする西側
諸国に変調の兆しがみられる.2017年にドナルド・トランプ政権はアメリカ
国内の激しい政治的分断状況のなかで動き出したが,アメリカにおける民主主
義の基盤が脅かされ,「競争的権威主義」(Mickey, Levitsky, and Way 2017)に
陥る危険性がしばしば指摘されている.欧州ではユーロ危機や中東からの大規
模な難民の流入,さらにテロが連続して発生するなか,治安や経済の安定,格
差の拡大に対する不安と不満が高まっており,ポピュリズムが急台頭している.
こうした流れを背景に,イギリス国民が欧州連合(EU)からの離脱を選択し,

EU は「複合危機」（遠藤 2016）に見舞われている.

アメリカが重要な役割を果たしてきた安全保障のネットワークと自由貿易を柱とする欧米主導の戦後国際秩序も軋み始めている.「アメリカ第一主義」を掲げるトランプ政権は，これまでアメリカが中心となって提供してきた国際公共財の負担に不満を示し，同盟国に負担増を求めるとともに，環太平洋パートナーシップ（TPP）から離脱するなど保護貿易主義を前面に打ち出している.さらに，グローバル化の恩恵が中間層に及ばず格差が広がるなか，欧米諸国は内向きの姿勢を強めている.これまで順調に進んできた地域統合の流れは失速し，グローバル化は退潮を余儀なくされている.

他方中国では，2012 年の秋に胡錦濤の後任として，習近平が中国の最高指導者の座についた.2012 年 11 月に開催された中国共産党第 18 回全国代表大会（第 18 回党大会）で党中央委員会総書記と党中央軍事委員会主席に就任したのに続き，習近平は 2013 年 3 月の第 12 期全国人民代表大会（全人代）でさらに国家主席と国家中央軍事委員会主席に就任した.党・国家・軍のトップを一身に担い，初の中華人民共和国樹立後生まれの国家指導者として，習近平は反腐敗キャンペーンを通じて自らの権力基盤を固めつつ，共産党への威信回復を図ろうとし，「一帯一路」構想を旗印とする対外戦略を展開している.こうした動きは，国際社会には，「自由主義的秩序に深く入りつつある非民主主義」（Ikenberry 2011）中国の台頭として映る.

「開かれた市場」,「民主主義」といった原則を重んじる欧米主導の国際秩序に地盤沈下の危険性が増している一方で，ロシアはウクライナ問題などで拡張主義を強め，民主化に逆行する中国のプレゼンスが拡大し続けている.1989 年にアメリカの著名な政治学者フランシス・フクヤマは自由民主主義と市場経済の勝利と宣言し，「歴史の終わり（The End of History)」と予言したが，冷戦終結 30 年近くを経て，その楽観論は疑問視され始めている.

2. リビジョニスト国家としての習近平中国

不透明感の広がる今日の世界情勢を，中国はチャンスとして捉える.「富国強兵」路線が継承され，超大国の地位を目指す対外政策が活発化している.中

2. リビジョニスト国家としての習近平中国

国は 30 万人の兵員を削減し，従来の 7 軍区を 5 戦区に統合する組織再編を行い，海空軍の増強や宇宙・サイバー分野の整備を図るなど，軍の近代化を進めている．対外関係においては，中国はアメリカとの関係を安定化させつつ，アジアにおける権力基盤を固め，中国の影響力をグローバルに拡大させようとしている．

アメリカ一国優位の体制下において，中国にとって，アメリカとの関係の安定を図ることは最も重要な対外政策である．習近平は「広い太平洋には中国とアメリカの両国を受け入れる十分な空間がある」とし，アメリカと「新型大国関係」の構築を訴えている．オバマ政権時，南シナ海で激しい攻防を繰り広げながら，地球温暖化対策の新たな国際枠組みである「パリ協定」をそろって批准する（2016 年 9 月）など，米中の両国関係は「対立しつつも協調する」様相を呈していた．トランプ政権誕生後も，中国は北朝鮮の核開発問題でアメリカに協力する姿勢を前面に打ち出し，貿易問題では米中協議を通じて解決する方針で臨み，安定した米中関係の維持に努めている．

中国を取り巻く周辺環境の改善も習近平体制の重要な政策目標の一つとなっており，中国はアジア諸国，とりわけ東南アジア，南アジア諸国に対する外交攻勢を強めた．オランダ・ハーグの常設仲裁裁判所（PCA）が南シナ海にかかわる中国の領有権主張に法的根拠がないという判決を下した（2016 年 7 月）が，中国はそれを無視し，南シナ海の埋め立てた人工島に軍事レーダーや戦闘機を収容できる格納庫を建設し，領土問題で譲歩しない姿勢を崩さなかった．他方において，中国と東南アジア諸国連合（ASEAN）加盟国の間で，南シナ海における行動規範に関わる原案がまとめ上げられた（2017 年 3 月）．

台湾の独立の阻止は中国の一貫した政策であるが，2016 年 5 月に台湾で独立志向の蔡英文が総統に就任したことを受け，中国は国際社会において台湾を孤立させる政策へ舵を切った．同年 12 月のアフリカのサントメ・プリンシペとの国交回復に続き，2017 年 6 月には中米のパナマも中国と国交を結び，台湾と断交した．これで台湾と外交関係を有する国はわずか 20 ヵ国となり，また一部の台湾在外公館の名称も中国の圧力により「中華民国」や「台湾」から「台北」への変更を余儀なくされた．

さらに，超大国の地位を目指して，中国はアジア，欧州，アフリカ，アラブ

地域を中心とする「一帯一路」構想を打ち出した．中国国内の東西格差の解消による均質な国民国家空間の創出，国内産業構造の転換に加え，自国の安全保障環境を改善し，国際社会における中国の影響力の拡大を図るなど，中国が抱えている問題を解決する「万能薬」として，「一帯一路」構想には経済，政治，軍事の各分野から多大な期待が寄せられている．

　習近平国家主席が 2013 年 9 月にカザフスタンでシルクロード経済ベルト構想を，そして同年 10 月にインドネシアで 21 世紀海上シルクロード構想を明らかにした．これに伴い，同月に開かれた周辺外交工作座談会で「周辺外交」重視が唱えられ，翌 2014 年 11 月に北京で開催されたアジア太平洋経済協力（APEC）で中国政府がシルクロード基金（400 億ドル）の設置を表明した．2015 年 3 月には国家発展改革委員会，外交部，商務部が共同で「一帯一路」の構想を発表した．披瀝された「一帯一路」構想によれば，中国と中央アジアや欧州を結ぶ六つの国際経済回廊と，中国からインド洋と太平洋へ進出する二つの海上シルクロードの構築が先行プロジェクトとなる（青山 2016a）．

　2017 年 5 月には，北京で「一帯一路」国際協力ハイレベル・フォーラムが開かれ，29 ヵ国の政府首脳をはじめ 130 ヵ国から 1500 人が参加した．同フォーラムにおいて，習近平国家主席はシルクロード基金の 1000 億元の増資，政策銀行による 3800 億元の融資，「一帯一路」構想に参加する途上国などに対して 600 億元規模の支援を新たに表明した．また会議直後，国家発展改革委員会と国家海洋局が共同で海洋協力にかかわる具体的な政策構想を公表した．この政策構想では，海上シルクロードのルートは具現化され，「中国－インド洋－アフリカ－地中海」，「中国－オセアニア－南太平洋」，「北極－欧州」の三つの経済ルートが明示された．この三つの経済ルートの構築を通じて，中国は関係国との間で，海洋の生態系保護，海洋経済，海洋の安全保障，海洋研究と情報共有，ガバナンスに関する協力を深めるという．

　「一帯一路」構想とともに，中国は既存の国際機構のなかでの影響力拡大を図りつつ，自国主導の金融機構の創設にも力を入れている．世界金融危機を契機に，BRICS 新開発銀行，アジアインフラ投資銀行（AIIB）が次々と設立され，上海協力機構（SCO）開発銀行の創設も議論されている．BRICS 銀行の創設宣言は，ブレトン・ウッズ会議（1944 年）から 70 年目になされたことか

ら，ブレトン・ウッズ体制への挑戦と受け止められた．AIIB は 2013 年 10 月，習近平国家主席がインドネシアを訪問した際に初めて披露された構想である．2016 年 1 月に開業した AIIB は，2017 年 6 月の時点で，その加盟国・地域はすでに 80 に達し，日米が主導するアジア開発銀行（ADB）の加盟国・地域（67）を上回った．

トランプ政権の「アメリカ第一主義」に対抗して，中国は自由貿易を擁護する姿勢を前面に打ち出している．またアメリカが「パリ協定」の離脱を表明したのに対し，中国はパリ協定を実行に移す決意を表明し，国際的責任を果たしていく姿勢をアピールした．

このように，地域統合の流れの退潮，アメリカが中心となって構築されてきた欧米秩序が軋むなか，中国は超大国の座を目指そうと意気込んでいる．中国主導の AIIB をはじめとする多国間組織により，国際社会における中国の政治的，経済的発言権と影響力は高まっている．また「一帯一路」構想においては大陸秩序のみならず，海のシルクロードを通じて海外協力の拠点確保と称する中国の軍事ネットワーク構築も進められている（青山 2016b）ことから，海洋秩序に与える影響も大きい．

このように中国が国際秩序に与える影響は確実に増しつつあるが，今日の中国の対外政策は必ずしも強硬路線と柔軟路線の間で振り子のように揺れ動くものではない．現状において，「既存の国際秩序は公正さを欠く」と不満を募らせている中国は，自国の経済力の高まりに見合った発言権を求め，現状変革を志している．リビジョニスト国家であるがゆえに，中国の外交政策には実際のところ，協調，関与，強硬の三つの姿勢が同時に存在している（青山 2012）．

中国は，「内政不干渉」の原則を掲げながらも，「創造的介入」の名の下で，国連平和維持活動（PKO）や仲介外交に積極的に参加している（青山 2013b）．PKO のみならず，イラン，北朝鮮，ナイジェリアなどのリスクの高い国・地域における貿易投資などの経済活動がこれまでの中国の「内政不干渉」原則を変容させ，民主主義国家が掲げている規範を支持する動きを活発化させている．

関与姿勢も冷戦終結後の中国の対外政策の大きな特徴の一つとなっている．「一帯一路」構想は習近平体制の象徴的な外交政策と見られているが，胡錦濤時代までに積み上げられてきた実績の上に展開されている面は見落とされがち

表1 中国が構築した地域との主な協力枠組み

地域	開始年	協力枠組み
アジア	1996	中国・ASEAN 対話（非公式対話：1991 ～）
	2001	SCO（前身の上海ファイブ：1996 ～）
	2003	六者会合
	2005	SAARC のオブザーバー
欧州	1998	中国・EU サミット
	2012	中国・CEE サミット
アフリカ	2000	中国・アフリカ協力フォーラム
	2008	中国・AU 戦略対話メカニズム
アラブ地域	2004	中国・アラブ諸国協力フォーラム
	2010	中国・GCC 戦略対話
太平洋島嶼国	2006	中国・太平洋島嶼国経済発展協力フォーラム
ラテンアメリカ・カリブ地域	2014	中国・CELAC フォーラム

出所：青山・天児（2015，64）.

である．表1に示している通り，1990年代後半から中国は世界各地の地域機構に積極的に関与し，協力関係を構築していた．習近平体制はアジア，アフリカ，欧州，アラブ地域，太平洋島嶼国における中国のこれまでの取り組みを一本化させ，ラテンアメリカ地域との協力を格上げし，北極評議会（AC）への関与も強めた．「政策，資金，貿易，インフラ，民心」の五つのレベルで中国の経済的，政治的な影響力圏を目指す「一帯一路」構想という中国のグローバル戦略の中核には，中国の関与政策がある．

　他方において，領土問題や南シナ海における中国の軍事展開などの問題においては，中国には譲歩の意思はなく，強硬な姿勢を貫いている．

3. 中国の近現代史からみる中国の台頭

　清末以降の中国の近現代外交史は，「中国の国際的地位の向上」の歴史でもある．習近平政権は「中華民族の偉大なる復興」をスローガンとして掲げている．習近平政権のみならず，「復興」という言葉は，近代以降の中国の歴史のなかで一貫して，国内においては政権の正統性を担保し，民衆を団結させるといった重要な機能を担っている．

3. 中国の近現代史からみる中国の台頭

本書は 1949 年から胡錦濤時代までの中国の対外政策と中国と他国の関係を現代中国の外交として概説している．つまり，1949 年の中華人民共和国の樹立を起点として，「現代」を捉えている．

中華人民共和国の対外政策を考える場合，革命政権としての性格から，国民党政府との断絶性は顕著である．前政権との断絶性を強調することは中国共産党の正統性をアピールするための革命史観による影響もあるが，実際のところ，「別に一家を構える（另起炉竈）」と称される外交政策を採用し（第 1 章を参照），過去の対外関係との決別から新中国が動き出していることも，確かな事実である．

他方，中国外交史の観点から俯瞰した場合，革命政権といえども，中華人民共和国の対外政策は近代以降の歴史を踏まえての展開にほかならず，綿々たる連続性が観察できる．20 世紀における中国政治の連続性について，西村成雄は次のように明快に説明している．「20 世紀前半中国政治空間は，資本主義国民国家体系内に従属的地位にあったが，20 世紀第 3 四半世紀はそこから離脱し政治的に独立を得るとともに，社会主義国民国家体系内の一員に位置づけられ，やがて社会主義体制内中枢指向のなかで，文革という政治的挫折をむかえ，最後の第 4 四半世紀は再度，しかし能動的に資本主義国民国家体系内に参入し，経済的に大きな発展をとげようとしている」（西村 2000, 9）．

外交史の視点からみれば，中国外交には国家の統一と領土の保全，安全保障の確保，経済発展，イデオロギーと政権の存続という四つの一貫した戦略的目標が存在している（序章を参照）．そして，この四つの目標を実現し，さらに国内の政権の正統性を強化するために，中国は「復興」をスローガンとし，大国化を目指してきた．

20 世紀からの中国は，対外政策の究極の目標を「割譲された領土と権利を取り戻す」ことに置き，その実現の手段として世界における大国の地位を目指してきたといえよう．「百年の屈辱」の近代は 1840〜1842 年のアヘン戦争からスタートし，それ以降中国は多くの不平等条約を結び，半植民地状態に陥った．こうしたことから，朝貢システムから条約体制へ移行し始める近代以降，中国は「修約外交」，「条約廃止外交」と呼ばれる外交方式（唐啓華 2011）をとり，不平等条約の改正と廃止を通じた国権回収に取り組んでいた．

特に二度の世界大戦とその後の世界秩序の再編は中国の国際地位向上の一助となった。第一次世界大戦を契機に、アジアにおける日本のモンロー主義に対する懸念から、中華民国北京政府は国際連盟の原加盟国となり、そしてイランをはじめとする他のアジア諸国に働きかけ、アジアの代表として非常任理事国の座を手に入れた。その後の第二次世界大戦における抗日戦争の立場から中華民国は国連安全保障理事会の常任理事国の地位を確保できた。中華人民共和国は1971年には国連代表権が認められ、安保理の常任理事国を務めることとなり、以降この常任理事国の地位をテコに世界における影響力を拡大させてきている。

さらに国際社会における中国の大国としての地位は中国の「修約外交」、「条約廃止外交」を前進させたのである。第一次世界大戦の戦勝国として、中国はドイツ、オーストリアとの不平等条約を解消し、第二次世界大戦を通じて同盟国の英米から、また戦勝国として日本から、国権を回収することに成功した。

清末、中華民国北京政府から中華人民共和国設立まで、中国は国際的地位の向上を通じて不平等条約の改正を目指した（唐啓華2002）が、革命政権として誕生した中華人民共和国は不平等条約を認めない方針のもと、1950年代においては国内の外国企業を中国から撤退させた。ここで、中国は自国における外国の特権すべてを解消した。中華人民共和国は「半封建，半植民地の時代」に終止符を打ち、「屈辱」の時代に区切りをつけた。

その後、継続革命を目指す新中国は世界革命を使命とし、革命の輸出を行った。また文化大革命はアメリカを中心としたベトナム反戦運動と連動して、世界に大きな影響を与えた。改革開放政策の採択に伴い、中国は西側主導の国際秩序への参加を選択し、そして外圧を利用して、市場経済に合わせた形で国内経済の体制転換を図ろうとした。1949年に政治的独立を果たした中国は、20世紀中にはアジアの地域大国に成長し、いまや「超大国」の座を目指している。

国内政治が不安定な場合、外交は政権の正統性を提供する重要な手段となりうる。中国全土を実効支配できていなかった中華民国北京政府、日本軍と戦った国民党政府のいずれも外交を政権正統性の確保の手段として活用し、「中華ナショナリズム」と「国民国家ナショナリズム」を侵略への抵抗力の担保とした（西村2007）。「中華民族の偉大なる復興」という習近平政権のスローガンに

は，こうした近現代以降受け継がれている外交とナショナリズムの機能が期待されている．

　以上からわかるように，近現代中国外交史は，前述した西村成雄の指摘したプロセスに類似した変遷過程を辿っている．朝貢システムから条約体制へ移行し始めた近代以降の中国は国民国家として自立していなかったにもかかわらず，ウェストファリア体制のなかで大国の地位を目指し，また大国の地位を獲得することに成功した．中華人民共和国の樹立により政治的自立は成し遂げた中国は冷戦では東側陣営に立脚し，国際共産主義運動の連帯を重視した．改革開放後の中国は欧米主導の自由主義的秩序に参加し，その受益者として著しい経済成長を遂げた．

　さらに，近代以降中華人民共和国樹立までの中国外交史において，「国権回収」という使命と「中国の国際的地位の向上」という課題は表裏一体となって，その実現が目指された．しかし，改革開放後の中国は，「大国」ないし「超大国」という国家目標は自己目的化し，独り歩きし始めている．これが，朝貢外交の時代を下敷きにした対外戦略と批判されるゆえんでもある．

4. 中国の台頭と欧米主導の国際秩序のゆくえ

　台頭する中国とどう向き合うのか．これは，中国のプレゼンスがグローバルに伸張しているなか，世界の多くの国が直面している問題である．

　自信に満ちた中国は超大国へと邁進しているが，実際のところ，アメリカは依然として唯一の超大国として君臨しており，中国がグローバルな影響力を有し始めたのはごく最近のことである．言い換えるならば，中国は欧米をはじめとするグローバル大国の一員であり，またその一員にすぎない．

　中国の経済規模は世界第2位を誇っているが，2016年の一人当たり国内総生産（GDP）は8113ドルに過ぎず，190ヵ国中74位で，アメリカの5万7436ドル（8位），日本の3万8917ドル（22位）に比べ大きく下回っている．習近平体制は，中国共産党設立100周年に合わせて「百年の夢」を目標として打ち出した．すなわち，2020年までにGDPと一人当たりの国民所得を，2010年比で2倍にするという所得倍増計画である．もしこの「百年の夢」が成し遂

げられた場合は，中国国民の生活は多少豊かさを感じられる「まずまず（小康）」のレベルに到達できるという．こうしたことを背景に，中国は自国を「発展途上大国」と称している．中国は発展途上国であり，大国である．

中国共産党の中国革命は「国家の独立と国内の平和」を実現させ，ソ連型の統治システムと経済モデルを採用した．そして，改革開放後の中国は革命の理念と思想を放棄する一方，革命政権の統治体制を保持しつつ，経済発展の奇跡を短期間に実現した．つまり，国家資本主義の下で，資本主義と共産党による党国家体制の結合によって，経済は急速に発展し，政治の安定も同時に維持できた（呉玉山 2011）．このような共産党一党支配の社会主義を原則として固持する中国の台頭は，欧米主導の国際秩序に対する重大な挑戦となりうる．

他方，経済減速のなかで 6.5% 以上の成長率，「中高速成長」へと軟着陸できるのか，経済の構造改革や銀行の不良債権，所得や資産の格差，少子高齢化や深刻化する環境汚染，食品安全など，中国政府が解決しなければならない難題は山積している．こうした意味で，大国として台頭した中国が新しい国際秩序の構築の牽引力になれるかどうかはいまだに未知数である．

グローバル大国を目指し，中国は精力的に「一帯一路」構想を推し進めている．「一帯一路」構想が中国の計画通りに実現できる可能性は決して大きくはないが，「一帯一路」構想の推進により，中国と他国の関係が再構築され，既存の大陸秩序と海洋秩序を変容させる可能性は十分にある．特に国際情勢が流動化し，パワー・トランジションが生じている過程において，紛争や戦争の危険性は高まりやすい．

2013 年 6 月，『ニューヨーク・タイムズ』紙において，グレアム・アリソンは台頭する中国と今の超大国アメリカの両国が「トゥキュディデスの罠」を回避するよう呼びかけた（Allison 2013）．アリソンは，1962 年のキューバ危機を描いた名著『決定の本質』の著者として知られる，アメリカの著名な国際政治学者である．記事においてアリソンは，紀元前 5 世紀のギリシャにおいて，コリントスとコルキラのポリス同士の小さな対立がなぜアテネとスパルタの大戦争を招いたのかという問題を提起した．「台頭する大国はますます自信をつけ，既存の支配国は優位性を失う恐怖に怯える．こうしたなか，それぞれの同盟国は台頭する大国と既存の支配国を戦争に駆り立てる」というシナリオに，アリ

ソンは警鐘を鳴らしたのである.

　歴史は繰り返すとは限らず, 米中両国は対立しつつもともに協調的な関係構築の重要性を認識しており, 互いの関係の安定化に努めている.「発展途上大国」である中国の軍事的影響力も当面アジア太平洋地域に限定されていることから, 米中の軍事対立の焦点もアジア太平洋地域となっている. こうしたことから,「コリントスとコルキラのポリス同士の小さな対立」が発生する可能性はアジア太平洋地域において最も高いといえるかもしれない.

　中国の軍事的台頭と海洋進出の影響を最も強く受けている国の一つは, アジア太平洋地域の海洋国家である日本である. 2000 年代の後半から, 中国の強硬な海洋政策に対する危機感が日本で徐々に形成されるようになり, 日本の防衛および周辺地域の安全の確保が安全保障の重要なテーマとして浮上した. こうしたことを背景とし, 政治, 安全保障上の対立は顕著化した.

　中国の超大国化の道のりはまだまだ長く, またリビジョニストとしての中国が今後欧米諸国の主導する国際秩序を覆す道を辿ると決まっているわけではない. ジョン・アイケンベリーは現行の国際秩序はこれまでと本質的に異なる点に目を向ける必要があると指摘する. 彼によれば, 今日の欧米諸国が主導する国際秩序は開かれた市場, 自由主義的で民主的な規範に基づいており, しかもすでにルール化, 制度化されている. その開かれている特性から, 中国をはじめとする新興国は欧米諸国の築き上げた今日の国際秩序の中で自国の経済的, 政治的目的を実現することが可能である. つまり, アメリカの一極時代はいずれ終わりを迎えるかもしれないが, 西側の「自由主義的覇権秩序」は勝利を収める (Ikenberry 2008; アイケンベリー 2012).

　中国の対外政策は, 多様な姿勢を同時に内包しており, 複雑な様相を示している. 米中両国の「トゥキュディデスの罠」を回避し, 日中両国の衝突を防ぎ, 目覚めた獅子が「平和で親しみやすい, 文明的な獅子」になれるよう, これまでの中国の対外行動や国内世論で生じてきたこうした国際規範遵守の流れを後押しし, 中国を健全な方向へ向かわせる国際社会の関与が, 今後より一層重要となってくるであろう.

（青山瑠妙）

参考文献
（＊の付いているものは基礎的な文献）

［日本語］

アイケンベリー，G. ジョン．2012.『リベラルな秩序か帝国か』上・下（細谷雄一監訳）勁草書房.

相沢伸広．2010.『華人と国家：インドネシアの「チナ」問題』書籍工房早山.

＊青山瑠妙．2007.『現代中国の外交』慶應義塾大学出版会.

——．2012.「海洋主権：多面体・中国が生み出す不協和音」毛里和子・園田茂人編『中国問題：キーワードで読み解く』東京大学出版会.

＊——．2013a.『中国のアジア外交』東京大学出版会.

——．2013b.「中国外交における国際協調の流れ」国分良成・小嶋華津子編『現代中国政治外交の原点』慶應義塾大学出版会.

——．2016a.「中国の外交，積極展開で影響力拡大：『一帯一路』で広域協力圏を構築」厳善平・湯浅健司・日本経済研究センター編『2020 年に挑む中国：超大国のゆくえ』文真堂.

——．2016b.「台頭を目指す中国の対外戦略」『国際政治』183.

青山瑠妙・天児慧．2015.『超大国・中国のゆくえ 2　外交と国際秩序』東京大学出版会.

秋田浩之．2008.『暗流　米中日外交三国志』日本経済新聞出版社.

浅野亮．2007.「軍事ドクトリンの変容と展開」村井友秀・阿部純一・浅野亮・安田淳編『中国をめぐる安全保障』ミネルヴァ書房.

＊天児慧．1999.『中華人民共和国史』岩波新書［新版 2013］.

——．2004.『巨龍の胎動』講談社.

＊天児慧・浅野亮編．2008.『世界政治叢書 8　中国・台湾』ミネルヴァ書房.

＊天児慧・石原享一・朱建栄・辻康吾・菱田雅晴・村田雄二郎編．1999.『岩波現代中国事典』岩波書店.

飯田将史．2013.『海洋へ膨張する中国』角川 SSC 新書.

＊石井明．2014.『中国国境・熱戦の跡を歩く』岩波書店.

＊石井明・朱建栄・添谷芳秀・林暁光編．2003.『記録と考証　日中国交正常化・日中平和友好条約締結交渉』岩波書店.

石井修．2000.『国際政治史としての 20 世紀』有信堂.

岩下明裕．2009.「台頭中国と中央アジア：地域協力の制約要因」中居良文編『台頭中国の対外関係』御茶の水書房.

岩谷將・杉浦康之・山口信治. 2015. 「『革命の軍隊』の近代化」川島真編『チャイナ・リスク』岩波書店.

＊ヴォーゲル, エズラ・F. 2013. 『現代中国の父　鄧小平』上・下（益尾知佐子・杉本孝訳）日本経済新聞出版社.

＊宇野重昭. 1981. 『中国と国際関係』晃洋書房.

宇野重昭・小林弘二・矢吹晋. 1986. 『現代中国の歴史 1949〜1985』有斐閣.

浦野起央. 1997. 『南海諸島国際紛争史：研究・資料・年表』刀水書房.

＊──. 2015. 『南シナ海の領土問題：分析・資料・文献』三和書籍.

江口伸吾. 2012. 「橋本首相のユーラシア外交と江沢民主席の来日 1997-98 年」高原明生・服部龍二編『日中関係史 1972-2012　Ⅰ　政治』東京大学出版会.

衛藤瀋吉・岡部達味. 1969. 『世界の中の中国』読売新聞社.

遠藤乾. 2016. 『欧州複合危機：苦悶する EU, 揺れる世界』中公新書.

大澤武司. 2012. 「前史　1945-71 年」高原明生・服部龍二『日中関係史　1972-2012　Ⅰ　政治』東京大学出版会.

＊岡部達味編. 1983. 『中国外交：政策決定の構造』日本国際問題研究所.

──. 1996. 「中国外交の古典的性格」『外交フォーラム』1996 年 12 月号.

＊──編. 2001. 『中国をめぐる国際環境』岩波書店.

＊──. 2002. 『中国の対外戦略』東京大学出版会.

外務省. 1972. 『わが外交の近況』昭和 47 年版.

霞山会. 1995. 『現代中国人名辞典　1995 年版』霞山会.

＊──. 2008. 『日中関係基本資料集 1972 年—2008 年』霞山.

加納啓良. 2012. 『東大講義東南アジア近現代史』めこん.

＊加茂具樹編. 2017. 『中国対外行動の源泉』慶應義塾大学出版会.

川島弘三. 1990. 『中国の政治と軍事・外交』第一法規出版社.

＊川島真・清水麗・松田康博・楊永明. 2009. 『日台関係史 1945-2008』東京大学出版会.

神田豊隆. 2012. 『冷戦構造の変容と日本の対中外交：二つの秩序観 1960-1972』岩波書店.

喜田昭次郎. 1992. 『毛沢東の外交』法律文化社.

＊キッシンジャー, ヘンリー. 1979-80. 『キッシンジャー秘録』1-5（桃井眞監修, 斎藤彌三郎・小林正文・大朏人一・鈴木康雄訳）小学館.

木宮正史. 2012. 『国際政治のなかの韓国現代史』山川出版社.

＊ギャディス, ジョン・ルイス. 2004. 『歴史としての冷戦：力と平和の追求』（赤木完爾・齊藤祐介訳）慶應義塾大学出版会.

倉沢愛子. 2011. 「インドネシア九・三〇事件と社会暴力」和田春樹ほか編『岩波講座東アジア近現代通史 8　ベトナム戦争の時代 1960-1975 年』岩波書店.

倉田徹. 2010. 『中国返還後の香港：「小さな冷戦」と一国二制度の展開』名古屋大学出

版会.

ケナン，ジョージ・F. 2017.『ジョージ・F. ケナン回顧録』II（清水俊雄・奥畑稔訳）中公文庫.

呉暁林. 2002.『毛沢東時代の工業化戦略：三線建設の政治経済学』御茶の水書房.

呉士存（朱建栄訳）. 2017.『中国と南沙諸島紛争：問題の起源，経緯と「仲裁裁定」後の展望』花伝社.

＊国分良成. 2004.『現代中国の政治と官僚制』慶應義塾大学出版会.

＊小林弘二. 2013.『グローバル化時代の中国現代史 1917-2005』筑摩書房.

佐藤考一. 2012.『「中国脅威論」と ASEAN 諸国』勁草書房.

佐藤晋. 2011.「日本の地域構想とアジア外交」和田春樹ほか編『岩波講座　東アジア近現代通史 9　経済発展と民主革命 1975-1990 年』岩波書店.

シェクター，ジェラルド，ヴェチェスラフ・ルチコフ. 1991.『フルシチョフ：封印されていた証言』（福島正光訳）草思社.

下斗米伸夫. 2004.『アジア冷戦史』中公新書.

――. 2017.『ソビエト連邦史 1917-1991』講談社学術文庫.

＊朱建栄. 1991.『毛沢東の朝鮮戦争：中国が鴨緑江を渡るまで』岩波書店［岩波現代文庫 2004］.

＊――. 2001.『毛沢東のベトナム戦争』東京大学出版会.

＊沈志華. 2016.『最後の天朝：毛沢東・金日成時代の中朝関係』（朱建栄訳）岩波書店.

スノー，エドガー. 1968.『北京・ワシントン・ハノイ』（松岡洋子訳）朝日新聞社.

――. 1972.『革命、そして革命…』（松岡洋子訳）朝日新聞社.

世界銀行. 1994.『東アジアの奇跡』（白鳥正喜監訳）東洋経済新報社.

＊園田茂人編. 2012.『日中関係史 1972-2012　III　社会・文化』東京大学出版会.

＊――編. 2014.『日中関係史 1972-2012　IV　民間』東京大学出版会.

園田直. 1981.『世界　日本　愛』新潮社.

ソ連科学アカデミー極東研究所編. 1972.『中ソ対立と国際関係』（寺谷弘壬・小田切利馬・薄井武雄編訳）日本国際問題研究所.

第 11 管区海上保安本部. 2012.『南西海域の海上保安 40 年の歩み』（http://www.kaiho.mlit.go.jp/11kanku/06%20oshirase/sonotano%20joho/40nenshi.pdf）.

高木誠一郎. 2000.「脱冷戦期における中国の対外認識：『和平演変』論から『過渡期終了』論まで」高木誠一郎編『脱冷戦期の中国外交とアジア・太平洋』日本国際問題研究所.

――. 2001.「中国とアジア太平洋地域の多国間協力」田中恭子編『現代中国の構造変動 8　国際関係：アジア太平洋の地域秩序』東京大学出版会.

＊高原明生・服部龍二編. 2012.『日中関係史 1972-2012　I　政治』東京大学出版会.

田島高志. 2013.「尖閣問題『中国側は話し合いを控えたいとし，日本側は聞き置くに

留めた』：鄧小平・園田会談同席者の証言」『外交』18.

*田中明彦. 1991.『日中関係 1945-1990』東京大学出版会.

*——. 1997.『安全保障：戦後 50 年の模索』読売新聞社.

*——. 2007.『アジアのなかの日本』NTT 出版.

谷川栄彦. 1965.「中ソ対立とインドネシア共産党」『国際政治』29.

タルボット，ストローブ. 1972.『フルシチョフ回想録』（タイム・ライフ・ブックス編集部訳）タイムライフインターナショナル.

中国研究所編. 各年版.「対外関係」『中国年鑑』.

趙宏偉. 2011.「中国外交における『核心的利益』：台湾，チベット，新疆…」趙宏偉・青山瑠妙・益尾知佐子・三船恵美『中国外交の世界戦略：日・米・アジアとの攻防 30 年』明石書店.

陳錦華. 2007.『国事憶述：中国国家経済運営のキーパーソンが綴る現代中国の産業・経済発展史』（杉本孝訳）日中経済協会.

程蘊. 2014.「自民党内日中友好派と中国の対自民党工作（1960〜1961）」『中国研究月報』2014 年 4 月号.

苫米地真理. 2016.『尖閣諸島をめぐる「誤解」を解く：国会答弁にみる政府見解の検証』日本華僑社.

中居良文. 2007.「江沢民の米国：WTO 加盟の政治的含意」高木誠一郎編『米中関係：冷戦後の構造と展開』日本国際問題研究所.

中園和仁編. 2013.『中国がつくる国際秩序』ミネルヴァ書房.

中野聡. 2011.「ベトナム戦争の時代」和田春樹ほか編『岩波講座　東アジア近現代通史 8　ベトナム戦争の時代 1960-1975 年』岩波書店.

ニクソン，リチャード. 1978.『ニクソン回顧録　第 1 部　栄光の日々』（松尾文夫・斎田一路訳）小学館.

西村成雄. 2000.「20 世紀史からみた中国ナショナリズムの二重性」西村成雄編『現代中国の構造変動 3　ナショナリズム：歴史からの接近』東京大学出版会.

——. 2007.「中華ナショナリズムの経済史的文脈：1936 年中国『埠際交易』増大の政治的含意」西村成雄・田中仁編『現代中国地域研究の新たな視圏』世界思想社.

日本国際問題研究所中国部会編. 1971.『新中国資料集成』第 5 巻. 日本国際問題研究所.

*服部健治・丸川知雄編. 2012.『日中関係史 1972-2012　II　経済』東京大学出版会.

服部隆行. 2007.『朝鮮戦争と中国：建国初期中国の軍事戦略と安全保障問題の研究』溪水社.

*服部龍二. 2011.『日中国交正常化』中公新書.

ハルパー，ステファン. 2011.『北京コンセンサス：中国流が世界を動かす？』（園田茂人・加茂具樹訳）岩波書店.

平岩俊司. 2010.『朝鮮民主主義人民共和国と中華人民共和国：「唇歯の関係」の構造と変容』世織書房.

平松茂雄. 2002.『中国の戦略的海洋進出』勁草書房.

＊──. 2005.『中国の安全保障戦略』勁草書房.

船橋洋一. 1997.『同盟漂流』岩波書店［岩波現代文庫 2016］.

堀井伸浩. 2007.「エネルギー資源」小島麗逸・堀井伸浩編『巨大化する中国経済と世界』アジア経済研究所.

ボリーソフ, О. Б., Б. Т. コロスコフ. 1977.『ソ連と中国』上・下（滝沢一郎訳）サイマル出版会.

マクナマラ, ロバート・S. 1997.『マクナマラ回顧録：ベトナムの悲劇と教訓』（仲晃訳）共同通信社.

＊益尾知佐子. 2010.『中国政治外交の転換点：改革開放と「独立自主の対外政策」』東京大学出版会.

──. 2011.「中国の周辺外交と地方政府：広西チワン族自治区による ASEAN との経済協力の展開」趙宏偉・青山瑠妙・益尾知佐子・三船恵美『中国外交の世界戦略：日・米・アジアとの攻防 30 年』明石書店.

──. 2012.「二国間実務協力と東アジア地域協力の進展」高原明生・服部龍二編『日中関係史 1972-2012 I 政治』東京大学出版会.

──. 2013.「海から見る中韓・中朝関係：黄海の中国漁業問題を中心に」中居良文編『中国の対韓半島政策』御茶の水書房.

──. 2017.「長期計画達成に邁進する中国の海洋管理：『海島保護法』後の国内行政を手がかりに」『東亜』2017 年 4 月号.

増田雅之. 2013.「胡錦濤政権期の中国外交：『韜光養晦，有所作為』をめぐる議論の再燃」『政権交代期の中国：胡錦濤時代の総括と習近平時代の展望』日本国際問題研究所.

松田康博. 2009.「台湾の民主化と新たな日台関係の模索 1988-94 年」川島真・清水麗・松田康博・楊永明『日台関係史 1945-2008』東京大学出版会.

水本義彦. 2009.『同盟の相剋：戦後インドシナ紛争をめぐる英米関係』千倉書房.

村上亨二. 2015.「1960 年代前半における中国とアフリカの関係：第 2 回アジア・アフリカ会議と第 2 回非同盟首脳会議の開催をめぐって」『中国研究月報』2015 年 5 月号.

村田忠禧. 2015.『史料徹底検証 尖閣領有』花伝社.

毛利亜樹. 近刊.『海洋進出の中国政治』(仮)筑摩書房.

毛里和子. 2006.『日中関係』岩波新書.

＊──. 2012.『現代中国政治：グローバル・パワーの肖像』第 3 版. 名古屋大学出版会.

──. 2017.『日中漂流：グローバル・パワーはどこへ向かうか』岩波新書.

毛里和子・毛里興三郎訳. 2001.『ニクソン訪中機密会談録』名古屋大学出版会［増補

決定版 2016].

＊森聡. 2009. 『ヴェトナム戦争と同盟外交』東京大学出版会.

―――. 2013. 「オバマ政権のアジア太平洋シフト」『米国内政と外交における新展開』日本国際問題研究所.

ヤーコブソン, リンダ, ディーン・ノックス. 2011. 『中国の新しい対外政策：誰がどのように決定しているのか』（岡部達味監修, 辻康吾訳）岩波現代文庫.

矢吹晋. 1991. 『保守派 vs. 改革派』蒼蒼社.

―――. 2016. 『南シナ海領土紛争と日本』花伝社.

＊山極晃. 1994. 『東アジアと冷戦』三嶺書房.

山本草二. 1992. 『海洋法』三省堂.

＊李恩民. 2005. 『「日中平和友好条約」交渉の政治過程』御茶ノ水書房.

＊劉傑・三谷博・楊大慶編. 2006. 『国境を越える歴史認識：日中対話の試み』東京大学出版会.

和田春樹. 2011. 「経済発展と民主革命」和田春樹ほか編『岩波講座　東アジア近現代通史 9　経済発展と民主革命 1975-1990 年』岩波書店.

JPEC（石油エネルギー技術センター）. 2012. 「中国とベトナム, フィリピンとの南シナ海領有紛争が激化」『JPEC レポート』第 17 回（http://www.pecj.or.jp/japanese/minireport/pdf/H24_2012/2012-017.pdf）.

［中国語］

白雲真. 2016. 『中国対外援助的支柱与戦略』時事出版社.

蔡成喜. 2007. 「新中国打破美国封鎖禁運的重要橋梁：莫斯科国際経済会議」『当代中国史研究』2007 年第 2 期.

程中原・夏杏珍. 2003. 『歴史転折的前奏：鄧小平在 1975』中国青年出版社.

戴秉国. 2016. 『戦略対話：戴秉国回憶録』人民出版社・世界知識出版社.

《当代中国》叢書編輯部編. 1989. 『当代中国的対外経済合作』中国社会科学出版社.

鄧紅洲. 2013. 『控局：朝鮮戦争与越南戦争中的美国決策』軍事科学出版社.

高文謙. 2003. 『晩年周恩来』明鏡出版社.

高之国・賈兵兵. 2014. 『論南海九段線的歴史, 地位和作用』海洋出版社.

高祖貴. 2005. 「中美在“西線”的戦略関系分析」『中国外交』2005 年第 3 期.

宮力. 2004. 『鄧小平与美国』中共党史出版社.

＊耿飚. 1998. 『耿飚回憶録』江蘇人民出版社.

谷牧. 2009. 『谷牧回憶録』中央文献出版社.

桂恒彬. 2011. 『前進中的中国海監』（中国海監総隊策劃）長征出版社.

＊国際戦略研究基金会編. 1993. 『環球同此涼熱』中央文献出版社.

海南省遠洋漁業総公司編志弁公室. 1991. 『南海水産公司志（1954～1988）』海洋出版社.

胡錦濤. 2016.『胡錦濤文選』第 2 巻. 人民出版社.

黄華. 2012.「中蘇関係正常化的来龍去脈」(何理良・欒景河選編整理)『黒河学院学報』2012 年第 6 期.

黄志良. 2000.「30 年前，南美大陸第一面五星赤旗：憶中智建交的前前后后」『世界知識』2000 年第 23 期.

＊江沢民. 2006.『江沢民文選』第 1 巻. 人民出版社.

《江沢民同志重要論述研究》編写組. 2002.『江沢民同志重要論述研究』人民出版社.

李晨陽・呉磊・瞿建文. 2004.「破解‘馬六甲困局’之中国方案分析」『参考消息』2004 年 8 月 5 日.

李丹慧. 1996.「1969 年中蘇国境衝突：縁起和結果」『当代中国史研究』第 3 巻第 3 期.

──編. 2002.『北京与莫斯科：従聯盟走向対抗』広西師範大学出版社.

──. 2005.「20 世紀 60 年代美中央情報局対中蘇関係的評估：対美国情報委員会最新解密档案的分析」『南開学報』2005 年第 3 期.

＊李健. 2001.『天塹通途：中国共産党対外交往紀実』当代世界出版社.

劉勇・高化民主編. 2000.『大論争：建国以来重要論争実録』珠海出版社.

劉中民. 2011.「中国的中東熱点外交：歴史，理念，経験与影響」『阿拉伯世界研究』2011 年第 1 期.

龍永図. 2000.「加入 WTO：一個重大的政治和外交課題」『華北供銷与科技』2000 年第 2 期.

馬立誠. 1998.『交峰：当代中国三次思想解放実録』今日中国出版社.

──. 2008.『交峰三十年：改革開放四次大争論親歴記』江蘇人民出版社.

聶栄臻. 2007.『聶栄臻回憶録』解放軍出版社.

＊牛大勇・沈志華主編. 2004.『冷戦与中国的周辺事態関係』世界知識出版社.

＊牛軍. 1992.『従延安走向世界：中国共産党対外関係的起源』福建人民出版社.

──編. 2010.『中華人民共和国対外関係史概論（1949-2000）』北京大学出版社.

──. 2011.「『回帰亜洲』：中蘇関係正常化与中国印度支那政策的演変（1979-1989）」『国際政治研究』2011 年第 2 期.

──. 2012.『冷戦与新中国外交的縁起（1949-1955）』社会科学文献出版社.

＊裴堅章主編. 1994.『中華人民共和国外交史 第 1 巻：1949-1956』世界知識出版社.

＊──編. 2002.『中日外交風雲中的鄧小平』中央文献出版社.

斉連明・張祥国・李暁冬. 2013.『国内外海島保護与利用政策比較研究』海洋出版社.

銭其琛. 2003.『外交十記』世界知識出版社.

銭学文. 2010.「中国対伊拉克外交中的国家利益取向」『阿拉伯世界研究』2010 年第 2 期.

＊曲星. 2000.『中国外交五十年』江蘇人民出版社.

権延赤. 1998.『毛沢東与赫魯暁夫』内蒙古人民出版社.

＊沈志華主編. 2007. 『中蘇関係史綱（1917-1991）』新華出版社.

＊石志夫主編. 1994. 『中華人民共和国対外関係史（1949.10〜1989.10）』北京大学出版社.

師哲. 1998. 『在歴史巨人身辺：師哲回顧録』中共中央党校出版社.

＊唐家璇主編. 2000. 『中国外交辞典』世界知識出版社.

――. 2009. 『頸雨煦風』世界知識出版社.

唐啓華. 2002. 「『大国地位』的追求：二十世紀前半期中国在国際組織中的努力」『興大人文学報』第 32 期.

――. 2011. 「論『情勢変遷原則』在中国外交史的運用」『社会科学研究』2011 年第 3 期.

＊陶文釗主編. 1999. 『中美関系史（1949〜1972）』上海人民出版社.

＊田曾佩主編. 1993. 『改革開放以来的中国外交』世界知識出版社.

＊外交部档案館編. 1998. 『偉人的足迹：鄧小平外交活動大事記』世界知識出版社.

王昌義. 2011. 「回顧中以建交的曲折史程」『湘潮（上半月）』2011 年第 5 期.

＊王家瑞主編. 2013. 『中国共産党対外交往 90 年』当代世界出版社.

王猛. 2006. 「中沙関係中的伊斯蘭因素」『阿拉伯世界研究』2006 年第 5 期.

王樹春編. 2005. 『冷戦后的中俄関係』時事出版社.

＊王泰平主編. 1998. 『中華人民共和国外交史　第 2 巻：1957-1969』世界知識出版社.

＊――主編. 1999. 『中華人民共和国外交史　第 3 巻：1970-1978』世界知識出版社.

＊呉冷西. 1999. 『十年論戦 1956〜1966：中蘇関係回憶録』上・下. 中央文献出版社.

呉興唐. 2012. 「中共党際関係『四項原則』的由来」『中国新聞週間』2012 年 7 月.

呉玉山. 2011. 「『両場革命』与中国模式」『思想』第 18 期.

夏莉萍. 2005. 「万隆会議前后中国政府打開与亜非国家関係的努力」『外交学院学報』2005 年第 2 期.

＊謝益顕主編. 1988. 『中国外交：中華人民共和国時期（1949-1979）』河南人民出版社.

＊――主編. 1995. 『中国外交史　中華人民共和国時期（1979-1994）』河南人民出版社.

＊熊向暉. 1999. 『我的情報与外交生涯』中共党史出版社.

徐偉忠. 2010. 「中国参加非洲的安全合作及其発展趨勢」『西亜非洲』2010 年第 11 期.

許嘉. 2003. 『冷戦后中国周辺安全態勢』軍事科学出版社.

＊楊公素. 2002. 『當代中國外交理論與實踐（1949-2001）』（張植榮修訂）励志出版社.

楊奎松. 1997. 「従珍宝島事件到緩和対美関係」『党史研究資料』1997 年第 12 期.

延静. 2009. 「中韓建交親歴記」『湘潮』2009 年第 12 期.

＊于光遠等. 1998. 『改変中国命運的 41 天：中央工作会議，十一届三中全会親歴記』海天出版社.

詹懋海. 2012. 「援助非洲的難忘歳月」『新民晩報』2012 年 8 月 3 日.

張勉励. 2006. 「中国与南斯拉夫建交始末」『現代中国史研究』2006 年第 3 期.

張淑雅. 1996. 「文攻武嚇下的退縮：美国決定与中共挙行大使級談判的過程分析，1954-

1955」『近代史研究所集刊』第 25 期.

＊中共中央文献編輯委員会編. 1993. 『鄧小平文選』第 3 巻. 人民出版社.

＊中共中央文献研究室編. 1987-98. 『建国以来毛沢東文稿』第 1-13 冊. 中央文献出版社.

＊――. 1997. 『周恩来年譜』中. 中央文献出版社.

＊――. 2004. 『鄧小平年譜』上・中・下. 中央文献出版社.

＊中共中央組織部・中共中央党史研究室・中央档案館. 2000. 『中国共産党組織史資料』第 1-9 巻・附巻 1-3 巻.

中国海監総隊編. 2010?. 『中国海監大事記 1983-2009』海洋出版社.

《中華人民共和国日史》編委会編. 2003. 『中華人民共和国日史』（各年版）四川人民出版社.

＊中華人民共和国外交部外交史研究室編. 1993. 『周恩来外交活動大事記 1949-1975』世界知識出版社.

中華人民共和国外交部政策研究室（政策規劃司）編. 各年版. 『中国外交』世界知識出版社.

＊中華人民共和国外交部・中共中央文献研究室編. 1994. 『毛沢東外交文選』中央文献出版社・世界知識社出版社.

＊《周恩来軍事活動紀事》編写組. 2000. 『周恩来軍事活動紀事』上・下. 中央文献出版社.

＊周弘主編. 2013. 『中国援外 60 年』社会科学文献出版社.

朱良. 2008. 「十一届三中全会后対外政策的調整」『炎黄春秋』2008 年第 11 期.

［英語］

Allison, Graham T. 2013. "Obama and Xi Must Think Broadly to Avoid a Classic Trap." *The New York Times*, June 6, 2013.

＊Barnett, A. Doak. 1985. *The Making of Foreign Policy in China: Structure and Process*. Boulder: Westview Press.

Behbehani, Hashim S. H. 1985. *China's Foreign Policy in the Arab World, 1955-1975: Three Case Studies*, paperback edition. KPI.

Bitzinger, Richard A. 1991. *Chinese Arms Production and Sales to the Third World*. Rand.

Bodomo, Adams. 2012. *Africans in China: A Sociocultural Study and Its Implications for Africa-China Relations*. Cambria Press.

Burr, William, ed. 1999. *The Kissinger Transcripts: The Top Secret Talks with Beijing and Moscow*. The New Press.

Bush, George, and Brent Scowcroft. 1999. *A World Transformed*. Vintage Books.

＊Carlson, Allen, Mary E. Gallagher, Kenneth Lieberthal, and Melanie Manion, eds. *Contemporary Chinese Politics: New Sources, Methods, and Field Strategies*.

236 参考文献

Cambridge University Press.

Chanda, Nayan. 1986. *Brother Enemy: The War after the War*. Asia Books.

＊Chen, Jian. 1994. *China's Road to the Korean War: The Making of the Sino-American Confrontation*. Columbia University Press.

＊――. 2001. *Mao's China and the Cold War*. The University of North Carolina Press.

＊Christensen, Thomas J. 2015. *The China Challenge: Shaping the Choices of a Rising Power*. W. W. Norton & Company.

＊Cole, Bernard D. 2001. *The Great Wall at Sea: China's Navy Enters the Twenty-First Century*. Naval Institute Press.

＊Economy, Elizabeth, and Michel Oksenberg, eds. 1999. *China Joins the World: Progress and Prospects*. Council on Foreign Relations.

Eisenhower, Dwight D. 1960. *Public Papers of the President Dwight D. Eisenhower, 1954*. USGPO.

――. 1965. *The White House Years, vol. 2: Waging Peace, 1956–1961*. Doubleday.

＊Fravel, M. Taylor. 2008. *Strong Borders, Secure Nation: Cooperation and Conflict in China's Territorial Disputes*. Princeton University Press.

――. 2011. "China's Strategy in the South China Sea." *Contemporary Southeast Asia* 33 (3).

Garver, John W. 1993. *Foreign Relations of the People's Republic of China*. Prentice-Hall.

――. 2006. *China and Iran: Ancient Partners in a Post-Imperial World*. University of Washington Press.

＊Goh, Evelyn. 2005. *Constructing the U.S. Rapprochement with China, 1961–1974: From "Red Menace" to "Tacit Ally"*. Cambridge University Press.

＊Hamrin, Carol Lee, and Suisheng Zhao, eds. 1995. *Decision Making in Deng's China: Perspectives from Insiders*. M. E. Sharpe.

Ikenberry, G. John. 2008. "The Rise of China and the Future of the West: Can the Liberal System Survive?" *Foreign Affairs*, January/February 2008.

――. 2011. "The Future of the Liberal World Order." *Foreign Affairs*, May/June 2011.

＊Johnston, Alastair Iain. 2008. *Social States: China in International Institutions, 1980–2000*. Princeton University Press.

Kerr, Pauline, Stuart Harris, and Qin Yaqing. 2008. *China's New Diplomacy: Tactical or Fundamental Change?* Palgrave Macmillan.

＊Kim, Samuel S. 1998. *China and the World: Chinese Foreign Policy Faces the New*

Millennium, fourth edition. Westview Press.

* Lampton, David M., ed. 2001. *The Making of Chinese Foreign and Security Policy in the Era of Reform*. Stanford University Press.

Lewis, John W., Hua Di, and Xue Litai. 1991. "Beijing's Defense Establishment: Solving the Arms-Export Enigma." *International Security* 15 (14).

* Lieberthal, Kenneth, and David M. Lampton. 1992. *Bureaucracy, Politics, and Decision Making in Post-Mao China*. University of California Press.

* Lieberthal, Kenneth, and Michel Oksenberg. 1988. *Policy Making in China: Leaders, Structures, and Processes*. Princeton University Press.

Lilley, James, and Jeffrey Lilley. 2004. *China Hands: Nine Decades of Adventure, Espionage, and Diplomacy in Asia*. PublicAffairs.

Lord, Winston. 1996. "The United States and the Security of Taiwan." Testimony before the House International Relations Committee, Subcommittee on the East Asia and the Pacific, March 14, 1996, U.S. Department of State, Archive.

* MacFarquhar, Roderick, and Michael Schoenhals. 2006. *Mao's Last Revolution*. Belknap Press of Harvard University Press.

Mann, James. 2000. *About Face: A History of America's Curious Relationship with China from Nixon to Clinton*. Vintage Books.

Masuo, Chisako T. 2015. "Extending Domestic Governance over the Seas: China's Reinforcement of the State Oceanic Administration." *Project 2049 Occasional Paper*, Project 2049 Website.

MFAPRK (Ministry of Foreign Affairs, People's Republic of Kampuchea). 1984. *The Chinese Rulers' Crimes against Kampuchea*.

Mickey, Robert, Steven Levitsky, and Lucan Ahmand Way. 2017. "Is America Still Safe for Democracy?" *Foreign Affairs*, May/June 2017.

Office of the Secretary of Defense. 2006. *Annual Report to Congress: Military Power of the People's Republic of China 2006*. https://fas.org/nuke/guide/china/dod-2006.pdf

Pehrson, Christopher J. 2006. *String of Pearls: Meeting the Challenge of China's Rising Power across the Asian Littoral*. U.S. Army War College.

* Pillsbury, Michael. 2015. *The Hundred-Year Marathon: China's Secret Strategy to Replace America as the Global Superpower*. Henry Holt and Company.

Ross, Robert S. 1991. "China Learns to Compromise: Change in U.S.-China Relations, 1982–1982." *The China Quarterly* 128.

Shambaugh, David.1992. "China and Europe." *The Annals of the American Academy of Political and Social Science* 519.

Swaine, Michel D. 2010. "China's Assertive Behavior, Part One: On 'Core Interests'," http://carnegieendowment.org/files/CLM34MS_FINAL.pdf, *China Leadership Monitor*, Carnegie Endowment (November 15).

*——. 2011. *America's Challenge: Engaging a Rising China in the Twenty-First Century*. Carnegie Endowment for International Peace.

Swamy, Surbramanian. 2001. *India's China Perspevtive*. Konrak Publishers.

* Vogel, Ezra F., Yuan Ming, and Tanaka Akihiko, eds. *The Golden Age of the U.S.-China-Japan Triangle, 1972–1989*. Harvard University Asia Center.

Weiss, Jessica Chen. 2014. *Powerful Patriots: National Protest in China's Foreign Relations*. Oxford University Press.

* Westad, Odd Arne, ed. 1998. *Brothers in Arms: The Rise and Fall of the Sino-Soviet Alliance, 1945–1963*. Woodrow Wilson Center Press; Stanford University Press.

*——. 2014. *Restless Empire: China and the World since 1750*, Paperback edition. Vintage.

［韓国語］

海洋警察庁（韓国）. 2011.『2011 海洋警察白書』6 月公表（http://www.korea.kr/archive/expDocView.do?docId=30132）.

付図1 アジア諸国の国防費の変遷（1990～2015年）

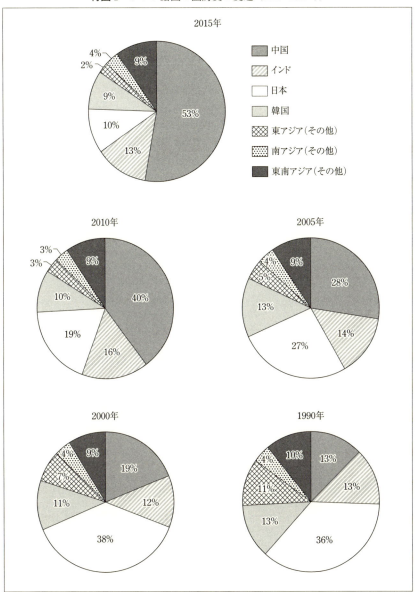

注：実質GDPベース．
出所：SIPRI Military Expenditure Database より作成．

付図2 中国が国連海洋法条約の下で主張する管轄海域

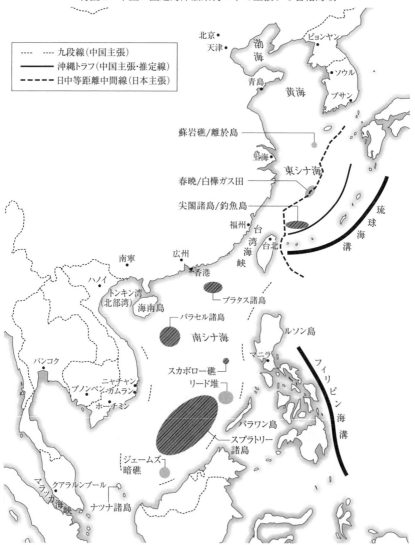

出所：各種公表資料をもとに作成．
注：中国の公式主張には曖昧な点が多いため，各線は概要であり，正式なものではない．

付図・付表　241

付図3　西太平洋・インド洋に広がる中国の影響力

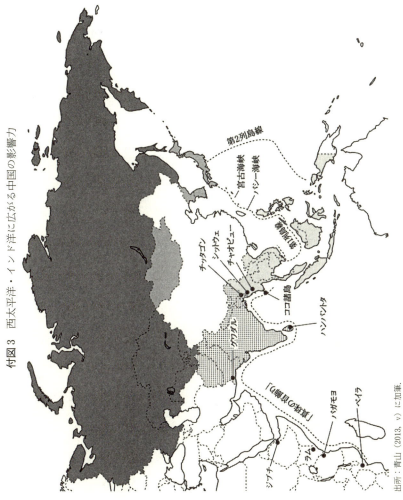

出所：青山 (2013, v) に加筆．

付表　中国と各国の国交樹立（2017 年 6 月現在，175 カ国）

国名	年月日	国名	年月日
ロシア	1949. 10. 02	タンザニア	1964. 04. 26
ブルガリア	1949. 10. 04	中央アフリカ	1964. 09. 29
ルーマニア	1949. 10. 05	ザンビア	1964. 10. 29
北朝鮮	1949. 10. 06	ベナン	1964. 11. 12
スロバキア	1949. 10. 06	モーリタニア	1965. 07. 19
チェコ	1949. 10. 06	カナダ	1970. 10. 13
ハンガリー	1949. 10. 06	赤道ギニア	1970. 10. 15
ポーランド	1949. 10. 07	イタリア	1970. 11. 06
モンゴル	1949. 10. 16	エチオピア	1970. 11. 24
アルバニア	1949. 11. 23	チリ	1970. 12. 15
ベトナム	1950. 01. 18	ナイジェリア	1971. 02. 10
インド	1950. 04. 01	クウェート	1971. 03. 22
インドネシア	1950. 04. 13	カメルーン	1971. 03. 26
スウェーデン	1950. 05. 09	サンマリノ	1971. 05. 06
デンマーク	1950. 05. 11	オーストリア	1971. 05. 28
ミャンマー	1950. 06. 08	シエラレオネ	1971. 07. 29
スイス	1950. 09. 14	トルコ	1971. 08. 04
リヒテンシュタイン	1950. 09. 14	イラン	1971. 08. 16
フィンランド	1950. 10. 28	ベルギー	1971. 10. 25
パキスタン	1951. 05. 21	ペルー	1971. 11. 02
ノルウェー	1954. 10. 05	レバノン	1971. 11. 09
（ユーゴスラビア）	（1955. 01. 02）	ルワンダ	1971. 11. 12
アフガニスタン	1955. 01. 20	セネガル	1971. 12. 07
ネパール	1955. 08. 01	アイスランド	1971. 12. 08
エジプト	1956. 05. 30	キプロス	1971. 12. 14
シリア	1956. 08. 01	マルタ	1972. 01. 31
イエメン	1956. 09. 24	メキシコ	1972. 02. 14
スリランカ	1957. 02. 07	アルゼンチン	1972. 02. 19
カンボジア	1958. 07. 19	イギリス	1972. 03. 13
イラク	1958. 08. 25	モーリシャス	1972. 04. 15
モロッコ	1958. 11. 01	オランダ	1972. 05. 18
アルジェリア	1958. 12. 20	ギリシャ	1972. 06. 05
スーダン	1959. 02. 04	ガイアナ	1972. 06. 27
ギニア	1959. 10. 04	トーゴ	1972. 09. 19
ガーナ	1960. 07. 05	日本	1972. 09. 29
キューバ	1960. 09. 28	ドイツ	1972. 10. 11
マリ	1960. 10. 25	モルディブ	1972. 10. 14
ソマリア	1960. 12. 14	マダガスカル	1972. 11. 06
コンゴ民主共和国	1961. 02. 20	ルクセンブルク	1972. 11. 16
ラオス	1961. 04. 25	ジャマイカ	1972. 11. 21
ウガンダ	1962. 10. 18	チャド	1972. 11. 28
ケニア	1963. 12. 14	オーストラリア	1972. 12. 21
ブルンジ	1963. 12. 21	ニュージーランド	1972. 12. 22
チュニジア	1964. 01. 10	スペイン	1973. 03. 09
フランス	1964. 01. 27	ギニアビサウ	1974. 03. 15
コンゴ共和国	1964. 02. 22	ガボン	1974. 04. 20

付図・付表　　　　243

国名	年月日	国名	年月日
マレーシア	1974. 05. 31	バーレーン	1989. 04. 18
トリニダード・トバゴ	1974. 06. 20	ミクロネシア	1989. 09. 11
ベネズエラ	1974. 06. 28	ナミビア	1990. 03. 22
ニジェール	1974. 07. 20	サウジアラビア	1990. 07. 21
ブラジル	1974. 08. 15	シンガポール	1990. 10. 03
ガンビア	1974. 12. 14	エストニア	1991. 09. 11
ボツワナ	1975. 01. 06	ラトビア	1991. 09. 12
フィリピン	1975. 06. 09	リトアニア	1991. 09. 14
モザンビーク	1975. 06. 25	ブルネイ	1991. 09. 30
タイ	1975. 07. 01	ウズベキスタン	1992. 01. 02
サントメ・プリンシペ	1975. 07. 12	カザフスタン	1992. 01. 03
バングラデシュ	1975. 10. 04	ウクライナ	1992. 01. 04
フィジー	1975. 11. 05	タジキスタン	1992. 01. 04
サモア	1975. 11. 06	キルギス	1992. 01. 05
コモロ	1975. 11. 13	トルクメニスタン	1992. 01. 06
カーボベルデ	1976. 04. 25	ベラルーシ	1992. 01. 20
スリナム	1976. 05. 28	イスラエル	1992. 01. 24
セーシェル	1976. 06. 30	モルドバ	1992. 01. 30
パプアニューギニア	1976. 10. 12	アゼルバイジャン	1992. 04. 02
リベリア	1977. 02. 17	アルメニア	1992. 04. 06
ヨルダン	1977. 04. 07	スロベニア	1992. 05. 12
バルバドス	1977. 05. 30	クロアチア	1992. 05. 13
オマーン	1978. 05. 25	グルジア	1992. 06. 09
リビア	1978. 08. 09	韓国	1992. 08. 24
アメリカ	1979. 01. 01	エリトリア	1993. 05. 24
ジブチ	1979. 01. 08	マケドニア	1993. 10. 12
ポルトガル	1979. 02. 08	アンドラ	1994. 06. 29
アイルランド	1979. 06. 22	モナコ	1995. 01. 16
エクアドル	1980. 01. 02	ボスニア・ヘルツェゴビナ	1995. 04. 03
コロンビア	1980. 02. 07	バハマ	1997. 05. 23
ジンバブエ	1980. 04. 18	クック諸島	1997. 07. 25
バヌアツ	1982. 03. 26	南アフリカ	1998. 01. 01
アンティグア・バーブーダ	1983. 01. 01	トンガ	1998. 11. 02
アンゴラ	1983. 01. 12	東ティモール	2002. 05. 20
コートジボワール	1983. 03. 02	ドミニカ国	2004. 03. 23
レソト	1983. 04. 30	セルビア	1992. 04. 27
アラブ首長国連邦	1984. 11. 01	モンテネグロ	2006. 07. 06
ボリビア	1985. 07. 09	コスタリカ	2007. 06. 01
グレナダ	1985. 10. 01	ニウエ	2007. 12. 12
ウルグアイ	1988. 02. 03	マラウイ	2007. 12. 28
カタール	1988. 07. 09	南スーダン	2011. 07. 09
パレスチナ	1988. 11. 20	パナマ	2017. 06. 13

出所：中国外交部ホームページ（http://www.fmprc.gov.cn/web/ziliao_674904/2193_674977/）.

注：データは2017年6月現在，中国が国交を有している国についてのもの（解体したユーゴスラビアを除く）．国交
　　樹立時から国名の変更がある場合も現在の国名で表示した．中国と国交樹立と断交を繰り返した国については，外
　　交部は最初の国交樹立日を掲載している．セルビアについては，ユーゴスラビア社会主義連邦共和国と中国との外
　　交関係を，ユーゴスラビア連邦共和国が継承した日を掲載．

年　表

年	
1949	10.1 中華人民共和国成立. 11.16-12.1 アジア・大洋州労働組合会議. 12.16-1950.2.17 毛沢東中国共産党中央委員会主席, 訪ソ.
1950	1.12 アチソン米国務長官演説, アチソン・ラインを明言. 2.14 中ソ友好同盟相互援助条約. 6.25 朝鮮戦争勃発. 6.27 トルーマン米大統領による台湾海峡中立化声明. 10.6 人民解放軍がチベット進軍. 10.19 中国人民義勇軍, 鴨緑江を渡る.
1951	7.1 朝鮮休戦会談開始. 9.4-9.8 サンフランシスコ講和会議. 9.8 日米安全保障条約調印.
1952	4.3-4.12 モスクワ国際経済会議. 4.28 日華平和条約調印. 6.1 第一次日中民間貿易協定調印.
1953	3.5 スターリン・ソ連共産党書記長死去. 5.15 中ソ経済援助協定調印. 7.27 朝鮮戦争休戦協定調印. 10.29 第二次日中民間貿易協定調印.
1954	3.8 日米相互防衛援助協定調印. 4.26-7.21 ジュネーブ会議 (7.21 ジュネーブ協定). 4.28-5.2 コロンボ会議. 4.29 中印, 平和共存五原則にかかわる共同声明調印. 9.3 中国による金門・馬祖島の砲撃開始 (第一次台湾海峡危機). 9.8 東南アジア条約機構 (SEATO) 創設. 12.2 米華相互防衛条約.
1955	4.18-4.24 バンドン会議 (アジア・アフリカ会議). 5.4 第三次日中民間貿易協定調印.
1956	2.14-2.25 ソ連共産党第20回大会 (2.25 スターリン批判). 6.28 ポズナン暴動開始. 10.23 ハンガリー事件発生. 9.15-9.27 中国共産党第8回全国代表大会 (第8回党大会).
1957	6.8 反右派闘争開始. 10.15 中ソ, 国防新技術協定調印. 11.17 毛沢東, 「東風は西風を圧倒する」と演説.
1958	5.2 長崎国旗事件. 5.5-5.23 中国共産党第8回党大会第2回会議, 大躍進, 社会主義の総路線を打ち出す. 7.31-8.3 ソ連のフルシチョフ共産党第一書記, マリノフスキー国防相ら訪中, 中ソ共同艦隊案などを提起, 毛沢東は主権侵害と拒否. 8.16 「中間地帯論」の提起. 8.23-10.6 第二次台湾海峡危機.
1959	1.27-2.5 ソ連共産党第21回大会, フルシチョフがユーゴ修正主義を批判. 3.10 チベット動乱. 3.31 ダライ・ラマ14世, インドへ亡命. 6.20 ソ連, 国防技術協定を破棄. 7.2-8.1 廬山会議. 8.25 中印で最初の武力衝突. 9.25-27 米ソ首脳会談 (キャンプ・デービッド), 原子力平和利用の合意. 9.30-10.4 フルシチョフ訪中, 中ソの意見対立が激化, 共同声明出せず.
1960	1.28 ビルマと不可侵条約調印, 国境協定調印. 3.21 ネパールと国境協定. 4.16 「レーニン主義万歳」でソ連批判, 中ソ論争が公然に. 7.16 ソ連, 中国に派遣中の専門家1000人の引き揚げを通告.
1961	10.5 中国・ネパール国境条約に署名.
1962	4 新疆で中ソ国境紛争. 10.20-11.22 中印国境紛争. 10.22 キューバ・ミサイル危機発生.
1963	3.2 パキスタンと国境協定調印. 6.14 「国際共産主義運動の総路線についての提案」を公表, 中ソ論争激化へ. 12.13-1964.2.4 周恩来総理, アフリカ歴訪.
1964	1.21 「二つの中間地帯論」の提起. 1.25 中国共産党, 全国民にソ連を「現代修正主義」と批判する文書を通達. 3.20 中朝国境議定書締結. 3.23-6.16 ジュネーブで国連貿易開発会議 (UNCTAD) 開催, 発展途上国が77ヵ国グループ結成. 8.2, 8.4 トンキン湾事件. 米軍による初の北ベトナム爆撃 (北爆). 10.5-10.10 第2回非同盟諸国首脳会議, カイロで開催. 10.14 フルシチョフ, ソ連共産党中央より解任され, ブレジネフが第一書記に就く. 10.16 初の原爆実験成功.
1965	2.24 第124回ワルシャワ米中大使級会談, 米側は北ベトナムへの地上侵攻と米中戦争を行

	う意思はないことを伝える．5.3 毛沢東署名の声明で反米国際統一戦線の結成を呼びかける．6.9 中国軍，「抗米援越」で防空軍部隊と工兵部隊を北ベトナムに派遣．9.30 イドネシアで政変．スカルノ大統領は権力を失い，スハルト独裁の時代の幕開け．中国と国交断絶．
1966	3.22 中国共産党は月末から開かれるソ連共産党第23回大会の参加招待を拒否，これは両党・両国関係の最終決裂とされる．5.16 中国共産党中央，文化大革命の開始を決定．
1967	8.8 タイ，フィリピン，マレーシア，インドネシア，シンガポールが東南アジア諸国連合（ASEAN）を結成．8.22 北京にあるイギリス公使館が焼き討ちされる．
1968	3.6 古井喜実元厚生大臣が訪中，民間の取り決めの形で中国側と「覚書貿易会談コミュニケ」を交し，日中間の「覚書貿易」（MT貿易）を開始．8.20 ソ連軍を中心とするワルシャワ条約機構軍が急襲でチェコスロバキアを占領，「プラハの春」と呼ばれる民主化改革を中止させる（チェコ事件）．中国はソ連を「社会帝国主義」と非難．
1969	3.2 中国軍が国境線でソ連軍を襲撃，中ソ関係は戦争の危機に直面（珍宝島事件（ダマンスキー島事件））．4.1-4.24 中国共産党第9回党大会開催．9.11 周恩来・コスイギン（ソ連首相）会談（於・北京）．10.1 中朝関係回復．
1970	2.20 ワルシャワでの米中大使級会談，2年ぶりに開催．4.7 中国・北朝鮮共同声明，日本軍国主義の復活に警鐘．10.1 中国，国慶節の祝典に米スノー記者を招待．
1971	4.10 名古屋の世界卓球選手権大会に参加していた米選手団，招待を受け中国訪問．7.9-7.11 キッシンジャー米大統領補佐官訪中，周恩来と会談．7.15 ニクソン米大統領，1972年5月以前に訪中すると発表．9.13 林彪国防部長，モンゴルで墜落死．10.25 中国，国連加盟．12.30 中国外交部，尖閣諸島（釣魚島）の領有権を正式に主張する声明発表．
1972	2.21-2.28 ニクソン訪中．2.27 米中共同声明（第一上海コミュニケ）．5.15 沖縄返還．5.26 米ソ，戦略兵器制限暫定協定調印．7.29 周恩来，竹入義勝公明党委員長に日中国交正常化案を提示．9.29 日中共同声明．
1973	10.6 第四次中東戦争勃発，第一次オイル・ショック発生へ．
1974	1.15-1.17 中国軍，南ベトナムからパラセル諸島を武力奪取．4.9 鄧小平副総理，国連特別総会で演説，「三つの世界論」発表．
1975	1.13 第4期全国人民代表大会（全人代）第1回会議で周恩来が「四つの現代化」を再提起，鄧小平の下で「整頓」始まる．4.30 サイゴン陥落，ベトナム戦争終結，南北ベトナムは統一へ．10.23 タンザン鉄道正式開通．
1976	1.8 周恩来死去．4.5 第一次天安門事件発生，鄧小平失脚，華国鋒が総理就任へ．9.9 毛沢東死去．10.6「四人組」逮捕．
1977	7.16 中国共産党第10期中央委員会第3回全体会議（10期3中全会）開始，鄧小平が職務復帰へ．8.12-8.18 中国共産党第11回党大会開催，文化大革命終結を宣言，近代化建設路線を発表．8.30 チトー・ユーゴスラビア大統領，訪中．
1978	2.16 日中長期貿易取り決め調印．4.12 尖閣諸島の領海付近に100隻以上の中国漁船が集結．5.2-6.7 谷牧副総理率いる視察団，西欧5ヵ国訪問．8.12 日中平和友好条約調印．10.22-10.29 鄧小平，日本訪問．11.3 ソ越友好協力条約調印．11.5-11.14 鄧小平，タイ，マレーシア，シンガポールを歴訪．12.18-12.22 11期3中全会，鄧小平が指導権掌握．12.25 カンボジア救国民族統一戦線とベトナム軍がカンボジア侵攻開始．
1979	1.1 中国，「台湾同胞に告げる書」発表．1.28-2.5 鄧小平米国訪問，帰途日本立ち寄り．2.11 イラン革命．2.17-3.16 中越戦争．4.10 カーター米大統領，台湾関係法に署名．6.下旬-7.18 北京で第5回駐外使節会議，対外政策に関する再検討始まる．12.5-12.9 大平正芳首相訪中，中国に対する第一次円借款供与を発表．12.24 ソ連，アフガニスタンに大規模侵攻を開始．
1980	11.4 米大統領選で台湾との国交回復に言及したレーガンが当選．

1981	6.27「建国以来の党の若干の歴史問題に関する決議」採択.
1982	3.24 ブレジネフ,タシケントで中国に関係改善を呼びかけ. 6.25 教科書検定で「侵略」を「進出」と書き直させたと日本メディアが報道. 教科書問題が外交問題に発展(第一次教科書問題). 8.17 米中共同コミュニケ(第二上海コミュニケ)公表. 9.1-9.11 中国共産党第12回党大会(9.1 胡耀邦党主席,同大会政治報告で「独立自主の対外政策」を発表). 11.10 ブレジネフ死去. 12.10 国連海洋法条約(UNCLOS)調印. 12.20-1983.1.18 趙紫陽総理,アフリカ11ヵ国歴訪,対外経済技術協力四原則を提起.
1983	5.5 ハイジャックされた中国民航機が韓国に着陸. 11.23-11.30 胡耀邦総書記訪日,日中関係四原則.
1984	1.5 中曽根康弘首相,現職首相として戦後初めて靖国神社新春参拝. 3.23-3.26 中曽根訪中:第二次円借款. 3.26-4.6 沿海部都市座談会開催:14の沿海都市の開放を提案. 5.4 14の沿海都市の開放が決定. 9.26 香港返還に関する中英共同声明発表. 10「PKO 七原則」発表. 12.19「香港問題に関する中英両国政府の共同声明」調印.
1985	8.15 南京大虐殺記念館,開館. 8.15 中曽根,現職首相として戦後初めて靖国神社公式参拝. 9.18 靖国参拝問題で北京で反日デモ.
1986	5.27「日本を守る国会会議」が編輯した『新編日本史』が文部科学省の検定に合格. 中国,韓国が強く反発(第二次教科書問題). 7.11 関税・貿易一般協定(GATT)加盟申請. 12.1 安徽省合肥市の学生による民主化要求のデモ. 全国に波及.
1987	1.16 胡耀邦辞任. 4.13 マカオ返還に関する中国・ポルトガル共同声明.
1988	3.14 南シナ海で中国とベトナムとの間で武力衝突. 8.25-8.30 竹下登首相訪中,第三次円借款. 9「中東問題五原則」発表.
1989	3.5 ラサで衝突(3.7 戒厳令). 4.15 胡耀邦死去. 民主化を求める学生運動が始まる(6.4 解放軍が天安門広場を制圧. 死傷者多数(第二次天安門事件)). 5.15-5.18 ゴルバチョフ・ソ連共産党書記長訪中. 10.5 ラオスと全面的な関係修復(党関係も修復). 10.20-10.31 第4回中ソ国境画定交渉. 11.6 アジア太平洋経済協力(APEC)設立. 11.9 ベルリンの壁開放. 12.2-12.3 米ソ首脳会談(マルタ会談),冷戦終結を宣言.
1990	4.25 中ソ首脳会談,国境兵力削減に合意. 8.8 インドネシアとの正式な国交回復を宣言. 9.11 ブッシュ米大統領,「新世界秩序論」.
1991	1.17 湾岸戦争開始. 5.1 台湾,国共内戦終結を宣言. 5.16 中ソ東部国境線確定協定に調印. 7.19 中国,ASEAN 外相会議との初の非公式会議. 11.10 ベトナムと関係正常化. 11.12 中国,中国香港,台湾(チャイニーズ・タイペイ)が APEC 加盟. 12.25 ソ連解体. 12.28 独立国家共同体(CIS)を承認.
1992	1.18-2.21 南巡講話. 2.25 第7回全人代常務委員会第24回会議,領海及び接続水域法(領海法)採択・施行. 10.12 中国共産党第14回党大会,江沢民総書記が「社会主義市場経済の確立」を公式に宣言. 12.18 中ロ共同宣言.
1993	3.27 江沢民,国家主席就任. 11.11-11.14 14期3中全会,「社会主義市場経済体制確立の若干の問題に関する中共中央の決定」.
1994	7.25 ASEAN 地域フォーラム(ARF)へ参加.
1995	2.9 フィリピン政府,自国が実効支配していたミスチーフ礁に中国が建造物を構築したと発表. 5.15-1996.7.29 核拡散防止条約(NPT)無期限延長決定後から包括的核実験禁止条約(CTBT)採択前にかけ,中国が三度の駆け込み核実験. 7.21-1996.3.23 第三次台湾海峡危機.
1996	3.23 台湾で初の総統民選選挙,李登輝当選(5.20 就任). 4.17 日米安全保障共同宣言発表. 4.25 中ロ,「21世紀に向けた戦略的な協力パートナーシップ」関係構築で合意. 5.8-5.23 江沢民,国家主席として初めてアフリカ訪問(6ヵ国). 6.7 中国,UNCLOS を批准. 7.

年　表　　247

29 橋本龍太郎首相，靖国神社を私的参拝．9.10 国連総会で CTBT 採択．

| 1997 | 1. 30 日本で「新しい歴史教科書をつくる会」設立．4. 23 中ロ，「世界の多極化と国際新秩序構築に関する共同宣言」で新安全保障観提唱．7. 1 イギリスより香港返還．7. 2 タイがバーツ切り下げ，アジア通貨危機発生へ．9. 12-9. 18 中国共産党第 15 回党大会．9. 23「日米防衛協力のための指針（新ガイドライン）」発表．10. 26-11. 3 江沢民訪米，「建設的な戦略的パートナーシップ」関係構築で合意．12. 15 第 1 回 ASEAN ＋ 3（日中韓）首脳会議開催，定例化． |

| 1998 | 5 インドとパキスタン，相次いで核実験．6. 25-7. 3 クリントン米大統領訪中，台湾に関する「三つのノー」受け入れ．11. 25-11. 30 江沢民来日，「平和と発展のための友好協力パートナーシップ」関係構築で合意，日本の歴史認識批判． |

| 1999 | 4. 6-4. 14 朱鎔基総理訪米，中国の世界貿易機関（WTO）加盟問題妥結に至らず．5. 7 北大西洋条約機構（NATO）軍，駐ユーゴスラビア中国大使館を爆撃，北京等で学生の反米デモ発生．9. 24 国家海洋局の下に中国海監総隊設立．11. 15 米中両国，中国の WTO 加盟につき合意．11 神舟 1 号打ち上げ成功．12. 20 ポルトガルよりマカオ返還． |

| 2000 | 3. 15 全人代，西部大開発を提起．3. 18 台湾で総統選挙，民進党の陳水扁当選．5. 29-5. 31 金正日・北朝鮮労働党総書記訪中，中朝ハイレベル往来復活．6. 1 日中新漁業協定発効．10. 10-10. 12 第 1 回中国・アフリカ協力フォーラム（FOCAC）開催．12. 25 中越両国，トンキン湾領海画定． |

| 2001 | 2. 13 日中両国，東シナ海における海洋調査活動につき相互事前通報枠組み構築．2. 27 ボアオ・アジア・フォーラム設立大会．4. 1 米 EP-3 機が中国軍戦闘機と空中衝突（海南島事件）．6. 15 上海協力機構（SCO）設立．7. 16 中ロ善隣友好協力条約締結．8. 13 小泉純一郎首相，靖国神社に就任後初参拝．9. 11 アメリカ同時多発テロ発生（9. 11 事件）．10. 7 米軍，英軍などの有志連合諸国がアフガニスタン空爆開始（アフガニスタン戦争）．10. 8 小泉純一郎，中国を日帰り実務訪問，盧溝橋抗日戦争記念館参観．12. 11 中国，WTO に正式加盟．12. 22 東シナ海で不審船事件発生，中国側は日本の海上法執行を問題視． |

| 2002 | 11 胡錦濤，中国共産党第 16 回党大会で総書記に就任．11. 4 中国・ASEAN，南シナ海行動宣言発表．11. 4 中国・ASEAN，包括的経済協力枠組み協定（FTA）締結．12. 31 上海リニアモーターカー開通（ドイツからの技術導入）． |

| 2003 | 1. 10 北朝鮮，NPT からの脱退を表明．1. 19 唐家璇外交部長，訪米中に台湾問題は中国の「核心的利益」と言及．3. 20 アメリカ，イラクの大量破壊兵器の保持を理由に同国に攻撃を開始（イラク戦争）．初夏 中国で重症急性呼吸器症候群（SARS）流行．8. 27 中国，北朝鮮の核問題をめぐる六者会合立ち上げ．10. 30 中国・欧州連合（EU），「包括的戦略パートナーシップ」構築で合意．11. 3 中国，ボアオ・アジア・フォーラムで「平和的台頭」論発表． |

| 2004 | 3 孔子学院設立．3. 20 台湾で総統選挙，陳水扁再選．6 日本政府，中国が東シナ海の日中中間線近くでガス油田開発に着手したと発表．7. 17-8. 7 サッカーアジアカップ中国大会開催，中国人観客が日本チームにブーイングなど．8. 22 中国，「平和的台頭」論を「平和的発展」論に修正．9. 19 胡錦濤，中央軍事委員会拡大会議で軍事委員会主席に就任．10. 14 中ロ東部国境補充協定締結，国境問題解決．11. 3-11. 6 南寧で第 1 回中国・ASEAN 博覧会開催． |

| 2005 | 3. 14 反国家分裂法制定．4. 9 北京市内で反日デモ発生，日本大使館など襲撃．4. 11 中印，「平和と繁栄に向けた戦略的協力パートナーシップ」の構築で合意．6. 23 中国海洋石油総公司（CNOOC），ユノカルに買収提案．9. 19 六者会合，共同声明発表． |

| 2006 | 7 中国海監総隊，東シナ海で定期的な権益擁護定期パトロール制度立ち上げ．8. 21-8. 23 中央外事工作会議，胡錦濤国家主席が国家主権・安全保障擁護を強調．10. 8-10. 9 安倍晋三首相訪中，「戦略的互恵関係」構築で合意．10. 9 北朝鮮，初の核実験．10. 30 南寧で中国・ASEAN 特別サミット開催．11. 4 中国・アフリカ協力フォーラム北京サミット開催．12. 14-12. 15 第 1 回米中戦略経済対話． |

2007	1. 11 中国, 衛星攻撃兵器 (ASAT) 実験. 3. 13 日豪安全保障共同宣言発表. 5–7 中国がベトナムに対して海上法執行, 初めて公船を体当たりさせる. 8. 9–8. 17 SCO, 全加盟国による初の共同軍事演習「平和の使命2007」開催. 9. 27 ダライ・ラマ, 米議会の黄金勲章受章. 10. 15–10. 21 中国共産党第17回党大会, 小康社会の全面的建設提起. 11 アメリカ, 台湾に PAC-2 改良型の売却を発表. 11 外国メディアが中国の三沙市新設予定を報道. 12 ベトナムで反中デモ.
2008	3. 14 チベット自治区で大規模騒乱発生. 3. 22 台湾の総統選挙で国民党の馬英九が当選,「三通」受け入れへ. 4–聖火リレー, 世界各地で混乱. 5. 6–5. 10 胡錦濤来日,「戦略的互恵関係の包括的推進に関する日中共同声明」発表. 5. 12 四川大地震発生. 6. 18 東シナ海における資源開発について日中共同プレス声明発表. 8. 8–8. 24 北京オリンピック開催. 9. 15 リーマン・ブラザーズ経営破綻, 世界金融危機発生. 10. 22 日印安全保障共同宣言発表. 11. 14 第1回 G20 サミット (金融・世界経済に関する首脳会合) 開催. 12. 8 中国海監船が尖閣諸島領海に進入. 12. 13 第1回日中韓首脳会談 (於・福岡).
2009	3. 8 米海軍調査船インペッカブル, 海南島沖で中国船5隻の妨害受ける. 3. 23 中国人民銀行の周小川行長, 国際通貨システムの改革を提案. 5. 20 中国・EU 首脳会議で中国が EU に市場経済国の地位認定を要求. 6. 16 第1回 BRICs 首脳会談開催. 7. 17–7. 20 第11回駐外使節会議開催. 7. 27–7. 28 第1回米中戦略・経済対話. 10. 1 建国60周年軍事パレード開催 (於・北京). 12. 7–12. 18 コペンハーゲンで国連気候変動枠組条約第15回締約国会議 (COP15) 開催. 12. 26 海島保護法制定.
2010	1. 1 中国・ASEAN 自由貿易圏 (ACFTA) 発足. 1 中国, 海賊対策でアデン湾のジブチの利用を開始. 3. 23 米グーグル社, 中国本土での検索サービスから撤退表明. 5. 1–10. 31 上海万博. 9. 7 尖閣諸島周辺で中国漁船が海上保安庁船2隻に体当たり (尖閣漁船衝突事件). 10. 8 劉暁波, 中国在住者として初のノーベル賞受賞 (平和賞). 12. 15 国際通貨基金 (IMF), 総務会で新興国の出資比率引上げを承認.
2011	3. 11 東日本大震災. 4. 13 南アフリカを迎えた第1回 BRICS 首脳会談, 北京で開催. 6. 24 中国の深海探査艇「蛟竜」, マリアナ海溝で潜水7000m 超の世界記録樹立. 11. 7 オバマ米大統領, オーストラリアで「アジア太平洋リバランス」戦略を提起. 11. 11 日本政府, 環太平洋パートナーシップ (TPP) 交渉への参加を表明.
2012	4. 8 スカボロー礁で中比のにらみ合い始まる, のちに中国が奪取. 4. 16 石原慎太郎東京都知事, アメリカで尖閣三島の購入計画発表. 6. 21 ベトナムが海洋法を採択. 6. 21 中国民政部, 三沙市設立を発表 (7. 17 実施). 9. 10 中国,「釣魚島」の領海基線発表. 9. 11 日本政府, 尖閣三島を購入. 9. 11–9. 17 中国各地で大規模な反日デモ, 日系の工場や商店が破壊される. 9. 25 中国初の空母, 遼寧就航. 11. 8–11. 14 中国共産党第18回党大会開催, 習近平が総書記に就任.

あとがき

　記憶はもうだいぶ曖昧だが,『中国外交史』を共著で書かないか, という話をいただいたのは, おそらく 2010 年半ばだった. それ以前に著者 4 名は, 趙宏偉さんのイニシアティブで三度ほど一緒に仕事をし, そのために勉強会を開いたりしていた. その延長線上で, あるとき東京大学出版会から「大学生が教科書として使えるような『中国外交史』を書いて欲しい」というご提案をいただいた. 日本にはまだ, 中華人民共和国の対外関係についての概説書がなかったためである. 私たちはいずれも大学で中国外交に関連する授業を教えていたため,「自分の負担を軽くできたらなあ」という淡い期待を抱いて, 気軽にそのオファーを受けることにした. 前年に東大出版会が出版していた質の高い概説書,『日台関係史 1945–2008』(川島真・清水麗・松田康博・楊永明著) をモデルと目標にすることを決め,「これからは若者が頑張る時代」という趙さんの民主的なお導きの下に, 最年少の私が取りまとめ役を務めることになった. 出版会では, 私の最初の本を担当してくれた奥田修一さんが編集者に指名された. 過去のメールをたどってみると,『中国外交史』の初会合は 9 月 14 日だったようだ.

　当初の見通しが甘かったことはすぐに露呈した. 初会合の直前, 9 月 7 日には, 尖閣諸島近海で中国漁船の衝突事件が起きていた. 2 年後の 9 月 11 日には日本政府が尖閣三島の国有化へと踏み切り, 中国各地で暴力的な反日デモが発生して, 二国間関係は麻痺状態に陥った. どちらの国でも相手国への国民感情が極度に悪化し, 脅威認識が高まった. 中国に関連する研究をしている者として, 私たちも否応なくこの大波に呑み込まれた. ただし, 他方で私たちは, 日中のボーダーに生きてきた人間の集まりでもあった. 相手の存在を否定するほどの言説は生産的に見えなかったし, むしろこのような状況であるからこそ, 相手への多面的な理解を促進し, 建設的な対策を編み出すための認識的基盤が必要と思えた.

中でも私たちが懸念したのは，日本において，尖閣諸島問題のレンズのみで中国全体を論じる傾向が生じていたことだった．中国の台頭は，日中関係のスケールをはるかに超え，国際秩序のあり方そのものに地殻変動をもたらしていた．そして中国自身も，世界から大国としてのリスペクトを得ようと，長い時間をかけて周到な準備を重ねてきていた．好き嫌いはさておき，このような隣国とどう共存していくかは，将来の日本にとって極めてシリアスな課題に違いなかった．こうした点を強調された青山瑠妙さんのご意見で，本書は「グローバル大国に向けた中国の歩みが見える本」を目指すことになった．

本書の執筆にあたり，私たちは年に数回の勉強会を重ね，原稿を読みあわせた．全体草稿が出揃ったところで，2014 年 7 月には東京大学名誉教授の石井明先生から，各章および全体に対する有益かつ示唆に富んだご指摘をいただいた．後輩たちをいつも暖かく見守ってくださる石井先生には，心からの感謝を申し上げたい．ただ，本書の目標に応えることは，少なくとも私にとっては難度が高すぎた．私たちの会合はいつも和気藹々としていたが，分析や論述について意見が一致しないことはしょっちゅうで，三船恵美さんがよく緩衝材となって間を取り持ってくださった．しかも，自分の好きな場所の井戸ばかりを掘ってきたわがままな研究者にとって，政治，経済，安全保障などの諸分野をどれもそこそこカバーし，遠くアフリカやさらには宇宙まで見据えながら中国の対外行動を記述していくのは，なんとも精気の吸い取られる作業だった．1 行の記述に何日も費やしても，読みあわせのたびに山ほど問題点が見つかった．時間が経つうちにメンバーもそれぞれ忙しくなり，執筆プロセスは何度も息切れを起こし，もう出版を諦めた方がいいかなと思ったことは一度や二度ではなかった．

空中分解寸前だったこの企画がなんとかサバイブできたのは，ひとえに奥田さんの熱意と技量のおかげである．幹事はいるが編者はいない，という変則的なメンバー構成は，編集者にたいへんな苦労を強いた．奥田さんは，しばしば週末に開くことになったミーティングにすべて参加し，全体の作業工程を管理し，課題を整理し，最も批判的な読み手としてメンバーの原稿に最後まで辛抱強く向き合ってくれた．彼が自分の体の不調を押してもいい本を作ろうと奮闘を続けていたので，こちらも「もうやめときましょう」とはなかなか言い出せ

なかった.(正確には,私は何度か口にしたが,「それはないでしょう」とあっさり却下された.)奥田さんが実質的に編者の役割を務めてくださったので,私にとって本書は「奥田さんの本」である.信頼できる編集者と組めることがどれほどありがたいか,研究を生業とする方々にはきっとわかっていただけるだろう.

とはいえ,私たちが石井先生や奥田さんのアドバイスに従わなかった点もあり,また私たちの間の見解の違いも完全には解消できなかったので,各章の記述は結局,それぞれの著者の責任に帰す.論述にあたってはできるだけ広範な先行研究にあたるよう心がけたが,時間的・能力的な限界もあったし,また時代が近くなればなるほど学術的評価の定まらない事象を扱うことになり,散発的な情報を用いて意識的に歴史の流れを編んでいかねばならなかった.どこまでできたか自信はないし,中国研究が完全に客観的なものになることも多分ないだろう.ただ,もし本書が日中双方の論客から批判を受け,本書をきっかけにより多くの人が中国と向き合ってくれるようなことがあれば,私たちの試みは十分成功したと言えるのではないか.長い目で見たとき,本書が日中関係の再構築に多少なりとも寄与することを祈りつつ,ここに足掛け7年の共同作業を締めくくりたい.

2017年8月　著者を代表して

益尾　知佐子

人名索引

ア 行

アイゼンハワー（Eisenhower, Dwight D.）　34, 46, 49, 69
アチソン（Acheson, Dean）　18, 24
安倍晋三　192
アユーブ・ハーン（Ayub Khan, Mohammed）　70, 71
池田勇人　63
石原慎太郎　211
エリツィン（Yeltsin, Boris）　149, 171
王稼祥　56
大平正芳　106, 132
オバマ（Obama, Barack）　206, 207, 209, 217
小渕恵三　168
温家宝　174, 192, 200, 205

カ 行

華国鋒　3, 98, 103, 104, 107
カーター（Carter, Jimmy）　106
宦郷　108, 109
キッシンジャー（Kissinger, Henry A.）　83, 84, 90-92, 96
金日成　23, 24, 78, 126, 145
金正日　173, 206
金大中　167, 173, 177
グエン・タン・ズン（Nguyen Tan Dung）　198
クリントン，ヒラリー（Clinton, Hillary）　204, 209
クリントン，ビル（Clinton, Bill）　148, 155, 156, 161, 164, 165
ケナン（Kennan, George F.）　59
ケネディ（Kennedy, John F.）　69
胡錦濤　9, 168, 171, 176, 178, 179, 184-186, 189, 193, 195, 198, 200-202, 210, 216, 219, 221
胡耀邦　6, 108, 110, 114, 115, 120, 122, 123, 134
ゴ・ディン・ジエム（Ngo Dinh Diem）　73
小泉純一郎　162, 168, 183, 192

江青　82, 83
江沢民　9, 142, 147, 150, 152-154, 161, 164, 165, 167, 168, 171-173, 175, 185
谷牧　99, 105
コスイギン（Kosygin, Aleksei）　80, 81, 89
コズイレフ（Kozyrev, Andrei）　150
ゴルバチョフ（Gorbachev, Mikhail）　114, 118, 142, 144, 148

サ 行

蔡英文　217
佐藤栄作　63, 92, 95
サルコジ（Sarkozy, Nicolas）　200
シアヌーク（Sihanouk, Norodom）　74, 90, 106
周恩来　7, 9, 17, 18, 24, 27-30, 32, 34, 35, 43, 46, 49, 54, 56, 57, 63, 64, 66-68, 70, 72, 79-81, 89-92, 94, 95, 97-99, 102, 104
習近平　9, 13, 209, 210, 212, 215-220, 222, 223
周小川　200
朱徳　79
朱鎔基　144, 165, 168, 177
徐向前　82, 83, 90
蒋介石　19
聶栄臻　82, 83, 90
ジョンソン（Johnson, Lyndon B.）　69, 75, 83
シラク（Chirac, Jacques）　174
シルバ（Silva, Luiz Inacio Lula da）　176
シン（Singh, Manmohan）　194
スカルノ（Sukarno）　34, 52, 53, 67
スタインバーグ（Steinberg, James）　203
スターリン（Stalin, Joseph）　20, 23, 24, 27, 41, 59, 77, 82
スノー（Snow, Edgar）　68, 80, 91
スパヌオン（Souphanouvong）　74
銭其琛　125, 142, 145, 150, 157
曹剛川　193
園田直　102

人名索引　　253

タ 行

戴秉国　108, 203, 206
高碕達之助　54
竹入義勝　95
田中角栄　95
ダライ・ラマ 14 世（Dalai Lama）　47, 192, 200
ダレス（Dulles, John F.）　30
段雲　105
遅浩田　155, 156
チトー（Tito）　104, 123
チャウシェスク（Ceausescu, Nicolae）　90
チャン・ドゥック・ルオン（Tran Duc Luong）　172
趙紫陽　120, 135
張聞天　47
張万年　156
陳雲　105, 109
陳毅　9, 56, 71, 76, 82, 83, 90
陳水扁　185
鄭必堅　171
テイン・セイン（Thein Sein）　208
唐家璇　172, 186
鄧小平　3, 6, 11, 12, 50, 63, 81, 82, 92, 94, 97, 98, 102–108, 110, 111, 115, 117, 127, 128, 132, 138, 142–147, 156, 187
ド・ゴール（de Gaulle, Charles）　55
ド・ムオイ（Do Muoi）　172
トランプ（Trump, Donald）　215–217, 219
トルーマン（Truman, Harry S.）　24, 69

ナ 行

中曽根康弘　120, 121
ナザルバエフ（Nazarbayev, Nursultan）　151
ナセル（Nasser, Gamal Abdel）　67
ニクソン（Nixon, Richard）　84, 90, 91
ネルー（Nehru, Jawaharlal）　34, 47
野田佳彦　211

ハ 行

馬英九　192
パウエル（Powell, Colin）　186
バジパイ（Vajpayee, Atal Behari）　173
橋本龍太郎　167

鳩山由紀夫　204
バン・ティエン・ズン（Van Tien Dung）　74
ビエディッチ（Bijedic, Dzemal）　98
ファン・バン・ドン（Pham Van Dong）　74
福田康夫　193
ブッシュ，ジョージ・H. W.（Bush, George H. W.）　97, 139, 142, 148
ブッシュ，ジョージ・W.（Bush, George W.）　162, 165, 192
ブーメディエン（Boumediene, Houari）　67
古井喜実　64
フルシチョフ（Khrushchev, Nikita）　30, 39, 41, 43, 44, 46, 48, 49, 52, 78, 79, 82
ブレジネフ（Brezhnev, Leonid）　79, 81–83, 110, 117, 118
ベーカー（Baker, James）　140
ベン・ベラ（Ben Bella, Ahmed）　67
彭徳懐　46, 47
方励之　139
ボー・グエン・ザップ（Vo Nguyen Giap）　74
ホー・チ・ミン（Ho Chi Minh）　28, 29, 75, 89
ホメイニ（Khomeini, Ayatollah Ruhollah）　107
ポル・ポト（Pol Pot）　98, 105–107

マ 行

松村謙三　54
マリノフスキー（Malinovsky, Rodion）　46, 80
マンデラ（Mandela, Nelson）　68
ミコヤン（Mikoyan, Anastas）　17
宮本顕治　63
毛沢東　3, 9, 11, 15, 17–20, 23–25, 32, 40–47, 56–60, 62–64, 67–69, 71, 74–85, 88–93, 96–98, 103, 104, 108, 109, 111–113, 115, 122, 186

ヤ 行

葉剣英　82, 83, 90, 103
楊尚昆　128

ラ 行

ラッド（Rudd, Kevin）　206
李一氓　105, 108
李先念　82, 103, 107

人名索引

李肇星　186
李登輝　138, 145, 153–155, 175, 185
李富春　82
李鵬　149–151, 156
リー・クアンユー（Lee Kuan Yew, 李光耀）
　　107
劉華清　156

劉暁波　205
劉少奇　3, 17, 19, 20, 47, 56, 63, 79–82
廖承志　54
林平加　105
林彪　47, 74, 82–84, 89, 92, 99
レーガン（Reagan, Ronald）　109, 117, 118
レ・ズアン（Le Duan）　74, 75

事項索引

ア 行

愛国主義教育　5, 138, 151, 167

アジア　3, 16, 20, 23, 25, 27–29, 32, 34, 35, 37, 50, 51, 55, 56, 58, 61, 63–66, 69, 84, 98, 114, 119, 125, 138, 140, 144, 217, 220, 222

アジア・アフリカ会議（バンドン会議）　32–37, 66, 68

　第2回——　65–67, 81

アジアインフラ投資銀行（AIIB）　218, 219

アジア欧州会議（ASEM）　176

アジア開発銀行（ADB）　132, 219

アジア極東経済委員会（ECAFE）　101

アジア太平洋　3, 25, 119, 131–134, 141, 160–162, 191, 207, 209, 213, 225

アジア太平洋経済協力（APEC）　114, 132, 133, 145, 152, 154, 176, 208, 209, 218

アジア太平洋経済社会委員会（ESCAP）　102, 132

アジア太平洋リバランス　13, 190, 209

アジア中南米協力フォーラム　176

アジア通貨危機　170, 172, 177

アジア通貨基金（AMF）　177

アチソン・ライン　24

アデン湾　196

アフガニスタン　32, 52, 108, 113, 117, 118, 162, 165, 201, 206

アフガニスタン紛争　160

アフガン紛争　114, 116

アフリカ　3, 27, 28, 32, 34, 35, 37, 40, 55–58, 61, 64–66, 68, 84, 89, 94, 96, 98, 107, 126, 127, 175, 178, 194, 195, 217, 218, 220

アフリカ・中東との国家関係処理に関する一貫した政策原則　57

アフリカ統一機構（OAU）　66, 178

アフリカ連合（AU）　178

アヘン戦争　15, 221

アメリカ　3–5, 10–13, 17–19, 21–32, 34, 36, 37, 40, 41, 43–46, 48, 55, 56, 58, 59, 62, 63, 65, 66, 68–85, 87, 88, 90–93, 96, 97, 101, 104, 106, 107, 109–111, 114, 117–119, 127, 128, 133, 134, 138–143, 146, 148, 150–152, 155–157, 160–166, 170, 171, 175, 177, 179–181, 185, 190–192, 194–199, 201, 202, 204, 206–210, 213, 215–217, 219, 222–225

アラブ（諸国・地域）　32, 33, 96, 124, 125, 146, 179, 217, 220

アラブ首長国連邦　124

アラブ連合　→エジプト

アラブ連盟　66, 67, 179

アルジェリア　93

アルゼンチン　124, 126, 127

アルバニア　49, 76, 79, 80, 93, 94, 98, 123

アンゴラ　180

イエメン　32, 33

離於島　→蘇岩礁

イギリス　15, 21, 22, 26, 28, 31, 33–35, 44, 51, 54, 71, 76, 94, 119, 123, 126, 130, 132, 139, 174, 215, 222

イスラエル　33, 96, 97, 124, 125, 146

イスラム　34, 124, 177, 179, 181

イタリア　54, 94, 119, 123

「一条線」（戦略）　11, 96–98, 104, 106, 107, 109

イツ・アバ島（太平島）　102

一国二制度　107, 132, 133

「一帯一路」　216, 218–220, 224

イラク　45, 58, 124, 128, 143, 162, 163, 165, 206

イラン　92, 96, 97, 107, 113, 124, 128, 164, 180, 193, 219, 222

イラン・イラク戦争　124, 128

イリ事件　51

インド　11, 21, 32–34, 47, 48, 51, 52, 66, 67, 71, 173, 174, 178, 191, 193, 194, 199, 201

インドシナ　69, 70, 72–75, 101, 105, 117, 118

インドシナ戦争　10, 25, 28, 29, 72

インドネシア　21, 32–34, 52, 53, 65–68, 76, 88, 132, 141, 145, 154, 203

インド洋　196, 197, 218
ウイグル族　195
ウクライナ　172, 216
ウズベキスタン　50, 150, 172, 177
ウルグアイ　124
衛星攻撃兵器(ASAT)　196
エクアドル　124
エジプト(アラブ連合)　32, 33, 45, 56, 66, 67, 97
エチオピア　175
円借款　113, 119, 120, 140, 151
オイル・ショック　88, 99
欧州　11, 16, 60, 61, 90, 96, 114, 122, 123, 141, 148, 160, 199, 200, 215, 217, 218, 220
欧州共同体(EC)　94, 140, 177
欧州ソブリン危機　205
欧州連合(EU)　148, 151, 174, 192, 200, 205, 215, 216
オーストラリア　70, 160, 162, 191, 194, 206, 209
オーストラリア・ニュージーランド・米三国安全保障条約(ANZUS)　25
オーストリア　54, 140, 222
オセアニア　58, 175, 218
覚書貿易(MT貿易)　64
オマーン　124
オランダ　21, 22, 26, 28, 54, 94, 123, 139

カ 行

改革開放　2, 3, 5, 11, 16, 88, 103, 111, 113-115, 119, 120, 122, 127-129, 132, 137-139, 141, 143, 144, 147, 156, 159, 163, 215, 222-224
海監　→中国海監総隊
海峡交流基金会　153
海峡両岸協会　153
外交部　7, 64, 76, 180, 182, 183, 211, 218
外資導入　8, 105, 147
外事弁公室　8
海島保護長期計画　207
海島保護法　207
海南島　101, 196, 203, 207
海南島事件　165, 166, 183
解放軍　→中国人民解放軍
科学調査船　167, 169
華僑(華人)　33, 53, 67, 76, 105

核拡散防止　130
核拡散防止条約(NPT)　153
核実験(原爆実験)　49, 51, 60, 68, 79, 151, 153, 173, 178, 192
「核心的利益」　184, 186, 203, 205
拡大ASEAN国防相会合（ADMMプラス）　207
革命外交　60, 62, 76, 77, 84, 85, 110, 115, 186
カザフスタン　150, 172, 176, 177
華人　→華僑
カタール　124
ガーナ(ゴールドコースト)　33, 67
カナダ　28, 54, 58, 94, 114, 139, 140, 208
カリブ開発銀行(CDB)　179
韓国　24, 70, 88, 125, 133, 134, 145, 146, 162, 166, 167, 173, 197, 205, 207
関税・貿易一般協定(GATT)　22, 129, 130, 132, 133
環太平洋パートナーシップ(TPP)　194, 208, 216
環太平洋連帯構想　132
カンボジア　28, 29, 33, 74, 90, 98, 105-107, 117, 118, 140, 144
カンボジア紛争　114, 116
関与政策　164
北大西洋条約機構(NATO)　4, 42, 45, 150, 160, 161, 165
北朝鮮　23, 24, 52, 74, 78, 79, 90, 104, 126, 146, 163, 165, 169, 173, 177, 178, 192, 205, 206, 217, 219
北ベトナム　→ベトナム
9.11事件　162, 165, 177, 179
九段線　101, 166, 198
九評　40, 49, 60, 78, 79
キューバ　124
教科書問題　120, 121
協調的安全保障　160
京都議定書　201
漁政　→中国漁政
ギリシャ　205
キルギス　150, 176, 177
金門島　29-31, 46
クウェート　124, 143

事項索引　　　257

グレナダ　127
グワダル港　196
軍事情報包括保護協定(GSOMIA)　207
経済相互援助会議(COMECON)　22, 141
ケニア　175
原爆実験　→核実験
黄海　167, 197
光華寮問題　120, 121
孔子学院　183
向ソ一辺倒　3, 16–21, 36, 37, 40, 59
国際共産主義運動　10, 11, 16, 20, 21, 37, 39, 41–
　　44, 49, 52, 56, 59, 62, 72, 76–79, 81, 82, 84,
　　106–108, 110, 115, 126, 223
国際原子力機関(IAEA)　192
国際通貨基金(IMF)　22, 129, 130, 199, 200,
　　202, 210
国際復興開発銀行(IBRD)　22, 129, 130
国土資源部　180
国防新技術協定　40, 43, 45, 46, 49
国民党　→中国国民党
国務院　5–7
国連　22, 24, 25, 30, 45, 51, 56, 57, 64, 65, 67, 68,
　　93, 94, 97, 100, 111, 125, 127, 129–131, 134,
　　142–144, 146, 149, 154, 155, 160, 165, 168,
　　171, 176, 183, 192, 222
国連海洋法条約(UNCLOS)　100, 166, 167, 169,
　　204, 210
国連気候変動枠組条約第15回締約国会議
　　(COP15)　201
国連平和維持活動(PKO)　131, 163, 219
国連貿易開発会議(UNCTAD)　66, 176
コソボ紛争　160, 165, 183
国家安全部　7
国家海洋局　7, 169, 190, 197, 210, 218
国家発展改革委員会　7, 181, 218
国境地域軍事信頼醸成措置協定(上海協定)
　　150
コミンフォルム　18
ゴールドコースト　→ガーナ
コロンビア　124
コロンボ・グループ　32
コンゴ共和国　64

サ　行

最恵国待遇　118, 148
財務部　7, 181
サウジアラビア　33, 124, 128, 146
三沙市　198, 211
三線建設　78, 99
三通　154, 192
サントメ・プリンシペ　217
ザンビア　64, 97
サンフランシスコ講和会議　22
サンフランシスコ平和条約　101
ジェームズ暗礁　203
資源ナショナリズム　88, 97
シッキム　174
シットウェ港　196
実用主義外交　145, 154, 175
ジブチ　196
社会主義市場経済体制　138, 147
シャトル外交　178
上海協定　→国境地域軍事信頼醸成措置協定
上海協力機構(SCO)　172, 177, 193, 201, 218
上海コミュニケ　→米中共同声明(1972年)
上海万博　159
上海ファイブ　150, 177
周辺外交　171, 174, 218
自由貿易協定(FTA)　176, 181, 194, 199, 205
　　日中韓——　209
ジュネーブ会議　28, 29, 31, 32, 34
ジュネーブ協定　28, 70, 72, 73
春暁(白樺)　169, 193, 204
小康社会　189
常設仲裁裁判所(PCA)　210, 217
商務部　7, 181, 218
白樺　→春暁
シリア　32, 33, 45, 97
自力更生　12, 22, 37, 96, 99, 107, 113, 131
新安全保障観　157, 160, 170, 171
新ガイドライン　→日米防衛協力のための指針
「新型大国関係」　209, 210, 217
シンガポール　68, 88, 104, 107, 133, 145, 194
新疆(ウイグル自治区)　4, 51, 89, 149, 177, 186,
　　195, 206
人権　140, 141, 148, 150, 164, 174, 176, 195, 200

新興工業経済地域(NIEs) 133
真珠の首飾り 196
新世界秩序論 142
人民解放軍 →中国人民解放軍
人民元の国際化 200
信頼醸成 8, 149, 150, 160, 170, 171, 173, 182,
　　193
スイス 21, 28, 54, 123
スウェーデン 21
スカボロー礁 101, 197, 210
スターリン批判 39-42, 59
スーダン 32, 175, 180
スプラトリー諸島(南沙諸島) 101, 102, 152,
　　153, 197, 203, 207, 208, 211
スペイン 123, 139
スリランカ(セイロン) 32, 33
西欧 11, 58, 62, 85, 88, 96-98, 105, 109, 111, 113,
　　119, 174
制限主権論(ブレジネフ・ドクトリン) 82, 98
西沙諸島 →パラセル諸島
政府開発援助(ODA) 120
西部大開発 181
セイロン →スリランカ
世界銀行(世銀) 22, 88, 129, 140, 141
世界金融危機 13, 190, 199, 201, 218
世界貿易機関(WTO) 12, 22, 129, 130, 148, 155,
　　159, 163-165, 168, 170, 179, 180, 191, 199,
　　200
世銀 →世界銀行
接近阻止・領域拒否(A2/AD) 4, 163, 191
セネガル 175
尖閣諸島(釣魚島) 9, 101-103, 152, 167-169,
　　198, 204, 205, 207, 211
尖閣漁船衝突事件 204, 207, 211
全方位外交 3, 4, 114, 116, 118, 122, 123, 126,
　　128, 134, 138, 144, 156
戦略兵器制限交渉
　　第一次── 88, 97
　　第二次── 97
ソ越友好協力条約 105
蘇岩礁(離於島) 197
ソマリア 180, 196
ソ蒙友好協力相互援助条約 89

ソ連 →ロシア
ソロモン諸島 155

タ　行

タイ 35, 36, 68, 70, 73, 88, 104, 106, 154
第一列島線 166, 196
対外援助 94, 99, 127, 175, 201
対外経済技術援助に関する八原則(対外援助八
　　原則) 57, 127
対共産圏輸出統制委員会(COCOM) 26
大使級会談 →米中大使級会談
対中国輸出統制委員会(CHINCOM) 26
第二上海コミュニケ →米中共同コミュニケ
　　(1982年)
対日貿易三原則 54
第二列島線 196
太平島 →イツ・アバ島
太平洋経済協力会議(PECC) 133
太平洋島嶼国 179, 220
大メコン圏(GMS)開発 205
大陸棚 166, 167, 169, 197
台湾 4, 10, 16, 20, 21, 23, 24, 29, 30, 34, 36, 46,
　　55, 56, 64, 65, 72, 88, 91-93, 95, 101, 102, 107,
　　109, 110, 115, 117, 121, 124, 129, 130, 132-
　　134, 138, 145, 146, 150, 152-155, 160, 161,
　　164, 166, 170, 171, 174-176, 182, 184-186,
　　191, 192, 203, 206, 217
台湾海峡危機
　　第一次── 29
　　第三次── 12, 138, 156, 157, 160, 161, 163,
　　182
　　第二次── 45, 46
台湾関係法 107, 117, 156
タジキスタン 150, 176, 193
ダマンスキー島 →珍宝島
タンザニア 64, 68
タンザン鉄道 94
チェコ事件 82, 83
チェコスロバキア 50, 82, 87
チェチェン(紛争) 150, 171
チェンマイ・イニシアティブ 177
チベット 4, 16, 32, 47, 51, 171, 174, 186, 195,
　　200, 203

チベット動乱　47, 51

中印国境紛争（1962 年）　47, 51, 194

中印武力衝突（1959 年）　40, 47, 48, 51

中越戦争　11, 106, 111, 114, 116

中央アジア　50, 148-150, 172, 181, 206, 218

中央アフリカ　64

中央外事工作領導小組　→中国共産党

中央外事小組　→中国共産党

中央海洋権益工作領導小組　→中国共産党

中央国家安全委員会　→中国共産党

中央国家安全領導小組　→中国共産党

中央宣伝部　→中国共産党

中央対外連絡部　→中国共産党

中華民国　10, 11, 64, 93, 95, 101, 109, 145

中間地帯論　11, 58, 59, 62, 65

　　二つの――　40, 57-59, 63, 97

中国・ASEAN 自由貿易圏（ACFTA）　177, 193, 194, 203

中国・ASEAN 博覧会　178

中国・アフリカ協力フォーラム（FOCAC）　178, 179, 194

中国・アラブ諸国協力フォーラム　179

中国海監総隊（海監）　169, 190, 197, 198, 203, 207, 210

中国海軍　102, 174, 175, 182, 196-198, 203, 207, 208, 210

中国海警局　7

中国海洋石油総公司（CNOOC）　181, 211

中国脅威論　145, 157, 168, 172, 178

中国共産党

　　――中央外事工作領導小組　9

　　――中央外事小組　9

　　――中央海洋権益工作領導小組　9, 212

　　――中央国家安全委員会　9

　　――中央国家安全領導小組　9

　　――中央宣伝部　7, 183

　　――中央対外連絡部（中連部）　7, 76, 108, 122, 123, 180

中国漁政（漁政）　190, 197, 203, 205

中国国民党（国民党）　4, 10, 16, 18, 21-23, 25, 29-31, 33, 36, 46, 153

中国人民解放軍（人民解放軍，解放軍）　6, 8, 16, 29-31, 47, 106, 116, 126-128, 156, 164, 182,

185, 193

中国人民銀行　7, 200

中国石油天然ガス総公司（集団公司）（CNPC）　175, 181

中国・太平洋島嶼国経済発展協力フォーラム　179

「中国の夢」　9

中沙諸島　152

中ソ対立　3-5, 21, 40, 48-50, 52, 59, 67

中ソ同盟　3, 4, 21, 37, 81

中ソ友好同盟条約　19

中ソ友好同盟相互援助条約　19, 116, 149

中ソ論争　39-41, 52, 53, 55, 60, 78, 97, 98, 108

中朝国境議定書　78

中東　11, 33, 37, 45, 89, 90, 96, 97, 107, 124, 125, 131, 146, 165, 209, 215

中東戦争

　　第三次――　96

　　第二次――　33

　　第四次――　97

中連部　→中国共産党

中ロ東部国境補充協定　172

中ロ善隣友好協力条約　149, 171

チュニジア　64

釣魚島　→尖閣諸島

朝鮮戦争　10, 11, 16, 17, 22-30, 33, 36, 37, 69-72, 75

朝鮮半島（問題・危機）　31, 72, 92, 144, 145, 205, 207

チリ　27, 176, 194

珍宝島（ダマンスキー島）　83, 89, 90, 149

積み上げ方式　27, 54

デタント　61, 77, 88, 92, 97, 114

鉄道部　181

天安門事件

　　第一次――　98

　　第二次――　12, 135, 137-144, 146, 151, 156, 160, 163, 164, 172, 187

天皇訪中　145

デンマーク　21, 123

ドイツ（西ドイツ）　26, 28, 45, 54, 88, 99, 119, 123, 141, 174, 222

東欧　12, 42, 43, 87, 94, 134, 137, 141, 142, 144

「韜光養晦」 12, 143, 202

東沙諸島 →プラタス諸島

東南アジア 32, 33, 70, 72, 73, 76, 90, 92, 105, 107, 154, 172, 181, 204, 205, 217

東南アジア条約機構(SEATO) 25, 30

東南アジア諸国連合(ASEAN) 68, 107, 132, 133, 145, 153, 172, 173, 177, 178, 193, 194, 199, 201, 203-205, 207, 208, 217

東南アジア友好協力条約(TAC) 178

独立自主外交 115

「独立自主の対外政策」 11, 106, 110, 112, 114-116, 122, 128, 134

ドーハ・ラウンド 176, 199

ドミニカ共和国 71

ドミノ理論 69, 72

図們江 205

トルクメニスタン 150

トルコ 96

トンキン湾 101, 166, 172

トンキン湾事件 68, 69, 74, 79

ナ 行

ナイジェリア 219

長崎国旗事件 54

ナショナリズム 5, 22, 108, 138, 151, 164, 165, 167, 168, 173, 182, 183, 187, 190, 222, 223

ナツナ諸島 203

77ヵ国グループ 66

ナミビア 131

南沙諸島 →スプラトリー諸島

南巡講話 138, 146, 147, 156, 187

南部共同市場(メルコスール) 179

南北問題 66, 100

ニカラグア 155

西太平洋 182, 196, 197

西ドイツ →ドイツ

日印安全保障共同宣言 191

日豪安全保障共同宣言 191

日米安全保障共同宣言 161

日米安全保障条約 25, 46, 95

日米安保再定義 160, 161

日米同盟 4, 161, 162, 204, 207

日米防衛協力のための指針(新ガイドライン)
162

日華平和条約 22, 95

日中韓 FTA →自由貿易協定

日中韓首脳会議 176, 198

日中共同声明(1972年) 95, 96, 121

日中共同声明(2008年) 193

日中共同宣言(1998年) 167

日中国交正常化 64, 94, 95, 102, 122

日中新漁業協定 169

日中平和友好条約 102, 104

日中民間貿易協定 26

日本 11-13, 19, 22, 24, 26, 27, 40, 46, 54, 60, 62-64, 68, 88, 92, 94, 96, 98, 99, 101, 102, 104-106, 111, 119-122, 133, 134, 140, 141, 145, 151, 160-164, 166-170, 177, 178, 182, 183, 191-194, 198, 199, 204, 205, 207, 208, 211, 219, 222, 223, 225

ニュージーランド 70, 194

ネパール 32, 51, 104

ノルウェー 205

ハ 行

排他的経済水域(EEZ) 100, 165, 166, 169, 197, 198

パキスタン 21, 32, 51, 66, 70, 91, 96, 97, 107, 141, 164, 165, 173, 193, 194, 196

馬祖島 46

パートナーシップ 150, 164, 167, 171, 174, 194, 209

パナマ 217

ハブ・アンド・スポーク 25

パブリック・ディプロマシー 183

パラセル諸島(西沙諸島) 101, 102, 152, 197, 198, 203, 211

パリ協定 217, 219

バリン郷事件 149

パレスチナ 124, 125

バーレーン 124

ハンガリー 21, 40, 42, 43, 50, 59

反植民地主義 11, 33-35, 37, 52, 62, 68, 84, 126, 127

反ソ国際統一戦線 50, 96, 97, 110, 116-118

反帝国主義 11, 33-35, 37, 40, 52, 53, 65-68, 76,

77, 84, 126

バンドン会議 →アジア・アフリカ会議

反米国際統一戦線 11, 62, 71, 75

反米反ソ国際統一戦線 11, 62, 77, 82

東アジア 37, 72, 88, 105, 110, 111, 133, 168, 176-178, 190, 194, 209

東アジア共同体 177

東アジアサミット(EAS) 176, 178, 207

東アジア自由貿易圏(EAFTA) 194, 209

東アジア・ビジョン・グループ(EAVG) 177

東アジア地域包括的経済連携(RCEP) 194, 208

東アジア包括的経済連携(CEPEA) 194

東シナ海 102, 166, 167, 169, 181, 182, 190, 192, 193, 196-198, 205-207, 212

東ドイツ 50, 54

東トルキスタン 4

東トルキスタン・イスラム運動 151, 166

ビシュケク宣言 193

非同盟運動 61

非同盟諸国首脳会議 66, 67

「一つの中国」 4, 55, 95, 121, 154

ビルマ →ミャンマー

ピレウス港 205

フィリピン 13, 20, 24, 68, 70, 76, 153, 154, 172, 173, 198, 207, 210-212

フィンランド 21, 123

二つの中間地帯論 →中間地帯論

物品役務相互提供協定(ACSA) 207

部分的核実験禁止条約(PTBT) 49, 52, 57, 60, 61

ブラジル 124, 175, 176, 201

プラタス諸島(東沙諸島) 101, 102, 152

プラハの春 82, 88

フランス 26, 28, 31, 33, 40, 54, 55, 57, 63, 64, 68, 72-74, 97, 101, 119, 123, 139, 140, 174, 195, 200

プラント(導入) 96, 98, 100, 103-105, 109

ブルガリア 21, 50

ブルネイ 145

ブレジネフ・ドクトリン →制限主権論

ブレトン・ウッズ体制 88, 219

文化大革命 11, 60, 62-64, 75-77, 82-85, 88, 89,

98, 99, 103, 222

米華相互防衛条約 25, 29-31

米韓相互防衛条約 25

米州機構(OAS) 179

米中共同コミュニケ(1982年, 第二上海コミュニケ) 110, 117

米中共同声明(1972年, 上海コミュニケ) 90, 91

米中共同声明(1997年) 164

米中国交正常化 90, 92, 104, 107

米中接近(米中和解) 3, 4, 72, 83-85, 87, 92-96, 99

米中戦略経済対話 192

米中戦略・経済対話 202, 210

米中大使級会談(大使級会談) 28, 34, 46, 70, 83, 91

米中和解 →米中接近

米比相互防衛条約 25

平和共存 41, 44, 46, 48, 49, 52, 56, 57, 59, 60, 66, 67

平和共存五原則 16, 29, 32-34, 36, 37, 108, 110, 141-143, 149, 150

「平和的台頭」(「平和的発展」) 171

北京オリンピック 159, 189, 191, 195, 199

ベトナム(北ベトナム) 11, 20, 21, 28, 32, 68-75, 79-81, 85, 90, 92, 98, 101, 102, 105-107, 117, 118, 145, 166, 172, 173, 198, 203, 204, 207, 208, 211

ベトナム戦争 11, 60-62, 69, 77, 84, 87, 91, 94, 98, 105, 106

ベナン 64

ベネズエラ 124, 175, 180

ベルギー 26, 28

ペルシャ湾 196

ペレストロイカ 114, 134, 142, 144

ボアオ・アジア・フォーラム 171, 179, 201

包括的核実験禁止条約(CTBT) 153

防空識別圏(ADIZ) 165

北東アジア 178, 206

北米自由貿易協定(NAFTA) 114

ポーランド 31, 42, 43, 50

ボリビア 124

ポルトガル 123, 133, 174

262　　事項索引

香港　88, 105, 107, 125, 130, 132, 133, 145, 159, 167, 174

マ 行

マカオ　133, 174

マラッカ海峡　181

マラヤ　→マレーシア

マレーシア（マラヤ）　20, 68, 76, 88, 104, 203, 204

ミサイル技術管理レジーム（MTCR）　155

ミスチーフ礁　153, 172, 210

三つの世界論　97, 107, 126

「三つのノー」　164

南アジア　32, 179, 217

南アジア地域協力連合（SAARC）　179

南アフリカ　68, 175, 201

南シナ海　101, 102, 145, 152, 166, 172, 173, 177, 190, 196-198, 203-208, 210-212, 217, 220

南シナ海行動宣言　173, 177, 198, 208

南太平洋　218

南ベトナム　69-75, 102

南ベトナム解放民族戦線　73-75

ミャンマー（ビルマ）　20, 21, 32, 34-36, 51, 76, 104, 181, 196, 208

「民間外交」　7, 27, 37

民族解放（民族独立）　11, 32, 33, 35, 53, 55-57, 59, 62, 64, 68, 77, 89, 90

メキシコ　114, 123, 124, 175

メルコスール　→南部共同市場

モンゴル　21, 50, 52, 79, 80, 89, 193

ヤ 行

靖国（神社）参拝（問題）　120, 121, 167, 168, 183

ユーゴスラビア　18, 29, 66, 67, 98, 104, 105, 123

「四つの現代化」　63, 99, 103-105

世論　3, 180, 182, 183, 212

ラ 行

ラオス　28, 29, 33, 72-74, 145

羅先　206

ラテンアメリカ　27, 55, 56, 58, 61, 63, 84, 100, 123, 124, 126, 127, 154, 175, 176, 179, 195, 220

リード堆　208

領海及び接続水域法（領海法）　103, 152, 167

ルーマニア　21, 90, 91, 93

冷戦　3, 4, 12, 16, 17, 19, 23, 25, 29, 37, 39, 45, 59, 61, 65, 87, 94, 114, 135, 137, 141, 148, 151, 216, 222

歴史認識（問題）　95, 121, 162, 164, 166-169, 183

レバノン　32, 34, 45, 58

六者会合　165, 177, 178, 192, 205

ロシア（ソ連）　4, 10-12, 17-21, 23, 24, 26, 28-31, 37, 39-53, 55-57, 59, 60, 62, 63, 65-67, 69, 71, 76-85, 87-93, 96-99, 102, 105-111, 113, 114, 117-119, 121, 124, 126-128, 132, 134, 135, 137, 140-142, 144, 145, 148-151, 156, 157, 160, 161, 163, 171, 172, 176, 181, 193, 201, 205, 207, 216

ワ 行

「和諧世界」　171

「和平演変」　137, 138, 142, 156

ワルシャワ条約機構　42, 52, 82, 88, 141, 144

湾岸諸国　124

湾岸戦争　143

ACFTA　→中国・ASEAN 自由貿易圏

ACSA　→物品役務相互提供協定

ADB　→アジア開発銀行

ADIZ　→防空識別圏

ADMM プラス　→拡大 ASEAN 国防相会合

AIIB　→アジアインフラ投資銀行

AMF　→アジア通貨基金

ANZUS　→オーストラリア・ニュージーランド・米三国安全保障条約

APEC　→アジア太平洋経済協力

ARF　→ASEAN 地域フォーラム

ASAT　→衛星攻撃兵器

ASEAN　→東南アジア諸国連合

ASEAN 地域フォーラム（ARF）　145, 157, 160, 176, 204

ASEAN＋3　176, 177, 194

ASEM　→アジア欧州会議

A2/AD　→接近阻止・領域拒否

AU　→アフリカ連合

事項索引　　　　263

BRICS　201
BRICS 新開発銀行　218
CDB　→カリブ開発銀行
CEPEA　→東アジア包括的経済連携
CHINCOM　→対中国輸出統制委員会
CNOOC　→中国海洋石油総公司
CNPC　→中国石油天然ガス総公司（集団公司）
COCOM　→対共産圏輸出統制委員会
COMECON　→経済相互援助会議
COP15　→国連気候変動枠組条約第 15 回締約
　　国会議
CTBT　→包括的核実験禁止条約
EAFTA　→東アジア自由貿易圏
EAS　→東アジアサミット
EAVG　→東アジア・ビジョン・グループ
EC　→欧州共同体
ECAFE　→アジア極東経済委員会
EEZ　→排他的経済水域
ESCAP　→アジア太平洋経済社会委員会
EU　→欧州連合
FOCAC　→中国・アフリカ協力フォーラム
FTA　→自由貿易協定
GATT　→関税・貿易一般協定
GSOMIA　→軍事情報包括保護協定
「G2」　202
G20　176, 199, 200, 201, 210

IAEA　→国際原子力機関
IBRD　→国際復興開発銀行
IMF　→国際通貨基金
LT 貿易　40, 54
MTCR　→ミサイル技術管理レジーム
MT 貿易　→覚書貿易
NAFTA　→北米自由貿易協定
NATO　→北大西洋条約機構
NIEs　→新興工業経済地域
NPT　→核拡散防止条約
OAS　→米州機構
OAU　→アフリカ統一機構
ODA　→政府開発援助
PCA　→常設仲裁裁判所
PECC　→太平洋経済協力会議
PKO　→国連平和維持活動
PTBT　→部分的核実験禁止条約
RCEP　→東アジア地域包括的経済連携
SAARC　→南アジア地域協力連合
SCO　→上海協力機構
SEATO　→東南アジア条約機構
TAC　→東南アジア友好協力条約
TPP　→環太平洋パートナーシップ
UNCLOS　→国連海洋法条約
UNCTAD　→国連貿易開発会議
WTO　→世界貿易機関

執筆者紹介

益尾知佐子（ますお・ちさこ）［担当：序章第 3 節・第 4 章・第 7 章・第 8 章］
九州大学大学院比較社会文化研究院准教授．東京大学大学院総合文化研究科国際社会科学専攻博士課程修了，博士（学術）．主要著書：『中国政治外交の転換点：改革開放と「独立自主の対外政策」』（東京大学出版会，2010 年），『シリーズ日本の安全保障 5　チャイナ・リスク』（分担執筆，岩波書店，2015 年）．

青山瑠妙（あおやま・るみ）［担当：序章第 2 節・第 1 章・第 5 章・終章］
早稲田大学大学院アジア太平洋研究科教授．慶應義塾大学大学院法学研究科後期博士課程修了，博士（法学）．主要著書：『現代中国の外交』（慶應義塾大学出版会，2007 年），『中国のアジア外交』（東京大学出版会，2013 年），『超大国・中国のゆくえ 2　外交と国際秩序』（共著，東京大学出版会，2015 年）．

三船恵美（みふね・えみ）［担当：序章第 1 節・第 2 章・第 6 章］
駒澤大学法学部教授．学習院大学大学院政治学研究科博士後期課程単位取得退学，博士（政治学）．主要著書：『膨張する中国の対外関係：パクス・シニカと周辺国』（共編，勁草書房，2010 年），『中国外交戦略：その根底にあるもの』（講談社選書メチエ，2016 年），『米中露パワーシフトと日本』（勁草書房，2017 年）．

趙宏偉（ちょう・こうい）［担当：序章第 4 節・第 3 章］
法政大学キャリアデザイン学部教授．東京大学大学院総合文化研究科地域文化専攻博士課程修了，博士（学術）．主要著書：『中国の重層集権体制と経済発展』（東京大学出版会，1998 年），『膨張する中国　呑み込まれる日本』（講談社，2002 年），『中国外交の世界戦略：日・米・アジアとの攻防 30 年』（共著，明石書店，2011 年）．

中国外交史

2017 年 9 月 25 日　初　版

［検印廃止］

著　者　益尾知佐子・青山瑠妙
　　　　三船恵美・趙宏偉

発行所　一般財団法人　東京大学出版会

代表者　吉見俊哉

153-0041 東京都目黒区駒場 4-5-29
http://www.utp.or.jp/
電話　03-6407-1069　Fax 03-6407-1991
振替　00160-6-59964

印刷所　株式会社理想社
製本所　牧製本印刷株式会社

© 2017 Chisako T. Masuo *et al.*
ISBN 978-4-13-032225-6　Printed in Japan

JCOPY 〈(社)出版者著作権管理機構　委託出版物〉
本書の無断複写は著作権法上での例外を除き禁じられています．複写され
る場合は，そのつど事前に，(社)出版者著作権管理機構（電話 03-3513-6969,
FAX 03-3513-6979, e-mail: info@jcopy.or.jp）の許諾を得てください．

益尾 知佐子著	中 国 政 治 外 交 の 転 換 点	A5・6200円
青 山 瑠 妙著	中 国 の ア ジ ア 外 交	A5・5000円
青 山 瑠 妙著 天 児 慧	外 交 と 国 際 秩 序 超大国・中国のゆくえ2	四六・2800円
王 逸 舟著 天児・青山訳	中 国 外 交 の 新 思 考	四六・2800円
毛 里 和 子編 園 田 茂 人	中 国 問 題	四六・3000円
	日中関係史1972-2012（全4巻）	A5・3000～ 3800円
川 島 真ほか著	日 台 関 係 史 1945-2008	A5・2800円
劉 傑ほか編	国 境 を 越 え る 歴 史 認 識	A5・2800円

ここに表示された価格は本体価格です．ご購入の
際には消費税が加算されますのでご了承ください．